Franz Wallner

Rückblicke auf meine theatralische Laufbahn

und meine Erlebnisse an und ausser der Bühne

Franz Wallner

Rückblicke auf meine theatralische Laufbahn
und meine Erlebnisse an und ausser der Bühne

ISBN/EAN: 9783743409101

Hergestellt in Europa, USA, Kanada, Australien, Japan

Cover: Foto ©ninafisch / pixelio.de

Manufactured and distributed by brebook publishing software (www.brebook.com)

Franz Wallner

Rückblicke auf meine theatralische Laufbahn

Rückblicke

auf meine

theatralische Laufbahn

und meine

Erlebnisse

an und ausser der Bühne

von

Franz Wallner.

❧

Berlin.
Verlag von Louis Gerschel.
1864.

Seiner Hoheit

Ernst II.,

Herzoge zu Sachsen-Coburg-Gotha,

ehrfurchtsvoll gewidmet

vom Verfasser.

Inhalt.

Vorrede.

———

Nach fünfzig Jahren eines viel bewegten, erfahrungsreichen Lebens finde ich nicht ein Blatt, nicht eine Notiz, nicht eine Affiche, als Anhalts= punkt zur Aufzeichnung meiner Erinnerungen. Es ist dies ein Leichtsinn, vor welchem unsere jüngere Generation nicht genug zu warnen ist. Wie wüst und wirr schwimmen, ohne solche An= haltspunkte, in dem Rest der uns zugemessenen Jahre die Rückblicke durcheinander! Vielleicht gelingt es mir, einzelne kleine Bilder aus diesem Kaleidoskop festzuhalten und zu sondern; der Versuch dazu scheint mir wenigstens der Mühe zu lohnen. Freilich ruhen die Originale meiner kleinen Federzeichnungen größtentheils auf den Kirchhöfen unserer deutschen Vaterländer und unter dem kühlen Rasen von Père Lachaise in Frieden von ihren Lebenskämpfen aus; allein

1

so mancher kleine charakteristische Zug berühmter und uns lieb gewordener Persönlichkeiten, so manche heitere oder dunkle Seite aus dem Schicksalsbuche meiner Zeitgenossen verdiente wohl als Beispiel oder Warnung der Vergessenheit entrissen zu werden. Von je her nicht mit dem glücklichsten Zahlengedächtniß begabt, würde es mir unmöglich sein, eine chronologische Ordnung bei meinen Plaudereien festzuhalten, ich will dem Leser erzählen von früheren Tagen, von kleinen pikanten Vorfällen, mit einem Wort ich will versuchen, ihn von Dingen und Personen zu unterhalten, die eine öffentliche Bedeutung hatten. Weiter haben diese Zeilen keinen Zweck.

Berlin, den 18. Oktober 1863.

Franz Wallner.

I.

Aus meinem Theaterleben.

Originale.

Französische Blätter bringen eben die Nachricht, daß die Schauspielerin Marquise Esther de Bognar in Paris im tiefsten Elend gestorben sei. Ihr Vater war ein berühmter Divisions-General der französischen Armee, und sie selbst spielte eine ziemliche Weile als Schauspielerin in St. Petersburg die Rolle der ersten Löwin der vornehmen Welt. Von der unermeßlichen Verschwendungssucht dieser Person kann sich nur ein Augenzeuge einen annähernden Begriff machen. Die eleganteste Wohnung, die schönsten Equipagen, die reichste Toilette, das reizendst gelegene Landhaus waren Dinge, die sie von ihren jeweiligen Verehrern als selbst= verständlich forderte; mit Schilderungen der von ihr arrangirten Feste füllten die Pariser Journale ganze Spalten. So z. B. sollen einmal die Kirschen eines Diners im Winter, wo das Stück dieser Frucht einen Rubel kostete, mit 20,000, schreibe zwanzig tausend Franks, bezahlt worden sein. Die Wände des Speise= saals waren mit künstlichen Kirschbäumen geziert, an welchen die kostbarsten Früchte hingen. Zu einer Ge= burtstagsfête ließ sie einen Feuerwerker von Wien

kommen und sandte einen Courier zum Einkauf des
Desserts nach Marseille. Selbst in dem verschwende-
rischen Petersburg machte die Verschwenderin Aufsehen.
Als Schauspielerin war sie mittelmäßig, sie hatte nur
das Talent der verschleierten Frechheit und verstand
ihre prachtvollen schwarzen Augen — das Einzige,
was nebst einem üppigen Wuchs wirklich schön an ihr
war — meisterhaft zu gebrauchen. Die böse Welt
behauptete, daß selbst die höchstgestellte Person des
Czarenreichs eine Zeit lang in ihren Netzen gezappelt
habe. Der ehemalige preußische Hofschauspieler, jetzige
Hofrath Louis Schneider, der als Gast im Jahre 1847
an den kaiserlichen Hof geladen und vom Kaiser Ni-
colaus ersucht wurde, sein frisches Talent auf dem
Privattheater des Czars in Peterhof glänzen zu lassen,
spielte dort den Kurmärker, die Esther die Picarde in
dem bekannten Genrebild von L. Schneider. — Die
Auktion der Effekten der Circe dauerte einen halben
Monat, brachte enorme Summen ein, und dennoch
konnte dieselbe bei ihrem gezwungenen Abgang — ich
werde diese Katastrophe sogleich erzählen — nicht ihre
sämmtlichen Gläubiger befriedigen. Sie starb im tiefsten Elend! Walten der Nemesis!

Im Jahre 1848 bewohnte diese Esther ein prachtvolles Landhaus in der Umgegend von Petersburg. Ihr
zeitweiliger Courmacher, ein millionenreicher Brannt-
weinpächter, war in Deutschland und suchte Erleichte-

rung im Bade und an der Spielbank in Baden-Baden. Während der Zeit lebte die französische Strohwittwe aus dem dreizehnten Arrondissement auf dem größten Fuß. Neben ihr wohnte in einem bescheidenen Häuschen mit seiner alten Mutter, deren einzige Stütze er war, ein blutjunger, bildhübscher Landsmann, Monsieur Jules, der erst seit Kurzem als Maschinist am kaiserlichen Theater angestellt war. Fräulein Esther hielt den gänzlich unverdorbenen und liebenswürdigen Jüngling für interessant genug, um eine kleine, vorübergehende „Idylle" mit ihm in Scene zu setzen, die der arme Künstler leider so ernst nahm, daß er sich zum Rasendwerden in die schlaue Kokette verliebte. Sie versprach auf sein Andringen, sie wolle sein Weib werden, sobald es die Umstände nur gestatteten. Der Sommer verging dem Liebenden wie ein schöner Traum, und als die Blätter welk zu werden begannen, ahnte Jules nicht, daß auch sein Liebesfrühling blüthenlos geworden. Die Saison der Datschken (Landhäuser) war vorbei, die Esther bezog ihre elegante Wohnung auf der Newsky-Perspective wieder, und als ihr „Bräutigam" Jules sie eines Tages dort besuchen wollte, überreichte ihm der Diener ein Billet, worin sie ihm für die frohen mit ihm verlebten Stunden dankte, aber auch zugleich anzeigte, daß die Kinderei zwischen ihnen ein Ende nehmen müsse, indem ihr Geliebter, von dem ihre ganze Existenz abhinge, zurückgekehrt sei. Von einer Heirath und derlei poetischen Schwärmereien könne keine Rede sein, da ihre beiderseitige Gage nicht hinreiche, um ihre Putzmacherin zu bezahlen.

Der arme Junge lud sich ein Pistol und schoß sich an der Schwelle der Treulosen eine Kugel vor den Kopf. Auf den Knall eilte die Herrin des Hauses herbei und machte dem noch Athmenden die bittersten Vorwürfe, „daß er sich nicht einen andern Platz für seinen dummen Streich ausgesucht habe".

Die Mitglieder des französischen Theaters erklärten ihrem obersten Chef, dem Fürst Wolkonsky, in corpore, daß keiner von ihnen mit der Esther wieder die Bühne betreten würde. Sie empfing mit lachendem Munde ihre Entlassung und ging nach Paris, wo sie vom Schauplatz abtrat und verschollen schien, bis vor Kurzem die dortigen Journale ihren Tod im tiefsten Elend meldeten. Ob ihr an ihrem Sterbelager wohl das blutige Haupt des armen Jules erschienen ist? Gewiß, denn es giebt eine Nemesis.

———

Es ist eine Reihe von Jahren her, als mich in Hamburg bei einem Spaziergange auf dem Jungfernstieg ein alter Herr einholte, der sich mir, nach Bejahung der Frage, ob ich der Schauspieler Wallner sei, als Graf Carl Hahn vorstellte. Schon längst war ich begierig, dieses merkwürdigste aller Theater-

Originale kennen zu lernen, und nun lief er mir von selbst in die Hände. Einen schöneren alten Mann, als Graf Hahn war, konnte man sich nicht denken: prachtvolles blüthenweißes Haar, elegant geordnet, deckte einen wahren Jupiterkopf; die sichere cavaliermäßige Haltung legte Zeugniß ab, daß der Mann seine Jugend in der besten Gesellschaft und am Hofe des prachtliebenden Schwedenkönigs Gustav III., dessen Leibpage er war, zugebracht hatte. Dort war er auch Augenzeuge der blutigen Katastrophe (1792), die er in der Oper „Der Maskenball" genau nach seiner Erinnerung, bis auf die Rosa=Wachskerzen, die im Saale brannten, in Scene setzte, und zwar auf dem unter seiner Direktion stehenden Theater in — St. Pauli auf dem Hamburger Berg. Dieses Faktum charakterisirt die ganze Richtung der Theaterleidenschaft des guten Grafen, der seinem Steckenpferd ein immenses Vermögen geopfert, ohne das geringste künstlerische Resultat zu erzielen. Mit richtigem Verständniß und am rechten Orte angewendet, hätten die Bestrebungen des reichen Theaterenthusiasten in der Theatergeschichte Epoche machen und von dauernder Nachwirkung sein können, während er auf seinem mit einem ungeheuren Kostenaufwande erbauten Schloßtheater in Remplin berühmte Schauspieler*) für eine Gastrolle mit einer

---

*) z. B. Iffland.

silbernen Rüstung und einer vierspännigen Prachtequi=
page beschenkte, sein enormes Vermögen als Theater=
direktor in Altona, Lübeck, St. Pauli, Lauchstädt,
Altenburg, Gera, Chemnitz, Rudolstadt ꝛc. vergeudete,
und seine künstlerische Wirksamkeit auf die mittel=
mäßige Darstellung einiger Rollen, auf die Angabe
prunkvoller, am unrechten Orte angewendeter Ausstat=
tungen, auf das Schminken der Statisten, auf Blitzen
und Donnern, gelegentliches Soufliren, und auf das
Anführen der Comparsen bei Zügen beschränkte.

Es thut mir leid, über den alten seligen Herrn,
welchen sonst die vortrefflichsten Eigenschaften auszeich=
neten, ein so hartes Urtheil fällen zu müssen, an wel=
chem auch seine vertraulichen Mittheilungen bei un=
serem ersten Zusammentreffen nichts ändern konnten.
Doch hatte ich, wie gesagt, meine aufrichtigste Freude,
den originellsten Mann der deutschen Theaterwelt ken=
nen zu lernen, und bat ihn, Mittags als mein Gast
bei mir vorlieb zu nehmen. Mein Entgegenkommen
schien dem alten Herrn wohlzuthun, er nahm die herz=
liche Einladung eben so freundlich an und erschien
Mittags in Streits Hôtel, in seiner prächtigen Hal=
tung, geschmückt mit Stern und Ordensband, eine
wahrhaft noble Erscheinung. In seiner Offenheit
machte er auch kein Hehl daraus, daß es ihm in Al=
tona, wo er als Regisseur „ohne Gehalt" fungirte —
Regisseur „par honneur" wie er sich ausdrückte —

sehr schlecht ginge, daß seine reichen Verwandten ihn
auf das Allernöthigste beschränkt hätten, um ihn von
seiner Theatersucht zu heilen, daß ihnen dies aber
nicht gelingen werde, da er auf der Bühne zu sterben
wünsche.

Als ich ihm einige Tage später einen Gegenbesuch
in seiner Wohnung abstattete, fand ich den an die
Wechselfälle des fürstlichen Luxus und der bittersten
Armuth Gewöhnten in einer Lage und einer Umge=
bung, die, an das niedrigste Proletariat erinnernd, mir
um so mehr durch die Seele schnitt, als Graf Hahn
auch nicht im Geringsten davon berührt schien.

Er liebte es, von seinen Kreuz= und Querfahrten
zu erzählen, wobei er nicht selten die ergötzlichsten
Anekdoten einzuflechten und mit frischem Humor vor=
zutragen verstand. Merkwürdiger Weise hatte der sonst
so feinfühlende Cavalier keine Idee davon, welch' eine
traurige Rolle er als die Hauptperson dieser komischen
Erlebnisse spielte. So z. B. hatte er in St. Pauli
die Jungfrau von Orleans mit einem Glanze ausge=
stattet, welcher das berühmte Hamburger Stadttheater
weit hinter sich ließ. Er selbst wollte, in eine sil=
berne Rüstung gehüllt, den Krönungszug anführen,
zu welchem er eine Anzahl der prachtvollsten Costüme
hatte machen lassen. Um dem Publikum die möglichste
Illusion zu bereiten, sollte der Zug aus dem Hinter=
grunde der Bühne eintreten, und war derselbe 200

Mann hoch), auf der Straße vor dem an der Rückseite
des Theaters liegenden Eingangsthor postirt. Graf
Hahn schärfte Allen auf's Genaueste ein, beim Beginn
des Krönungsmarsches ihm mit feierlichen Schritten
zu folgen. Alles war trefflich einstudirt und versprach
den gewaltigsten Eindruck auf die zahlreich versammel=
ten Zuschauer zu machen. Die Musik beginnt, und
der „Erblandmarschall von Mecklenburg = Schwerin"
setzt sich an der Spitze des Zuges in Bewegung. Am
Soufleurkasten angelangt empfängt den Grafen statt
des erwarteten Applauses ein schallendes Gelächter,
verdutzt sieht er sich nach der Ursache desselben um
und bemerkt mit Schrecken, daß der ganze Krönungs=
zug vor der Thür auf der Straße stehen geblieben,
und er ganz allein in seinem glänzenden Harnisch den
Festzug gebildet hatte, ohne zu bemerken, daß ihm
Niemand folge.

Ein ander Mal gab er in Altona „Menschenhaß
und Reue", sein Lieblingsstück, und kündigte auf der
Affiche an, daß Jeder mit seinem Billet an der Casse
ein unentgeltliches Loos erhalten werde, und der glück=
liche Gewinner des Treffers, der nach der Vorstellung
gezogen würde, „einen eben so schönen als nützlichen
Gegenstand erhalte, der ihm sogleich ausgeliefert
wird."

Das Haus war voll, und als Meinau mit Eulalia
seine thränenreiche Versöhnung geschlossen, begann die

Ziehung, in welcher die Nummer 190 dem glücklichen Besitzer derselben entgegen leuchtete.

In schwarzem Frack und in würdevoller Haltung, mit seinem reichen Ordensschmuck angethan, erschien der Graf, an einem blauseidenen Bande ein schnee= weißes Lämmchen führend.

„Wer von den Herrschaften hat das Loos Nummer 190 im Besitz?"

„Ich", rief eine donnernde Stimme aus dem ersten Logenrang.

„Darf ich um die Ehre Ihres Namens bitten?" schrie Graf Hahn hinauf.

„Ich bin der Justizrath Engel," brüllt es wieder zurück.

Graf Hahn verbeugte sich: „Herr Justizrath, Sie erhalten als glücklicher Gewinner dieses reizende Lämm= chen hier, das Bild der Unschuld und Kindlichkeit. Ich bitte Sie, auf die Bühne zu kommen und Ihren Gewinn vor den Augen des Publikums in Empfang zu nehmen."

„Den Deubel werd ich Ihnen thun!" schrie der Justizrath. „Schicken Sie es mir doch in mein Haus."

„Bedaure", entgegnete Graf Hahn achselzuckend, „es ist aber ausdrückliche Bedingung, daß der Gewinner hier vor den Augen des Publikums seinen Gewinn empfängt."

„Nun, so behalten Sie das Lamm und lassen Sie
es sich braten!"

„Ich werde Ihren Rath befolgen", erwiderte ganz
ernsthaft der Graf, „aber das Fell werde ich Ihnen
zusenden."

Eine recht ergötzliche Anekdote entnehme ich den
sehr frisch geschriebenen „Charakterzügen aus dem Le=
ben des Grafen Hahn-Neuhaus," welche den Schau=
spieler Mayer in Hamburg zum Verfasser haben.

Es war eine Eigenheit des Grafen, daß die jäm=
merlichste Ausstattung, wie sie bei wandernden Truppen
an der Tagesordnung ist, seine Illusion nicht im Min=
desten störte; bei seinem eigenen Theater verwendete er
darauf aber immer die größeste Sorgfalt und scheute
keine Unkosten, in dieser Hinsicht das Möglichste zu
leisten; je theurer ihm die Geschichte zu stehen kam,
um so vergnügter war er.

Sein Unstern wollte es aber, daß seine sinnreichsten
und kostspieligsten Arrangements nicht selten total miß=
glückten, und Lauchstädt war Zeuge eines höchst drolli=
gen Quidproquos in dieser Art. Graf Hahn hatte
nämlich das Wiener Schauer= und Spectakel=Melo=
dram „Ein Uhr" (mit einer vortrefflichen Musik von
Freiherrn von Lanoy) einstudiren lassen. Der Held
dieses Dramas ist ein taubstummer Knabe, der von
einem bösen Ritter einer Waldhexe geopfert werden
soll, sich aber dadurch rettet, daß er den Stundenzeiger

einer koloffalen Wanduhr im entscheidenden Augenblick
auf Eins stellt: sowie der Stundenschlag ertönt, holt
den bösen Ritter der leidige Satan, die Uhr aber ver=
wandelt sich in einen Thron, auf welchem der taub=
stumme Oskar als rechtmäßiger Herzog sitzt.

Der von dem Grafen aus Leipzig entführte Maler
hatte alle Kunst aufbieten müssen, Uhr und Thron
so prachtvoll wie möglich zu malen, auch die Mecha=
nik ließ nichts zu wünschen übrig. Auf der Probe
aber bemerkte der Graf: „Alles recht hübsch, mein
Lieber, aber Sie haben da auch ein Zifferblatt ge=
malt, das ist mir nicht recht! ich hab' es mir anders
gedacht." —

„Wie denn, Erlaucht?"

„Sie wissen, ich habe eine große, ausgezeichnet
schöne Schlaguhr, ein kostbares Werk, es ist ein altes
Erbstück aus Neuhaus, mit einem wundervollen Ton;
auch will ich, daß man den ganzen Akt hindurch den
Pendelschlag hört, das macht sich recht schauerlich wäh=
rend der Pause, die der Hauptscene vorhergeht; lassen
Sie also Ihr gemaltes Zifferblatt herausschneiden, wir
befestigen dann in der Oeffnung das wirkliche Werk."

Der Maler kannte seinen Grafen zu gut, um nur
einen Versuch zu machen, ihn von seiner Idee abzu=
bringen. Das gemalte Zifferblatt wurde herausge=
schnitten, das kostbare alte Erbstück geholt und von
dem Theatermeister geschickt in den Ausschnitt befestigt,

so zwar, daß es schnell wieder fortgenommen werden konnte, wenn die Verwandlung vor sich gehen sollte.

Und jetzt wurde probirt, der Graf erklärte dem Fräulein Hanstein, welche den Oskar spielte, den Mechanismus des Werkes, zeigte ihr, wie sie den Zeiger von 11 schnell auf 1 Uhr rücken müsse, so wie den Repetirknopf; wenigstens ein Dutzend Mal ließ er sie die Sache machen, und immer ging Alles ganz vortrefflich. Der Graf war außer sich vor Vergnügen und sprach fast den ganzen Tag von Nichts als von dem Effekt, welchen die Uhr am Abend machen werde.

Die Vorstellung ging denn auch am Abend sehr präcise und fand reichlichen Beifall bei dem zahlreich versammelten Publikum. Fräulein Hanstein spielte ihren stummen Knaben sehr brav und sah reizend aus. So kam der fünfte Akt heran, der Graf selbst war bei dem Aufstellen der Uhr mit behülflich, ließ das Wegnehmen und die Verwandlung nochmals probiren und, da Alles tadellos ging, den letzten Akt in Gottes Namen beginnen, er selber postirte sich hinter der Coulisse, vor welcher die Uhr stand. — Auch der letzte Akt ging wie am Schnürchen.

Jetzt kam die große Pause, man hörte das „Tiktak" des Pendels deutlich, und jetzt ertönte die Stimme der Waldhexe: „Mein Mahl, mein Mahl!" Gleich darauf stürzt Oskar, von dem bösen Ritter mit hochgeschwungenem Dolche verfolgt, in die Halle. Die

Scene wurde sehr effectvoll gespielt, und das Publikum applaudirte aus Leibeskräften.

Jetzt kommt der entscheidende Moment, Oskar soll an der Uhr emporklimmen und den Zeiger auf Eins stellen.

Die kleine Hanstein war das anmuthigste, graziöseste, junge Mädchen, aber durchaus keine Turnkünstlerin, und schon auf der Probe hatte sie das Erklimmen des wenigstens 6 Fuß hohen Riesen, der, wie der Atlas die Weltkugel, die Uhr auf seinen Schultern trug, für eine „saure Arbeit“ erklärt. Jetzt, wo Alles blitzschnell gehen sollte, fehlte wenig und die ganze Kletterei wäre mißglückt, doch gelangte sie endlich so hoch, daß sie zur Noth den Zeiger mit ausgestrecktem Arm erreichen konnte, rasch hob sie ihn vorwärts und verschwand hinter der Uhr.

Laut und durch das ganze Haus gellend ertönte der Schlag „Eins!“

Der Graf war außer sich vor Entzücken.

„Ein Uhr!“ schreit das Waldweib, — „Du bist der Hölle verfallen!“

Da schlägt es wieder.

„Herr Gott!“ ruft der Graf, „was ist das?“ Und wieder schlägt es.

Der Graf, außer sich, stürzt aus der Coulisse hinter die Uhr. „Satan! Verfluchter! willst Du wohl gleich schweigen!“ — und er reißt das immerfort schla-

gende Werk (denn die kleine Hanstein hat in der Eile
den Zeiger auf 12 gestellt) herab und schleuderte es
wüthend zu Boden, daß es in hundert Stücke zerbricht.

„Ein Uhr" wurde in Lauchstädt nicht wieder ge=
geben.

Im Jahre 1857 starb Graf Hahn in Altona, wo
ein Schlagfluß seinem bewegten Leben ein schnelles
Ende machte. Ein scheinbar unerschöpfliches, mehr
als fürstliches Vermögen und eine glänzende hohe
Stellung im Leben hatte der Mann geopfert, alle
Misère der kleinen Wanderbühnen durchgemacht, mit
Noth und Elend, ja mit Hunger, in des Wortes ver=
wegenster Bedeutung, hatte er gekämpft, um seiner
Theaterleidenschaft zu fröhnen, und doch haben alle
diese enormen Opfer der deutschen Bühne nicht eines
Schillings Werth Nutzen gebracht, und seinem An=
denken nichts gesichert, als den unantastbaren Ruf eines
originellen Sonderlings.

Ein ernster Komiker.

Am 13. Mai 1820 waren die Räume des alten
Leopoldstädter Theaters Zeugen eines damals uner=
hörten Theaterscandals. Ferdinand Raimund, der ver=
wöhnteste Liebling des Publikums, der originelle Schöpfer

der Bäuerle'schen Possenfiguren, wurde bei seinem Er=
scheinen an jenem Abend ausgepfiffen, daß die Wände
zitterten! — Der Grund, warum das vielköpfige Un=
geheuer Publikum die Schale seines entfesselten Grim=
mes über das Haupt des gefeierten Komikers ausgoß,
war wohl der seltsamste, aus welchem je ein Schau=
spieler sich das Mißfallen des Auditoriums zuzog.
Raimund hatte nicht heirathen wollen! Dar=
um wurde er ausgepfiffen. So seltsam das klingen
mag, so buchstäblich wahr ist das ganze Ereigniß.

Als Bräutigam einer blendend schönen Schauspiele=
rin, Louise Gleich, der Tochter eines beliebten Lokal=
schriftstellers, erfuhr Raimund kurz vor der Hochzeit
Dinge aus dem Vorleben seiner Braut, es wurden ihm
Beweise über Thatsachen vorgelegt, die auch eine kalt=
blütigere Natur als die Raimund's erschüttert hätten.
Und doch war der folgende Morgen zur Trauung be=
stimmt; nach derselben aber sollte eine zahllose Fest=
versammlung das frohe Ereigniß der Vermählung
zweier Lieblingsschauspieler der Residenz in dem pracht=
vollen Saale des k. k. Augartens mitfeiern helfen. Die
einflußreiche Familie und die noch weit einflußreicheren
hohen Gönner der Braut hatten ihre gewichtigen
Gründe, dieselbe baldmöglichst unter der Haube zu
wissen — und wie der arme, rathlose Künstler auch
seinen Verstand zermarterte — kein Ausweg aus dem
Netze, welches er sich selbst gestellt! Und doch einer,

2*

wenn auch originell und bizarr, wie das ganze Treiben des Sonderlings!

Eine schaulustige Menge drängt sich in der Kirche, deffen Altar festlich geschmückt des Brautzuges harrte. Aber nur der eine Theil hatte sich eingefunden. Der Bräutigam erschien nicht, ohne ein Wort der Entschuldigung war er ganz einfach ausgeblieben, alles Suchen nach ihm vergebens; nachdem stundenlang die Geduld der Anwesenden auf die härteste Probe gesetzt worden, kehrte die Braut in ihre Wohnung zurück, wo ein lakonischer Zettel meldete: „er habe sich die Sache anders überlegt, und wolle nun gar nicht heirathen.“

Mit Windeseile durchlief diese Nachricht mit monströsen Zusätzen und Verunzierungen die Stadt, deren entrüstete Bewohner sich um die gekränkte Künstlerin schaarten und in oben geschilderter Weise derselben Satisfaction zu schaffen suchten.

Ein gellendes Pfeifen, Toben und Scharren empfing den sonst so beliebten Komiker, der leichenblaß, mit finsterer Stirn die Lynchjustiz über sich ergehen ließ. Auf den Ruf: „Abbitten! Fräulein Gleich Satisfaction geben!“ ꝛc. trat Raimund vor die ergrimmten Zuhörer, im Galgenhumor versichernd, daß es ihm während seiner theatralischen Laufbahn oft vorgekommen sei, daß ein Schauspieler „auf allgemeines Verlangen“ eine Rolle spielen müsse, aber daß ein Künst-

ler auf allgemeines Verlangen heirathen
solle, das sei gewiß neu.

Man kann sich keinen Begriff von der Wirkung
machen, mit welcher diese kecke Anrede in das Publi=
kum einschlug. Während ein Theil vor Lachen über
die sonderbare Vertheidigung in tollen Jubel ausbrach,
pfiff und tobte der andere fort, indeß die Verehrer
Raimund's ebenso wüthend applaudirten.

Der Vorhang fiel, die Vorstellung nahm ein ver=
frühtes Ende. Als Nachspiel heirathete der Komiker
doch noch „auf allgemeines Verlangen" die Schauspie=
lerin Louise Gleich, aber nur, um in kurzer Zeit darauf
eine rechtskräftige Scheidung einzuleiten und durchzu=
führen. Diese Scheidung „von Tisch und Bett," nach
welcher er als Katholik nicht wieder sich vermählen
durfte, war der schwarze Schatten, der das heitere
Leben des Künstlers für immer verdunkeln sollte. Ein
wackeres Mädchen, Fräulein A. W., schenkte dem Manne,
der nur sein Herz, aber keine Hand mit diesem zu ver=
geben hatte, ihre erste Jugendliebe und blieb dieser treu
bis über's Grab hinaus. Daß er seine „Toni" nicht
heimführen dürfte an den häuslichen Heerd, war für
den redlichen Raimund eine fortwährende geistige Mar=
ter; die Demüthigungen, welche das arme Mädchen zu
erdulden hatte, die Opfer, welche sie ihrer Liebe brachte,
erkannte der Künstler dadurch an, daß er seine Geliebte

zur Universalerbin seines beträchtlichen Vermögens ein=
setzte.

Im Juni 1790 wurde Raimund in Wien geboren.
Leider reichten die Mittel seines Vaters, eines armen
Drechslermeisters, nicht aus, um dem heißen Wunsche
des Knaben, zu studiren und etwas Tüchtiges zu wer=
den, Genüge leisten zu können. Nun, der Junge ist
doch etwas Tüchtiges geworden, wenn gleich in anderer
Sphäre, als er damals ahnen mochte. Zu einem
Zuckerbäcker in die Lehre gebracht, übte er sich mit
poetischen Erstlingsversuchen, als Bonbondevisen, welche
letztere viel besser ausgefallen sein sollen, als der von
ihm gefertigte süße Inhalt derselben.

Der Schauspieler Landner, ein früherer Schul=
camerad und späterer College Raimund's, mit dem er
bis zu seinem Tode innig befreundet blieb, hatte einige
Federproben aus jener Zeit aufbewahrt; so zum Bei=
spiel eine burleske Grabschrift, die er bei irgend einer
Gelegenheit für seinen eigenen Leichenstein pränume=
rando anfertigte:

Wandrer, steh' still oder setze Dich nieder.
Hier ruhen eines Mannes Glieder,
Der Ferdinand Raimund hat geheißen.
Ganz jung mußt' er ins Grab schon beißen;
Im rühmlichen Beruf hat er den Tod gefunden:
O Wandrer — ihm wär's lieb, lägst Du statt ihm da unten!

Nach vielen gescheiterten Versuchen, in Wien oder
wenigstens in der Umgebung der Residenz auf einem

Sommertheater unterzukommen, begann er seine theatralische Laufbahn in Preßburg; diese Versuche fielen aber kläglich aus, und er mißfiel dem dortigen Publikum total. Nun begann für den Armen ein Wanderleben der entmuthigendsten und mühseligsten Art, auf's Grellste contrastirend mit dem hohen Ideal, welches der unerfahrene begeisterte Bürgerssohn von der „hehren Kunst" im Busen trug.

Es fehlt uns der Raum, um dem fahrenden Komödianten auf seinen Kreuz= und Querzügen zu folgen, und die Entwickelungen seiner Fähigkeiten stufenweise zu beobachten. Im Jahre 1813 finden wir ihn schon als Gast mit großem Beifall in Wien auftreten, und 1817 gehörte er schon als überaus beliebtes Mitglied dem damals unübertrefflichen Komikerverein des Leopoldstädtertheaters an, für welches die Schriftsteller Meisl, Bäuerle und Gleich ihre hochbeliebten Zauberpossen schrieben. Der Zufall und die eiserne Nothwendigkeit drängten Raimund selbst auf die Bahn des Volksdichters, auf welcher er so reiche Lorbeeren zu ernten und alle seine Nebenbuhler zu überflügeln bestimmt war.

Er hatte Meisl die Idee zu einem Zaubermärchen mitgetheilt, welches zu seinem Benefize im Winter 1823 in Scene gehen sollte. Vergebens war alles Drängen und Mahnen des geängstigten Schauspielers, der Tag des Benefizes rückte näher und näher, ohne daß Meisl,

schreibefaul wie immer, mehr als die Einleitungsscenen
zu Papier gebracht hatte.

In seiner Desperation beschloß Raimund, selbst den
kühnen Versuch zu wagen und das angefangene Opus,
„der Barometermacher auf der Zauberinsel," fertig zu
schreiben, ein Versuch, der so glücklich ausfiel und seine
hoffnungsreichsten Erwartungen so hoch überflügelte,
daß er schon im nächsten Jahre mit einer neuen Zauber=
posse, „der Diamant des Geisterkönigs," vor das Pu=
blikum trat, deren Grundidee einem Märchen von Gozzi
entnommen war. In rascher Reihenfolge erschienen
nun die Originalwerke: „der Bauer als Millionär,"
„Monsasur's Zauberfluch," „die gefesselte Phantasie,"
„der Alpenkönig und der Menschenfeind," „die unheil=
bringende Zauberkrone" und endlich „der Verschwender."

Es ist hier nicht die Stelle, um auf Raimunds
unbestrittene Verdienste um die deutsche Volksbühne,
seine reichste Erfindungsgabe, seine naive, nie verletzende
Witzader als Schriftsteller näher einzugehen; als Schau=
spieler war derselbe eine Erscheinung, die kaum in der
Geschichte des deutschen Theaters wiederkehren dürfte.
Von glühender Begeisterung für seine Kunst erfüllt,
trugen seine Bühnengestalten stets den Stempel des
reifsten, charakteristischen Studiums. Sein haßerfüllter
Rappelkopf und die wehmuthsvoll weiche Erscheinung
des Aschemanns, welch' ein Contrast!

Die Erkennungsscene im „Verschwender," wo der

arme treue Valentin seinen ehemaligen Herrn im
Elend findet, gehörte in Raimund's Darstellungsweise
mit zu dem Vollendetsten, was die deutsche Schau-
spielkunst je aufzuweisen hatte. Und mit wie einfachen
Mitteln erreichte der geniale Künstler die erschütterndste
Wirkung! Valentin findet an der Schwelle des Palastes
seines früheren Gebieters einen Bettler, der Arme will
mit dem Aermeren theilen, er nimmt ein Geldstück, um
es ihm zu schenken, die Züge des Bettlers scheinen ihm
bekannt, er starrt ihm ins Gesicht, die ausgestreckte Hand
bleibt unbeweglich, er wagt es nicht, dem Bittenden
den bereit gehaltenen Groschen anzubieten. Der ehemalige Millionär fragt den fremden Mann erstaunt,
was er von ihm wolle; dieser erkennt die Stimme
seines geliebten Herrn, ein unartikulirter Schrei ent-
ringt sich der vollen Brust, ein Schrei, in den sich
der tollste Jubel und die innigste Wehmuth mischt, ein
greller Ausruf: „Mein gnädiger Herr!" Er überfliegt
noch einmal die verfallene Gestalt des einst so hoch-
gestellten Mannes, und leise stammeln die bebenden
Lippen, welche die Hände des früheren Gebieters mit
Küssen bedecken, unter einer Fluth von Thränen der
Freude und des Schmerzes: „Mein gnädiger Herr!"
Wie Viele, auch Schreiber dieser Zeilen, haben es versucht, dieses zweimalige „Mein gnädiger Herr" in ähnlicher Weise nachzusprechen, nachdem der Mund des
Schöpfers für immer stumm geworden! keinem ist dies

nur annähernd gelungen. Diese Töne einer aufjauch-
zenden und schmerzerfüllten Menschenbrust waren eben
nur dem Dichter des „Verschwenders" eigen.

Wer sollte nicht meinen, daß Raimund jetzt auf
dem Höhepunkte des Glückes angelangt sei? Getragen
von der vollen Gunst der Elite des Publikums und
der Achtung seiner Mitbürger, in glücklichen Vermö-
gensverhältnissen, Besitzer eines reizenden Tusculums
in dem schönsten Gebirgsthale der Monarchie, in Guttenstein, umgeben von der zärtlichsten Sorgfalt eines
liebenden und geliebten Wesens, was konnte dem Be-
neidenswerthen noch fehlen? — Und doch wurde der
überall Gefeierte seines Lebens und Wirkens nicht froh;
weder die Anerkennung in der Heimath, noch die Er-
probung seiner Verdienste auf weiten Gastspielreisen
an den größten Bühnen Deutschlands, die sich durch
die glänzendsten Erfolge zu wahren Triumphzügen ge-
stalteten, vermochten die schwarzen Schatten der Hy-
pochondrie zu verscheuchen, die sich um das Haupt des
Musengünstlings gelagert hatten. Gerade bei seiner
genialen Begabung lastete der Mangel an eigentlicher
wissenschaftlicher Bildung doppelt schwer auf ihm; bei
einem Herzen voll warmer Menschenliebe, unermüdlich
im Wohlthun, mit stets offener Hand gegen ärmere
Collegen, konnte er doch nie ein scheues Mißtrauen
gegen alle Welt überwinden. Wie unglücklich sich der
Mann fühlte, dem alle Herzen entgegenschlugen, der

Alles erreicht hatte, was in seiner Sphäre zu erreichen
möglich war, mögen die folgenden Blätter beweisen.
Raimund liebte es, in losen Heften seine Empfindun=
gen in Tagebuchform niederzulegen. Einige dieser Er=
güsse hat sein Freund und College, der Schauspieler
Landner in Wien, der Vergessenheit entrissen. Sie
mögen hier eine Stelle finden.

Lose Blätter aus dem Tagebuche eines ernsten Komikers.

Wien 18 —

Es ist seltsam! Je höher die Wogen des Beifalls
mich umrauschen, je stürmischer mich die Gunst des
Publikums erhebt, desto unzufriedener werde ich mit
mir. Ich fühle in meiner tiefsten Brust, was ich mir
kaum selbst zu gestehen wage, wie unzulänglich mein
Genre ist, wie es in demselben so ganz und gar un=
möglich ist, Großes zu leisten. Es ist recht traurig!
Ein ganzes volles Menschenalter hindurch habe ich
vergebens gestrebt und gerungen; mit der letzten Scholle,
die man einst meinem Sarge nachwerfen wird, ist auch
mein Name der Vergessenheit anheimgefallen. Ihr
Glücklichen, denen Mutter Natur ein Organ in die
Brust gelegt, volltönend und kräftig genug, um Shake=
speare's, Schiller's und Goethe's herrliche Worte auf
der Bühne erklingen zu lassen, jedes warme Zuschauer=
herz erhebend und begeisternd!

Warum mir gerade dieses schnarrende, mißlautige Instrument, zu meiner glühenden Seele passend, wie die Straßenorgel zum Kirchengesang? Warum mir gerade dieses tonlose Organ, eben gut genug, den Possenreißer zu spielen, um der johlenden Menge ein paar müßige Stunden zu verkürzen; ohne tieferen Eindruck, ohne bleibende Nachempfindung? Und an diese fluchbeladene Existenz gefesselt zu sein, wie der Galeerensclave an die Kette!

München.

Heute habe ich einen furchtbaren Abend erlebt. Der berühmte Eßlair spielte am Hoftheater den Tell, eine seiner Forcerollen. Ich fliege in's Schauspielhaus, um die Künstlergröße anzustaunen, von welcher der Ruf so viel Günstiges erzählt. Was finde ich? Eine Ruine! Eine Ruine, zerfallen und ohne Spur ehemaliger Herrlichkeit. Ein alter Mann, zahnlos, kaum noch verständlich, seine Aufgabe handwerksmäßig herablallend und das Publikum, das den einst Gefeierten in anerkennungswerther Pietät mit einem Sturm von Applaus empfing, im Verlaufe der Darstellung eisig kalt lassend. Ich kann nicht beschreiben, wie schneidend wehe mir der Anblick that. Die Erscheinung berührte mich um so schmerzlicher, als ich erfuhr, daß nur Geldnoth den Greis dazu trieb, seine früher errungenen Lorbeeren selber in den Staub zu treten. Ach, welch' ein widerlicher Anblick ist doch ein alter Komödiant! Wird es mir einst auch so gehen? Von jetzt an will ich sparen, die Sorge für die Zukunft soll in Folge mein Cassen=verwalter sein, und der heutige Tell möge als ein warnend Schreckbild als Titelbild meines Aufgabebuchs stehen. Ob es nicht besser wäre, mit einem raschen Pistolen=schuß diesen Sorgen zuvorzukommen, während man noch auf dem Zenith des Ruhmes steht?

Wien, den —

Heute Abend haben wir einen Theaterscandal zu gewärtigen. Die Krones tritt nach einer mehrmonat=lichen Pause wieder auf. Der Leichtsinn dieser aller=dings sehr talentvollen Person hat selbe in eine gräß=liche Situation verwickelt. Ein reicher polnischer Ca=valier sucht ihre Bekanntschaft zu machen, und läßt sich bei der beliebten Schauspielerin einführen. — Es soll dies — wie die böse Welt behauptet — eben nicht mit besonderen Schwierigkeiten verbunden sein. Kurz und gut, in wenig Wochen stehen die Krones und Graf Jaroschinsky auf so vertrautem Fuße, daß Erstere eine Einladung zum Mittagessen in der Wohnung des Edelmanns annimmt. Es soll dort toll genug zuge=gangen sein. Während die Orgie im vollen Gange ist, wird der Graf abgerufen. Die Krones setzt sich an's Clavier und trällert ein Modeliedchen. Plötzlich öffnet sich die Seitenthür, und Graf Jaroschinsky steht, umgeben von Polizeidienern und Criminalbeamten, mit schweren Ketten gefesselt und mit todtenbleichem Antlitze, vor den Augen seiner entsetzten Gäste. Die Krones fällt in Ohnmacht, ob in eine wirkliche oder fingirte will ich dahin gestellt sein lassen, wird aber durch die Hände der rauhen Sicherheitsbeamten in's Leben zurück- gerufen und muß nun über ihr Verhältniß zu dem Grafen — der eines Raubmordes angeklagt ist — ge- naue Auskunft geben. Es sollen dabei eben nicht die erbaulichsten Details an's Tageslicht gekommen sein. Jaroschinsky hat wirklich, wie es sich bald ergab, seinen ehemaligen Lehrer, den siebenzigjährigen ehrwürdigen Professor Blank, mit kalter, henkersmäßiger Grausam- keit gemeuchelt und bestohlen und mußte vor wenig Wochen seine fluchbeladene That am Galgen büßen. Die Krones, hieß es damals, werde der Bühne ent- sagen und sich in ein Kloster zurückziehen. Und jetzt, nachdem kaum mehrere Monate über dies Ereigniß hingegangen, hat die Person die Frechheit, wieder vor die Augen des Publikums zu treten. Alles ist empört, und die Krones wird, trotz ihrer Beliebtheit als Künst- lerin, ein gewaltiges Strafgericht zu überstehen haben.

Ich bin gottlob in der heutigen Vorstellung nicht beschäftigt; und geht mich gleich die ganze saubere Ge- schichte persönlich nichts an, so schäme ich mich doch in tiefster Seele hinein, daß solche Dinge beim Theater vorgehen können. Ich kann es nicht über mich gewin- nen, mich unter die Zuschauer zu mengen, sondern ich werde mir irgend einen Winkel auf der Bühne suchen und die Resultate des verhängnißvollen Abends in banger Erwartung vorübergehen lassen.

Den folgenden Tag.

Die Krones ist gestern Abend mit einem Sturm von Applaus, ohne das geringste Zeichen von Miß= fallen, empfangen worden! *)

Ist es denkbar? Wahrlich, so sehr ich gestern fürch= tete, unsern Stand beschimpft zu sehen, so empört war ich dennoch über den Ausgang. Ist dies dasselbe Pu= blikum, welches ein Recht zu haben glaubte, sich in meine Privatverhältnisse einzumengen, und mich wü= thend auspfiff, weil ich ein Mädchen nicht heirathen wollte, von deren Sittenlosigkeit ich mich leider wäh= rend des Brautstandes vollständig überzeugt hatte? Ich wurde deshalb mißhandelt, und eine gemeine Buh= lerin, deren Verschwendung Miturjache an einem Morde gewesen, wird mit einem Jubel empfangen, als träte sie nach einer großen That vor die Augen der Menge Ja, um das Maß voll zu machen, wurden einige be= zügliche Phrasen — man gab eine Parodie auf Spon= tini's Vestalin — besonders aber die Worte der Krones: „das dumme Volk wird doch nicht im Ernste glauben, daß ich eine Vestalin bin?" mit einem rasenden Bei= fallssturm aufgenommen. Die Röthe der Scham

*) Faktisch.

brannte mir auf der glühend heißen Wange; und die
Menge jauchzte! Und diesem Götzen, charakterlos und
launisch, bringt der Schauspieler sein Dasein, der
Künstler den „Saft seiner Nerven" zum Opfer!

Am Abend desselben Tages.

Heute zum ersten Male während einer zwanzigjäh=
rigen Künstlerlaufbahn drängt sich mir der Gedanke
durch den Kopf, ob ich nicht besser gethan hätte, nach
dem Willen meines braven Vaters ein friedlicher Hand=
werker zu werden. Ich sehe ihn vor mir, den gut=
müthigen Greis mit den Silberlocken, wie er mit rast=
losem Fleiße schafft und sich müht um die Existenz
seiner Familie.

An einem Sonntag, das einfache Mahl war ver=
zehrt, das Tischgebet gesprochen, frug er mich mit herz=
lichen Worten: welchen Stand ich mir zu wählen ge=
denke? Und als ich hierauf mit scheuer Stimme ant=
wortete, ich wolle Schauspieler werden: da wurde der
alte Mann bleich wie der Tod, die gutmüthigen Augen
umzogen sich mit einem hervorquellenden Thränenflor,
nach langer Pause entrangen sich den bebenden Lippen
meines armen Vaters die beinahe unhörbaren Worte:
„Ferdinand, das kann Dein Ernst nicht sein. Du
wirst Deine unglücklichen Eltern nicht vor der Zeit
in's Grab bringen wollen!" Da trat auch die Mutter
an mich heran, und beschwor mich mit heißen Thrä=

nen, von meinem Vorsatze abzustehen, und meine lieb=
liche Schwester Gertrude ergriff meine Hand und ver=
einigte ihre Bitte mit denen meiner theuren Erzeuger.
Erschüttert gab ich den Meinen das Wort, nie mehr
an die vorübergehende Idee zu denken, Schauspieler zu
werden. Dankbar drückte mich der Alte an's treue
Herz, Jubel scholl durch die Räume unserer sonst stillen
Wohnung, ein Fest wurde improvisirt, es war, als sei
ich meiner Familie zum zweiten Mal geboren worden.
Nochmals mußte ich meinem Vater das feierliche Wort
geben, dem unseligen Vorsatze „Komödiant" zu wer=
den, zu entsagen.

Ich habe mein Wort nicht gehalten.

Zürnst Du mir deshalb noch, verklärter Dulder
dort oben? Sieh', Du bist gerächt! Vollständig ge=
rächt! Trotz allem, was man im gewöhnlichen Leben
Glück nennt, habe ich während der langen, langen
Zeit, daß ich der Bühne angehöre, mich nicht eines
wahrhaft glücklichen Augenblicks zu erfreuen gehabt.
„Du sollst Vater und Mutter ehren!" — Ich habe
die letzten Wünsche der Meinen außer Acht gelassen,
dafür stehe ich jetzt allein und freundlos in der Welt.
Niemand, der mir angehört, alle meine Lieben ruhen
im Schooße der Erde. In den bereits erbleichenden
Locken wühlt kein liebendes Kind, kein theurer Spröß=
ling schaukelt auf meinem Kniee, welches die Hand
stützt, in der das sorgenschwere Haupt ruht.

Du sollst Vater und Mutter ehren!

Und doch — war es denn meine Schuld? Konnte ich dem Drange widerstehen, welcher mich unaufhaltsam den verhängnißvollen Brettern entgegenriß? Konnte ich ankämpfen gegen die glühende Neigung zur Kunst, welche mir von meinem unausweichbaren Geschicke gleichsam als Pathengeschenk in die Wiege gelegt zu sein schien? Von dem Tage an, als sich mit dem Anschauen des ersten Bühnenwerkes eine nie geahnte Wunderwelt vor meinen erstaunten Blicken erschloß, konnte ich die fieberhafte Pein, die heiße Sehnsucht nach der Priesterschaft in dem für mich heiligen Tempel der Kunst nicht eine Minute los werden.

Kaum hatten wir den braven Vater hinaus getragen auf den beschneiten Kirchhof, so waren die feierlichen Gelöbnisse vergessen, die ich in die jetzt erkalteten Hände gelegt. Treulos den Ladentisch verlassend, der mir zur Galeere geworden war, begann ich bei wandernden Truppen ein mühseliges abenteuerliches Nomadenleben.

Damals war ich glücklich! — Die rasche Jugend half mir mit leichtem Sinne über Nahrungssorgen hinweg, dafür durfte ich die Kunstkenner in Stein am Anger und Oedenburg *) entzücken, und beschwichtigte den knurrenden Magen, indem ich ihm eine neue Rolle

---

*) Zwei kleine Provinzstädte Ungarns, in denen Raimund seine Laufbahn begann.

vorlas und ihn mit meinen großartigen Hoffnungen
und Plänen für die Zukunft tröstete. Alle diese Hoffnungen sind mehr als wahr geworden, alle meine
Pläne habe ich realisirt, und dennoch — bin ich jetzt
zufriedener als damals? Du sollst Vater und Mutter
ehren." — — — — —

Leider reichen die uns zugekommenen Blätter nicht
weiter, doch geben sie ein klares Bild von dem See-
lenzustande des edlen und genialen Selbstquälers. Wenn
auch die stets steigenden glücklichen Erfolge in seiner
Doppeleigenschaft als ruhmgekrönter Dichter und Dar-
steller von Zeit zu Zeit die „Saulslaune", die sich seiner bemächtigt hatte, nicht zum vollen Ausbruch kommen ließen, so stellte sie sich doch periodenweise um so
gewaltiger ein. So auch am 26. August 1836, wo
der Dichter sich auf seinen reizenden Landsitz zu Per-
nitz bei Guttenstein zurückgezogen hatte. Ein kaum
nennenswerthes Ereigniß führte die verhängnißvolle
Katastrophe herbei, welche dem Leben Raimund's ein
vorschnelles Ende machte.

Ein bissiger Haushund verletzte ihn leicht an der
Hand, die Wunde war so unbedeutend, daß sie in ein
paar Tagen bis auf die letzte Spur geheilt worden
wäre. Da bemächtigte sich mit unabweisbarer Gewalt
des armen Hypochonders der furchtbare Gedanke, der
Hund sei toll gewesen.

Um sich zu zerstreuen, und den Folterqualen seiner immer fester wurzelnden Ideen zu entgehen, unternahm er eine Reise zu dem wunderthätigen Madonnenbilde in Mariazell, welches bei allen Katholiken in hohem Ansehen steht, und wohin tausend und tausende Belasteter wallfahrten, um ihr schweres Herz auszuschütten. Dort mag auch der geängstigte Poet seine Hände im Gebet gerungen und die gnadenreiche Heilige mit heißer Bitte angefleht haben, die furchtbare Todesart von ihm abzuwenden. Nach Hause zurückgekehrt, wurde sein unseliger Wahn noch bestärkt, als er erfuhr, daß der Hund in der Zwischenzeit erschossen worden sei, da er noch eine Person gebissen und sich überhaupt „wie toll" geberdet habe.

Der verwüstete Hofraum, die ringsum weit aufgewühlte Erde, die zerrissenen Trümmer der Einfriedigung des Grundstücks legten ein furchtbares Zeugniß ab für die Wuth des bösen Hundes. Vergebens alles Zureden seiner besorgten Umgebung, seiner treuen Toni. Endlich brachte ihn die Letztere zu dem Entschluß, mit ihr nach Wien zu fahren, und dort Rath und Hülfe eines berühmten Arztes in Anspruch zu nehmen.

Scheu in eine Ecke des Wagens gedrückt, stumm und regungslos saß das Opfer seiner Einbildung in entsetzlichen Qualen, unzugänglich den Trostesworten und Bitten der sanften Freundin.

Da brach ein so furchtbares Unwetter los, wie man

sich eines ähnlichen seit Jahren nicht erinnerte. Der
Donner rollte mit furchtbaren Schlägen, in dem Ge-
birgsthal ein hundertfaches Echo weckend, Regengüsse
gleich Strömen niederrauschend, machten die Wege un-
fahrbar und zwangen unsere Reisenden in einem kleinen Gasthof in Pottenstein zu übernachten. Man weiß,
wie selbst die heiterste Stimmung durch einen unfrei-
willigen Aufenthalt an einem langweiligen Orte bei
schlechtem Wetter niedergedrückt wird. Und nun denke
man sich Raimund, mit bitterer Verzweiflung im Herzen, Nacht, düstere Nacht um und in ihm, im unbehaglichen, düsteren Dorfswirthshause, und umtobt von
dem Wüthen der Elemente! Immer finsterer, immer
drohender umgaben Schreckgestalten eines gräßlichen
Todes den armen Künstler, mit leiser Stimme bat er
seine Toni, ihm ein Glas Wasser zu besorgen. Diese
hatte sich kaum entfernt, als ein dumpfer Knall sie
zurückschreckte; mit düsterer Ahnung öffnete sie die Thüre
— da liegt der Unglückselige, mit einem Taschenpistol,
welches er stets geladen bei sich trug, hatte er sich in
den Mund geschossen!

Wie ein Lauffeuer drang der Ruf der vorschnellen
Schreckensthat nach Wien. Aerzte und Freunde des
armen Mimen eilten nach Pottenstein, nur Trost, nicht
Hülfe konnten sie an das Schmerzenslager bringen.

Die Kugel des schwach geladenen Terzerols war
im Gaumen stecken geblieben, noch acht qualvolle Tage

mußte er seine Leiden, seine Reue tragen, ehe der Tod als Erlöser aus schwerer Pein an sein Sterbebette trat.

Als ihn sein vieljähriger Freund, der Schriftsteller Weidmann, besuchte, zeigte er diesem, während ihm heiße Thränen über die abgemagerten Wangen rollten, mit dem Finger in den Mund und wimmerte zu wiederholten Malen: „die Kugel! die Kugel!" Dann schrieb er mit Blei auf ein Blatt Papier: „Gott bitten! —

> Und schließt mich einst die Kunst aus ihrem Tempel aus,
> Verbirg mein graues Haupt in Deinem grünen Haus;
> Dann mag sich meine Lebenssonne neigen,
> Dann will ich in Dein kühles Brautbett steigen.
> In Deinem Schooß ruh' mein Gebein,
> Mein Grabmal sei im Guttenstein!
>
> (An Guttenstein.)

Nach diesem seinen Wunsch, den er in seinen Poesien ausgesprochen hatte, wurden seine sterblichen Reste der Erde seines vielgeliebten Guttensteins anvertraut.

Am 8. September 1836 bewegte sich der endlos lange Zug der Leidtragenden — Leidtragende im strengsten Sinne des Worts — in dem reizenden Gebirgsthale entlang, dem entschlafenen Freund und Kunstgenossen die letzte Ehre zu erweisen. Die Landleute der Umgegend, denen er stets Freund, Berather, Helfer in der Noth war, die den „guten Stadtherrn" alle innig liebten, hatten sich in reicher Zahl, angethan im

Festschmucke, eingefunden, den „braven Herrn" zur
Gruft zu geleiten. Größere, festlichere Leichenbegäng=
nisse mögen schon vorgekommen sein, ein ergreifenderes,
schmerzlicheres wohl nie. Die Klänge des' schönen
Liedes: „So leb' denn wohl, Du stilles Haus", aus
seiner besten Dichtung „der Alpenkönig und der Men=
schenfeind", wirkten erschütternd auf die Menge, die
mit heißen Thränen dem Sarge folgte. Sein eben=
bürtiger College, Ludwig Löwe, der den Lorbeer auf
sein Grab gelegt, war vor schmerzlicher Aufregung nicht
im Stande, die Worte der Liebe und Achtung, die dem
Hingeschiedenen folgen sollten, zu vollenden. Schmerz=
lich weinend sank er mit gefalteten Händen am Sarge
nieder, während die bebenden Lippen nicht einen armen
Laut mehr hervorbringen konnten.

Und so möge denn auch meine Feder verstummen;
vielleicht finde ich später Platz, auf einzelne Charakter=
züge, so wie auf einen fast tragikomischen Streit um
den gestohlenen Schädel des Todten zurückzukommen.

Jetzt mag die ernste Stimmung bei der Erinnerung
an einen edlen Menschen, an ein großes, vor der Zeit
untergegangenes Genie, an einen unvergessenen Dar=
steller den Schlußstein meiner Federzeichnung bilden.

Originale aus Alt-Wien.

Wer jetzt die Kaiserstadt besucht, wird es kaum
für denkbar halten, wenn man ihm erzählt, daß Wien
vor kaum zwanzig Jahren die billigste Hauptstadt
Europas gewesen. Die fröhlichste, die vergnügungs=
süchtigste und gastfreundlichste ist sie noch immer, nur
übersteigen die Preise, welche der Wiener jetzt für sein
Vergnügen zu zahlen hat, die der Pariser und Ber=
liner Amüsements um das Doppelte. Die Volksfeste
in der Brigittenau, im Augarten sind verschwunden,
der „Wurstlprater" hat seine originelle Physiognomie
verloren, und mit diesen Herrlichkeiten ist einer der
pikantesten Reize der Hauptstadt für den Fremden ver=
schwunden, nämlich die Beobachtung des Volkes in
seiner ungebundensten Fröhlichkeit. Der Wiener Pöbel
ist von einer Gemüthlichkeit, von einer Harmlosigkeit,
die man nie im Norden, am allerwenigsten aber in
Berlin finden kann. Der Wienerpöbel verhält sich zu
dem in Berlin wie Milch zu Blausäure. Bei dem toll=
sten Uebermuth wird man beim Oesterreicher selten eine
Rohheit, ein Ausarten gegen den Gebildeteren treffen,
während der „richtige" Berliner ohne „Keilerei" kein
Zusammensein der Massen denken kann. Die neueste
Zeit hat traurige Beispiele für meine Behauptung ge=
liefert, und zwar bei Gelegenheiten, welche ihrer Na=
tur nach zu nichts weniger als zu Ausbrüchen der

Gemeinheit Veranlassung gaben. Ich erinnere an die Säcularfeier der Universität, an das Leichenbegängniß Humboldt's, an das Schillerfest, an die Einzugsfeierlichkeiten bei der Krönung 2c.

Ob Wien seinem früheren strengen Polizei-Regime die gute Mannszucht der unteren Volksklassen dankt, ob dies allein in der Gutmüthigkeit derselben liegt, vermag ich nicht zu beurtheilen, wenn ich gleich Grund habe, das Letztere anzunehmen. Allein nicht nur der „gemeine Mann," wie er in Wien genannt wird, vermag sich dem tollsten und doch liebenswürdigsten Uebermuth hinzugeben, auch die gebildetsten und geistreichsten Menschen sind dessen fähig. Welch' eine Anzahl von drastischen Anekdoten haben in dieser Beziehung Bäuerle, Castelli, Saphir, Korntheuer, Deinhardstein und die übrigen Humoristen des alten Wiens hinterlassen! Freilich waren es eben nur Späße, denen eine gewisse kecke Derbheit und Rücksichtslosigkeit anklebte, eigentlichen Witz hatte unter den genannten wohl nur Saphir, dessen Calembourg's sich mit den besten französischen messen konnten; z. B. sagte er nach dem Tode eines unbeliebten Feldmarschalls, der aber mit großem Gepränge begraben wurde, dem Befehlshaber der österreichischen Truppen sei nach seinem Tode etwas gelungen, was er während seines Lebens nie zu Stande gebracht, „er habe die Armee in Flor gebracht." Einst begegnete er dem Regisseur des kö-

niglichen Hoftheaters, der ihm in größter Eile mit=
theilte, daß wegen Erkrankung des Herrn Anschütz die
größte Repertoirverlegenheit herrsche, und man noch
nicht wisse, was Abends gegeben würde. „Da ist leicht
abzuhelfen," sage Saphir, „gebt zwei Pausen von Co=
stenoble und ein kleines Stück dazu, so seid Ihr fer=
tig." Costenoble war ein sehr beliebter, aber seiner
unendlichen Kunstpausen wegen bekannter Schauspieler.
Einst fuhr Saphir mit Pokorny von Wien nach Preß=
burg. An der Grenze bat ihn Pokorny, ihm zu er=
lauben, seinen Namen anzunehmen, da er seinen Paß
vergessen habe, und als Theaterdirektor sich keinen Un=
annehmlichkeiten aussetzen wolle. „Sie können ja,"
meinte er zu Saphir, „den Namen des nächstbesten
Bekannten als den Ihrigen nennen, wir drücken den
Beamten einen Gulden in die Hand, und die Sache
ist in Ordnung." Er setzte hinzu, er wünsche über=
haupt nicht, daß man in Wien erführe, er sei ohne
Paß über die Grenze gegangen, was damals von der
Polizei sehr unangenehm bemerkt wurde. Saphir gab
Pokorny seinen Passirschein, und der Letztere antwor=
tete an der Grenze auf die Frage um Stand und Namen:

„Ich bin der Schriftsteller Saphir aus Wien."

„Und ich," fiel Saphir dem erstarrten Pokorny
in's Wort, indem er dem Aufseher den bekannten Gul=
den in die Hand drückte, „ich bin der Theaterdirektor
Pokorny aus Wien, habe aber keinen Paß bei mir."

„Aber was treiben Sie denn?" rief ärgerlich Po=
rny, „ich will ja incognito bleiben."

„Ich auch," entgegnete ganz trocken Saphir.

So gerne aber Saphir rechts und links Hiebe aus=
eilte, so unangenehm war es ihm, wenn er selbst
mal solche einstecken mußte. Während seines Aufent=
altes in Pesth war ein Schauspieler Namens Melchior
s stete Stichblatt seines Witzes. In der Posse:
Die falsche Catalani" rächte sich der gekränkte Hi=
ione dadurch, daß er in der Rolle des Zeitungs=
reibers Pfiffspitz in sprechend ähnlicher Maske Saphir
pirte, der in einer Loge des ersten Ranges unter den
ischauern sich befand. Das Haus erdröhnte vor
ubel, als der Doppelgänger des bekannten scharfen
ritikers auf der Bühne erschien. Der Beifall wurde
mer lebhafter, je sichtlicher sich Saphir darüber
gerte. Nach dem Schlusse des ersten Aktes begab
sich zum Polizeidirektor in die Loge und bat drin=
nd, es möge dem Schauspieler Melchior verboten
erden, ihn ferner auf der Bühne zu persifliren. Der
hef der öffentlichen Sicherheit machte ihm begreiflich,
iß dies heute nicht mehr anginge, versprach ihm
irch Bestrafung des Künstlers volle Genugthuung
nd gab Saphir den Rath, da die Aehnlichkeit haupt=
ächlich durch einen hellen gelblichen Rock hervorge=
ifen würde, in dem er allgemein bekannt sei, wäh=

rend des Zwischenakts nach Hause zu fahren, diesen
abzulegen und in einem dunklen Kleide zu erscheinen.
Während Saphir diesen Rath befolgte und sich in
einen blauen Frack stürzte, das einzige Kleidungsstück,
welches er damals außer dem hellen Rock sein eigen
nannte, ließ der Polizeidirektor dem Melchior unter=
sagen, im zweiten Akt wieder in dem auffallend gelb=
lichen Rock auf der Bühne zu erscheinen. Allein man
denke sich das vor Beifallsjubel erdröhnende Haus, als
durch einen tückischen Zufall oder berechnete Malice
Saphir in seinem blauen Frack recht ostensible in den
Vordergrund der Loge trat und einige Minuten darauf
Saphir=Melchior auf der Bühne ebenfalls im blauen
Frack erschien!

Eine ganz entgegengesetzte Natur als der verbissene
Saphir war der alte Bäuerle. Von unbegrenzter
Gutmüthigkeit und ebenfalls mit der Cardinaltugend
der Wiener, einer wahrhaft orientalischen Gastfreund=
schaft behaftet, war Bäuerle, trotz seines enormen Ein=
kommens, ebenfalls stets in chronischer Geldverlegen=
heit. Die Theaterzeitung, die er 25 Jahre lang mit
großem Geschick und im Geschmack des leichtbeweglichen
Wiener Völkchens redigirte, war damals, so unglaub=
lich dies heutzutage von einem Theaterblatt klingen
mag, eine Macht, wurde von aller Welt, im Palast
wie in der Hütte gelesen, und brachte per fas dem
Eigenthümer eine ganz ansehnliche Summe ein, ohne

des nefas zu gedenken, welches die Sehnsucht aller
dramatischen Künstler, in der Theaterzeitung recht von
Herzen gelobt zu werden, in den Säckel des in diesem
Punkte sehr zugänglichen Bäuerle zauberte. Derselbe
war eine der bekanntesten und beliebtesten Persönlich=
keiten von Wien, nicht nur als Herausgeber der viel=
gelesensten Zeitung, als Vater der eigentlichen Lokal=
posse und Schöpfer des Staberl, sondern hauptsäch=
lich als prächtiger Gesellschafter, als Erfinder und Ver=
breiter einer zahllosen Menge von Schwänken, als
lebendiges Lexikon von Anekdoten, die er mit hinreißen=
der Laune zu erzählen wußte. Und doch starb der
Mann, der mit allen Fasern seines Ich's in seinem
theueren Wien wurzelte, fern von seinem Vaterlande,
in Basel, wohin ihn seine Gläubiger zur Flucht gezwun=
gen hatten. Allein und von aller Welt verlassen, über=
fiel den alten Mann im fernen Land Noth, Entbeh=
rung und Siechthum; das Jahr 1848, welches in
Oesterreich das alte verrottete Zeitungsmonopol aus
den Händen der paar Personen riß, die mit demselben
beglückt waren, und neue Concurrenzjournale in Un=
massen auftauchen ließ, hatte auch den guten Bäuerle
vom Throne der österreichischen Bühnenherrschaft ge=
stoßen und in's Exil getrieben. Friede seiner Asche! —

Glücklicher als sein humorverwandter College starb
jüngst in hohem Alter der wackere Dichter J. F. Castelli,
geehrt, geachtet, wohlhabend, und beliebt bei Alt und

Jung, in den günstigsten Verhältnissen. Castelli war der eigentliche Erfinder vom „Wiener Jur," eine Species von Scherz, die recht eigentlich der Metropole an der Donau angehört. Was die keckste Laune eben eingab, das wurde sofort in Scene gesetzt und ausgeführt, selbst auf die Gefahr hin, eines zu tollen Spaßes wegen mit der Behörde in Conflict zu kommen. Als Adjutant des Jur-Generals Castelli fungirte damals Deinhardstein, der aber seine Laune nicht, wie sein Vorbild, bis in's höchste Greisenalter bewahrte. Castelli war bis an sein Ende Vorsteher einer Gesellschaft von Künstlern, Schriftstellern ꝛc. „die grüne Insel," die berühmt wegen ihrer tollen Streiche war. Aber folgen wir heute den lustigen Brüdern in den königlichen Redoutensaal und belauschen wir deren Treiben während eines Maskenballes.

Dort steht ein junger, schüchterner Mensch, ängstlich in einen Winkel gedrückt und sich offenbar in dem rauschenden bunten Gewühle nicht heimisch fühlend. Castelli geht rasch auf ihn zu und fragt entschieden:

„Sie haben ein Freibillet auf diesen Ball?"

Der fremde Jüngling sieht ihn erstaunt an und murmelt ein leises „Ja".

„Nun also, warum tanzen Sie nicht?"

„Ich kann nicht tanzen."

„Das fehlte noch! wenn man ein Freibillet hat, muß man tanzen, und zwar die ganze Nacht. Das ist eine heilige Verpflichtung! Ich bin Ballcommissär und habe das Recht darauf zu sehen, daß die Ordnung aufrecht erhalten wird. Wer sind Sie? Wie heißen Sie?

„Ich bin Kürschnergeselle und heiße Weiß."

„Also, Herr Weiß, fordern Sie eine Dame auf und tanzen Sie."

„Sehr wohl, Herr Commissär."

Er tritt mit einer Dame, die er um einen Tanz bittet, in die Reihen, bleibt aber auch sofort stecken. Die Tänzerin blickt ihn erstaunt an und ruft: „Ja, was ist denn das, Sie können ja nicht tanzen?"

„Ich muß tanzen, ich habe ein Freibillet."

„Was kümmert denn das mich?"

Und mit einer hingemurmelten, eben nicht sehr schmeichelhaften Bezeichnung läßt die Maske den verblüfften Kürschnergesellen stehen, der sich leise in die entgegengesetzte Ecke des Saales verkrümelt, doch sofort von seinem Freibilletcontrolleur aufgefunden wird.

„Was ist denn das, Sie obstinater Mensch, Sie tanzen ja schon wieder nicht? Wenn Sie nicht tanzen, so lasse ich Sie augenblicklich verhaften."

„Herr Commissär," ruft verzweiflungsvoll unser Weiß, indem er sich den Todesschweiß von der Stirne wischt, „ich kann nicht tanzen. Wenn Sie mich nicht dispensiren, so will ich lieber nach Hause gehen."

„Nun gut, so will ich diesmal Nachsicht haben.

Sie brauchen nicht mehr zu tanzen. Bleiben Sie hier und amüsiren Sie sich gut."

Unter den lautesten Dankesversicherungen entfernte sich der junge Mann mit freudestrahlendem Gesichte.

„Siehst Du den Domino mit der großen Nase?" frug Castelli nach einer Weile. „Gieb Acht, mit dem giebt's einen Hauptjux."

Er geht auf sein Opfer los, schlägt es kräftig auf die Achsel, indem er ihm zürnend zuruft:

„Du bist denn doch ein nichtswürdiger Kerl, Du läßt mir da Deine Frau auf dem Halse, weißt wie eifersüchtig sie ist, und gehst mir nichts Dir nichts auf den Maskenball. Sie ist wüthend und wartet unten beim Thore auf Dich. Geh' sogleich hinunter, Du schlechter Mensch!"

„Sie verkennen mich, ich bin der nicht, welchen Sie meinen."

„Ah", poltert Castelli, indem er den Schlag auf die Schultern des Dominos noch viel kräftiger wieder= holt, „da hört denn doch Alles auf. Mir mache keine Wippchens vor, geh' hinunter zu Deiner Frau, sonst bring' ich sie wahrhaftig in den Saal herauf, und dann sollst Du Deinen Spectakel erleben."

„Aber", ruft der Mann aus, indem er die Larve vom Gesicht reißt, „überzeugen Sie sich doch, daß Sie sich irren."

Wie erwartet, starrt ein erboßtes, aber sehr dummes Antlitz dem Dichter entgegen.

„Entschuldigen Sie," erwiedert der Letztere, „ich habe Sie wirklich verkannt, ich muß mir gleich meinen Freund aufsuchen, seine arme Frau vergeht vor Ungeduld."

Deinhardstein, der die Scene beobachtet hat, meint, der Spaß wäre doch etwas zu derb, und sie würden einmal Unannehmlichkeiten davon haben, doch Castelli versichert ihn, daß die Geschichte noch nicht zu Ende sei, sondern „der Jux" erst losginge.

Während sich die Menschenmenge im dichtgedrängten Saale herum treibt, hat Castelli seinen Domino nicht aus den Augen gelassen, und nachdem er ungefähr eine Viertelstunde verstreichen ließ, segelt er auf ihn los, haut ihn mit einem furchtbaren Handschlag auf den Rücken und ruft, scheinbar mit äußerster Entrüstung:

„Du Sacramentskerl, so eben habe ich einen äußerst honetten und liebenswürdigen Herrn deinetwegen gehauen, augenblicklich geh' hinunter, Deine Frau wartet auf Dich."

„Himmel=Donnerwetter, Herr," ruft der Gefoppte, die Larve herabreißend, „ich bin ja wieder der Nämliche!"

„Merkwürdig", sagt Castelli, indem er denselben ganz verdutzt stehen läßt, „Sie sind wirklich wieder der Nämliche! Gehen Sie lieber nach Hause, sonst schlage ich Sie heute Nacht noch einige Male."

4

Ehe sich der Domino von seinem Erstaunen er=
holen kann, hat sich Castelli an den Arm Deinhard=
stein's gehängt, und sie promeniren ruhig in dem
Saale herum.

Alle diese Scherze waren weder zart noch sinnig;
wir theilen sie auch nur hier mit, weil sie Hauptzüge
im Bilde des alten täppischen, vermetternichten Wiens
sind. Man glaubt es heute kaum, daß solche Kinde=
reien damals von Mund zu Mund gingen, und der
ganzen Residenz Stoff zum Gelächter gaben.

Zu den damaligen Tagesfiguren Wiens gehörte
auch der Schwiegersohn des Fürsten Metternich, der
ungarische Graf Schandor, einer der tollsten Wage=
hälse seiner Zeit. Der kühnste Reiter, machte er sich
kein Gewissen daraus, mit seinem Gaul über den offe=
nen Kram einer erschrockenen Obstfrau und diese selbst
wegzusetzen, vor den Maßregeln der Polizei war der
Schwiegersohn des allmächtigen Premiers ja sicher.

Einst schlug er einem andern Cavalier eine sehr
namhafte Wette vor, daß er, Graf Schandor, es da=
hin bringen wolle, an einem öffentlichen Orte arretirt
zu werden, ohne sich die geringste ungesetzliche Hand=
lung zu Schulden kommen zu lassen. Die Wette
wurde angenommen, und der nächste Tag zur Aus=
führung bestimmt.

Graf Schandor begab sich, in ärmlichen, aber rein=
lichen Kleidern, in eine entfernte Vorstadt und ließ

sich im Kaffeehause eine Tasse schwarzen Kaffee geben.
Als der Marqueur die Bezahlung verlangte, sah sich
der Graf ängstlich um und zog endlich aus dem Stiefel
ein Banknote von tausend Gulden, mit der Bitte, ihm
herauszugeben. Der Kellner brachte sofort seinem
Herrn Nachricht von dem Vorfall, der nichts Eiligeres
zu thun hatte, als dem nebenan wohnenden Polizei-
Bezirks = Commissar davon Kunde zu geben. Dieser
seinerseits ließ schleunigst den „verdächtigen" Fremden
durch einen Polizeimann verhaften und vor sein Antlitz sistiren.

„Wie kommt Er," frug brasch der Beamte, „zu
den tausend Gulden, die Er im Kaffeehaus wechseln
lassen wollte?

„Das geht Sie nichts an, warum lassen Sie mich
arretiren?"

„Das wird sich finden! Warum hatte Er das
Geld in dem Stiefel stecken?

„Ist das gesetzlich verboten? Kann nicht Jedermann sein Geld aufbewahren, wo er will?

„Das wird sich finden! Wie heißt Er?"

„Graf Schandor!"

„Ist Er verrückt?"

„Ich nicht, aber Er scheint mir verrückt, daß Er
einen Menschen verhaften läßt, der nicht das Geringste
verschuldet hat, blos weil er sich im Besitz von tausend Gulden befindet. Begleiten Sie mich in das

4*

Palais meines Schwiegervaters, dort wird sich das
Weitere finden."

Natürlich kehrte sich die Scene um, der zum Tod
erschrockene Beamte legte sich auf's Bitten, erhielt na=
türlich volle Verzeihung, und — Graf Schandor hatte
seine Wette gewonnen. —

Am 30. August 1836 erscholl in Wien die Trauer=
kunde, Ferdinand Raimund, der Liebling des Publikums,
der Dichter des „Verschwenders," des „Rappelkönigs
und der Menschenfeind" ꝛc., der geniale Schauspieler,
habe sich in einem Anfall von Trübsinn erschossen.
Kaum hat je eine durch und durch gemüthvollere poe=
tische Natur als Raimund die deutsche Bühne geziert.
Derselbe hatte sich in dem reizend gelegenen und da=
mals noch nicht von der Eisenbahnkultur beleckten
Guttensteinerthal eine kleine Besitzung gekauft, die ihm
unbeschreibliche Freude gewährte. Die tiefe ländliche
Abgeschiedenheit, die romantische Gegend und der präch=
tige, frische Menschenschlag, welcher den fremden, stillen
Mann sehr bald bei hundert Gelegenheiten als Wohl=
thäter verehren lernte und ihm mit Achtung und Herz=
lichkeit entgegen kam, waren eben so viele Anziehungs-
punkte für die zart besaitete Künstlerseele. Er lud
seinen Freund, den Schauspieler Landner, dringend
ein, ihn zu besuchen. „In mein Thal," pflegte er zu
sagen, „ist noch keine böse Leidenschaft eingedrungen,
die Menschen, die es bewohnen, sind alle noch so un=

verdorben und schuldlos,' wie sie aus der Hand des Schöpfers kamen; ich nenne es daher nur das Thal der guten Leute."

Als Landner endlich, der vielfachen Aufforderung des wackeren Raimund Folge leistend, ihn auf dessen Landsitz heimsuchte, fand er die Behauptung des Freundes bei dem ersten Ausflug bestätigt. Es war ein Sonntagsmorgen, stiller Gottesfriede schien über der prachtvollen Landschaft zu schweben, ehrbar und sittig ging Jung und Alt, die Gebetbücher in den gefalteten Händen haltend, dem entfernten Kirchlein zu. Der Ton des Glöckchens, welches zum Gottesdienst rief, gab der Scene ein ungemein feierliches Colorit. Bei dem Anblick Raimund's zogen die Männer freundlich grüßend die Hüte vor dem verehrten Manne, die Weiber knixten achtungsvoll und bescheiden. Raimund kannte alle Namen, alle Verhältnisse der Einzelnen, knüpfte über die letzteren, wo es am Platze schien, ein kurzes Gespräch an, kurz sein ganzes Wesen schien gehoben und freudig verklärt. „Habe ich nicht Recht?" rief er dem Freunde in seliger Stimmung zu, „kannst Du Dir ein größeres Glück denken, als hier auszuruhen von den Qualen meines Berufes, im Schooße dieser himmlischen Natur, hier unter diesen prächtigen Menschen? Habe ich nicht Recht, diesen paradiesischen Fleck „das Thal der guten Leute zu nennen?"

Horch, ein Mißton schallt durch die Luft!

Dort vom Kruge her ertönt ein widerliches Gejohle, ein junger Bursche, den Hut schief auf dem Kopfe, taumelt, offenbar betrunken, mit erhitztem, wuthentbranntem Antlitz dem Dichter entgegen.

„Hansl," ruft dieser entsetzt, „Hansl, Du bist b'soffen!"

„Ja", schrie dieser, „ich war auf das Amt, um mir mein Recht zusprechen zu lassen. Mein Vater, der Lump, will mir die Hütte nicht abtreten, ich will ihm aber schon zeigen, wer der Herr ist! Hinaus werfen laß ich den alten Spitzbub'n!" —

„Das Thal der guten Leute!" murmelt Landner leise vor sich hin.

Raimund schlägt beide Hände vor das schmerzbewegte Antlitz und stürzt lautlos, wie vom bösen Gewissen gejagt, seinem Hause zu. Als Landner zurückkam, hatte sich Raimund in seine Stube eingeschlossen, und alle Versuche ihm eine Antwort zu entlocken oder zu ihm zu dringen, waren fruchtlos. Erst nach vierundzwanzig Stunden kam er zum Vorschein, machte Anstalten nach Wien zurück zu reisen, ohne des Vorfalls auch nur mit einer Sylbe zu gedenken. Still und verschlossen, wie er stets war, wenn nicht Außergewöhnliches die scheinbare Eisrinde um das warme Künstlergemüth schmolz, erwähnte er auch später nie mehr „das Thal der guten Leute."

———

Der wandernde Komödiant.
Ein Bild aus der Wirklichkeit.

Wanderleben! Chamäleonsartiger Begriff, in wie
viel Abarten zerfällst Du! Der reiche Fürst Pückler=
Muskau, den die Luft, Fremdartiges zu schauen, in die
heiße Wüste Afrikas und an die romantischen Felsen=
gestade Norwegens trieb, der in feingezeichneten und
lebensvollen Bildern das Gesehene an unserm geistigen
Auge vorüberziehen ließ, er führte ein Wanderleben
so gut als der wißbegierige Handwerksbursche, der
in der Fremde von Städtchen zu Städtchen pilgert,
den Hut in der Hand sich seinen kärglichen Unterhalt
durch die edle Fechtkunst erwerbend, und seine Gewerbs=
kenntniß bereichernd durch die Arbeit am fremden Heerde.

Der reiche Virtuose, der in stolzer Karosse durch
die Straßen der Residenzen rollt, um die Arrangements
zu den Concerten zu treffen, die seine Gold= und Lor=
beer=Ernten sind, er führt ein Wanderleben, wie der
arme Zigeuner, dessen Heimath die weite Welt ist, der
nie weiß, wo er am nächsten Tage das müde Haupt zur
Ruhe legen wird.

Eine gefeierte Tänzerin, der die Modernen zweier
Welttheile dienstbar zu Füßen liegen, um deren Gewinn
die Großmächte der Kunstwelt wie die Beherrscher der

größten weltbedeutenden Kunsttempel sich furchtbaren
Krieg erklären, die mit Männerherzen und Contrakten
spielt und beide — bricht, sie führt ein weit angeneh-
meres Wanderleben, als der arme Bündeljude, der in
den morastigen Steppen Kurlands von Hütte zu Hütte
kriecht, um von den noch ärmeren Bauern ein paar
Kopeken zu verdienen, und die scharfe Lanzenspitze
des Grenzkosaken nicht fürchtet, wenn es gilt, ein Päck-
chen verbotener Waaren über die Grenze zu schmug-
geln. — Bei keinem Stande tritt der Unterschied des
Wanderlebens so schneidend grell hervor, als unter den
Schauspielern. Seht z. B. einen Davison, Emil
Devrient, einen Döring rc., wenn sie ihren contrakt-
lichen Urlaub antreten oder antraten. Wie rauschen
die vier, fünf Monate, die ihnen „zur Erholung" nach
schweren Berufspflichten vergönnt sind, mit Blitzesschnelle vorüber. Zuerst nach Hamburg — erste Klasse
— ein berühmter Schauspieler fährt nie anders als
erste Klasse. An dem Bahnhofe erwartet ihn der
Wagen des Hôtels, und vor dem Hôtel erwartet ihn
der Wagen des Theaters. Er eilt in die Probe, entzückt noch denselben Abend das erwartungsvolle Publikum durch seine geniale Leistung und streicht behaglich 30—40 Louisd'ors ein, die er im strengsten Sinne
des Wortes im Fluge verdient hat. Dieses Einstreichen
wiederholt sich in vierundzwanzigstündigen Zwischen-
räumen in Monatsfrist 12—15 Mal. Hat die An-

strengung den Gefeierten nicht unpäßlich gemacht — und Unpäßlichkeiten sind während der Urlaubszeit sehr selten — so steht nach der letzten Rolle schon wieder der Wagen vor der Thüre, um das Schooßkind des Glücks auf den Bahnhof für die nächste Hauptstadt zu befördern und neuen Triumphen entgegenzutragen. — Im Engagement, nach abgelaufener Wanderzeit, ruht man, durch ein ärztliches Zeugniß dazu ermächtigt, einen Monat von den Anstrengungen der Reise aus, und bereitet sich den Winter über wieder gemächlich für den nächsten Sommer=Ausflug vor. — —

Betrachtet man nun die Existenz eines Schauspie=lers, den Talentlosigkeit oder Unglück einer kleinen wandernden Truppe zugeschleudert. Mit dem Beginn des Spätherbstes tritt er sein Engagement in einem kleinen Städtchen, oft auch in einem Marktflecken an. Der Direktor, ein zu Grunde gegangenes Genie, hat die Führung eines Thespiskarrens übernommen, weil er als „ausübender Künstler" selbst nirgends eine An=stellung gefunden, und ein feindliches Geschick ihm nur den Ausweg zwischen Direktionsführung und Hunger=tod offen gelassen. Die Gesellschaft kommt acht Tage vor der Eröffnung des Kunsttempels zusammen, erstens der nöthigen Proben wegen, zweitens und hauptsäch=lich, weil man an dem Orte des künftigen Wirkens doch wenigstens bis zum Tage der ersten Vorstellung für Obdach und Leibesnahrung Kredit zu finden hofft.

Der große Augenblick naht heran, der Reiz der Neu=
heit hat das Haus mit Schaulustigen überfüllt, die
jungen Lieutenants der Garnison treiben sich vor An=
fang der Ouvertüre auf den Brettern herum und ver=
sichern „auf Seele", daß die erste Liebhaberin ein sü=
perbes Mädchen sei. Die Künstler und deren Vorstand
haben mit den Fingern ein Loch in die Vordergardine
gebohrt, und ergötzen sich an dem seltenen Anblick des
zahlreichen Publikums. Die Vorstellung ist beendet —
über das Wie? laßt mich mitleidig einen dichten Schleier
ziehen — die volle Kasse wird getheilt — denn die
Gesellschaft spielt republikanisch auf Theilung der täg=
lichen Einkünfte — und man jubelt über das Glück,
einen so guten Winterort gefunden zu haben. — Schon
der folgende Abend liefert den Beweis, wie sanguinisch
die Hoffnungen auf den Kunstsinn der Kleinstädter ge=
stellt waren. Die Räume des Hauses sind sehr mittel=
mäßig besetzt, und bei der nächsten Vorstellung schon
schauderhaft leer. — Der Sonntag allein erweist sich
als probehaltig, die Einnahme desselben wird aber von
den Tageskosten verschlungen, die im Laufe der Woche
in Rest bleiben mußten, und von den darauf lauern=
den Gläubigern, als da sind: Zetteldrucker, Licht=
zieher 2c., mit unerbittlicher Strenge requirirt. — Bleibt
da für den Mann noch ein Gulden übrig, so ist dies
ein fröhlicher glücklicher Tag. So leben denn sämmt=
liche Mitglieder im strengsten Sinne des Wortes so

lange vom Schuldenmachen, bis mit dem Kredit die
ganze Theaterwirthschaft zu Ende geht, und die Kunst=
jünger, gewöhnlich um die Neujahrszeit, ein unfreiwil=
liges Wanderleben beginnen, welches sich meistens bis
zum nächsten Herbst hinaus verlängert. Mit Dekla=
matorien in den Wirthshäusern oder dem Vortrage
einiger Lieder zur Guitarre fristen die meisten auf be=
jammernswerthe Weise ihr trauriges Dasein. — Man
glaube nicht, daß ich übertreibe. Ich selbst habe das
erste halbe Jahr meiner theatralischen Laufbahn in dem
kleinen Städtchen Krems bei einer solchen Bande zuge=
bracht, die unter der Direktion eines gewissen Biber ihr
Wesen trieb, welcher ein nur zu getreues Original zu dem
oben gezeichneten Bilde abgab.

Niemand kann sich im gewöhnlichen Leben eine
Idee davon machen, wie viel Leichtsinn, wie viel
Menschenelend, wie viel Liederlichkeit und Gutmüthig=
keit sich bei einer solchen Truppe im grellsten Con=
traste zusammengedrängt finden. Und es ist nicht im=
mer Arbeitsscheu und Talentlosigkeit, die hier eine
letzte Zuflucht sucht; oft verirrt sich auch das Genie
in eine solche Kunstspelunke, um im Strudel des wü=
sten Treibens zu versinken, und in dem Sumpfe der
Gemeinheit rettungslos unterzugehen. Es gehört eine
starke, mächtige Willenskraft dazu, um sich aufzuraffen
aus der unvermeidlichen Apathie, bei solch elendem
Dasein, um in der allgemeinen Verachtung, welche

diese Künstler=Paria's trifft, nicht das eigne Selbst=
bewußtsein zu verlieren. — Ich habe gerade Jene, welche
einige Spuren von Talent zeigten, mit dumpfer Fühl=
losigkeit sich der ärgsten Liederlichkeit in die Arme stür=
zen sehen. Der Trunk ist für sie der Tröster, welcher
sie betäubt und zur Vergessenheit ihres fluchbeladenen
Geschickes führt. —

Den Aermsten dieser Armen lernte ich in der oben
erwähnten Frist kennen, und da er mir seit jener
Zeit nie mehr vor die Augen gekommen, da ich
auch seit Langem vergebens nach seinem Namen ge=
forscht habe, so glaube ich mit Beruhigung, daß ihn
der Tod bereits mitleidig seinem Leiden enthoben.

In dem kleinen ungarischen Städtchen Stein am
Anger war eine Bande dramatischer Zigeuner ange=
kommen, und gab in dem Saale des Wirthshauses die
Darstellung einer Ritterkomödie — wenn ich nicht irre,
von Ziegler, zum Besten. Ein Herr Frentz, vom
Theater zu Komorn, debütirte in der Hauptrolle nicht
zur Zufriedenheit des, durch außerordentliche Kunstge=
nüsse eben nicht verwöhnten Theaterpublikums von
Stein am Anger. Man fand sein Organ widerlich,
dazu stieß er mit der Zunge an — was für einen ersten
Helden und Liebhaber allerdings störend ist — kurz er
hatte nebst seiner eigenen, auch die Stimmen sämmt=
licher Kunstkenner gegen sich. Einer desto beifälligeren
Aufnahme erfreute sich der Intriguant der Gesellschaft,

der in der Rolle eines Mohamedaners gräuliche Fratzen
schnitt und den Jubel der Menge hervorrief. Jetzt
kam die Scene, wo sich die beiden Feinde zum Kampfe
auf Leben und Tod rüsten. Der Requisiteur hatte
zwei Galanteriedegen gebracht, welche die Stelle der
mangelnden Schwerter ersetzen mußten. Der Kreuz=
ritter stellt sich dem Ungläubigen kampfgerecht gegen=
über, beide fechten mit solcher Leidenschaftlichkeit, daß
die Funken davon stoben. Jetzt fällt das Stichwort,
wo der Held den Bösewicht zum Lohn seiner Thaten
zur Hölle fördern soll. Ein rascher Ausfall — da stößt
der Türke einen grauenvoll markerschütternden Schrei
aus, und stürzt mit dem, für seinen dargestellten Cha=
rakter allerdings sonderbaren Ausruf: Jesus, Maria,
Joseph! wimmernd zu Boden. Das Publikum jubelt,
eine solche Wahrheit der Spieler war in Stein am
Anger noch nicht erhört worden. Der Gefallene wälzt
sich unter dem donnernden Applaus der Zuschauer in con=
vulsivischen Krümmungen heulend am Boden und ver=
haucht seinen Geist, während der Sieger, wie zur Bild=
säule erstarrt, den bewaffneten Arm maschinenmäßig
vor sich ausgestreckt hält und mit schreckenbleichem Ant=
litz und verglasten Augen sein Opfer betrachtet. Der
Vorhang fällt.

Der Enthusiasmus der Anwesenden ruft die Künst=
ler unter Beifallsdonner hervor. Niemand ahnt, daß
sich hier Schein und Wahrheit auf die grauenvollste

Weise vermählt hatten. Unter dem Sturm der An=
erkennung war der unglückliche Intriguant in Wirklich=
keit und im strengsten Sinne des Wortes in seinem
Berufe gestorben, der arme Frentz hatte ihm die Degen=
spitze durch die Nase gestoßen und das Gehirn verletzt;
— was das Publikum für vollendete Kunstleistung
hinnahm — war in der That der qualvolle Todeskampf
des Verscheidenden gewesen.

Von dem furchtbaren Schreck, der bei der Nach=
richt des wahren Vorganges Alles durchzuckte, kann sich
Niemand einen Begriff machen. Der Getödtete war
seit Kurzem Wittwer geworden, und der einzige Er=
nährer von fünf Kindern, von denen das älteste acht
Jahre und das kleinste sieben Monate zählte.

Ein rührendes Jammerbild stand der arme Frentz
an der Leiche seines Kameraden, heiße Thränen rollten
über die geschminkten Wangen herab, und die zittern=
den Lippen wiederholten nur unaufhörlich die Worte:
„Es ist nicht möglich! Es kann nicht sein!“

Natürlich konnte die Vorstellung nicht zu Ende
gespielt werden, und auch die folgenden mußten unter=
bleiben, denn der gewalthabende Stadthauptmann war
so grausam, der Truppe das fernere Auftreten in Stein
am Anger zu untersagen, und so die ganze Gesellschaft
für die schwer gestrafte Unvorsichtigkeit des einen Mit=
gliedes büßen zu lassen. Mit großer Mühe erwirkte
man noch die Erlaubniß zu einer Benefiz=Vorstellung

für die schutzlosen Waisen des getödteten Schauspielers,
nach welcher sich die armen Jünger des Thespis in
alle Winde zerstreuten.

Sechs Monate sind vergangen. Wir finden den
unglücklichen Frentz in dem kleinen ungarischen Badeorte
Trentschin. In seinem sonst so stillen Stübchen sieht
es gar bunt und seltsam aus. In wildem Tumulte
lärmen einige Knaben, von denen der älteste ein
schreiendes Wickelkind zu besänftigen sucht, während
Frentz sich so eifrig mit Rollenschreiben beschäftigt, daß
ihm der Schweiß über das bleiche, abgehärmte Antlitz
herabläuft. Er hat alle fünf Sprößlinge seines Opfers
an Kindesstatt angenommen, er, der wandernde Komödiant, arm und talentlos, hatte die schwere Sorge der
Erhaltung derjenigen auf sich genommen, denen er
ohne sein Verschulden den Vater geraubt. Von Ort
zu Ort schleppte er die freiwillig übernommene Last,
mit der angestrengtesten Mühe übernahm er mit hasti-
ger Gierde jeden Nebenerwerb, Tag und Nacht sich
abängstigend und quälend, um den Bedarf für diese
herbeizuschaffen. — Mit engelgleicher Geduld ertrug
er alle Launen der ungezogenen Rangen, der Aufforderung zur Bestrafung derselben, immer nur die mit
einem tiefen Seufzer begleiteten Worte entgegensetzend:
„Lasset die Kinder gewähren, die ich um den Vater
gebracht!" — Nach jahrelanger Wanderung nahm ihn,
wie ich später erfuhr, der mitleidige Direktor Frisch

in Jassy auf, und gab ihm, da er ihn als Schau=
spieler nicht beschäftigen konnte, eine Anstellung als
Inspicient.

Später habe ich nie wieder etwas von ihm gehört,
da mich mein Berufsweg dem Norden zuführte: allein
unter den vielen achtungswerthen Kunstgenossen, mit
denen ich auf meinen Kreuz= und Querzügen zusam=
mentraf, ist mir der arme Frentz doch der achtungs=
und bedauerungswürdigste geblieben, und ich kenne kein
Märtyrerthum, welches ich mit dem seinigen vergleichen
könnte. Noch immer sehe ich den armen Selbstquäler
am Schreibtische sitzen, die durchwachte Nacht steht
leserlich auf seinem abgespannten Antlitz, in den gerö=
theten Augenlidern, die grauschwarzen Haare hängen
glatt an den feuchten Wangen herab; die zitternde
Hand fliegt mit rascher Eile über das Papier und hält
nur von Zeit zu Zeit inne, um ein Glas Wasser an
die trockenen Lippen zu führen. In einem kleinen
Stengelglase hat er Tinte vor sich stehen. Jetzt ist
ein vollgeschriebener Bogen zur Seite gelegt, da stößt
einer der johlenden Knaben mit einem raschen Ruck
an den Tisch, das Tintenfaß fällt um, und der Inhalt
verdirbt die Frucht stundenlangen Fleißes. Frentz, der
schon vorher mit scheuer Stimme die Kinder um Ruhe
gebeten, fährt erschrocken in die Höhe, doch nur eine
Sekunde lang dauert die Erregung, leise bewegen sich
die bleichen Lippen zu einigen unverständlichen Wor=

ten, und geduldig beginnt er das saure Tagewerk wie=
der von Neuem.

Ich war einst so glücklich, durch die Mitwirkung
in einem für ihn veranstalteten Benefize, in einem kleinen
ungarischen Städtchen, dem Aermsten der Armen einen
kleinen Vortheil zukommen zu lassen; ein sehr be=
rühmter Schauspieler, der damals in Preßburg gastirte,
und dem ich die eben erzählte Geschichte mittheilte,
um ihn zur künstlerischen Unterstützung bei dieser Vor=
stellung zu bewegen, schlug mir diese Bitte rund
ab. — Lies't er diese Zeilen — und er wird sie ge=
wiß lesen — so möge er sich im Stillen schämen, und
vor seine Seele, möge das Bild treten, welches
ich in diesen Blättern gezeichnet — das Bild „des
wandernden Komödianten!"

Aus vergangenen Zeiten.

Unsere jungen Schauspieler können sich keine Idee
davon machen, mit welch' unsäglichen Hindernissen die
frühere Künstler=Generation zu kämpfen, welche Schwie=
rigkeiten sie zu überwinden, welche Entbehrungen sie
zu tragen hatte, um in den ersehnten Hafen eines
guten und sicheren Engagements einzulaufen. Selbst
sehr bedeutende Talente mußten die ganze Stufen=

5

leiter, vom Meerschweinchen zur Schmiere, von dieser
zur Wanderbühne, bis zum Provinzialtheater, Jahrelang durchlaufen, bis sich ihnen die Pforten einer bedeutenden Kunst=Anstalt öffneten. Ausgestoßen und
gemieden von dem besseren Theil der Gesellschaft, am
Allernöthigsten Mangel leidend, denn nur sehr wenig
Direktoren zahlten die versprochene winzige Gage, ohne
alle Mittel zu einem Versuche der Verbesserung ihrer
Existenz, da die Kosten der kleinsten Reise dem armen
Kunstjünger fast unerschwinglich blieben, ging manches
schöne Talent unter in der Misère, starb oder ver-
kümmerte nach vieljährigem Ringen, oft in der nächsten
Nähe eines großen Theaters, welches aus der ihm unbekannt gebliebenen Begabung des Untergegangenen
die reichsten Früchte hätte ziehen können.

Wie ganz anders heute! Große und reich dotirte
Hofbühnen öffnen selbst dem halb talentirten Anfän-
ger, besonders dem Sänger, ihre goldenen Pforten;
von selbst bricht sich ein auftauchendes Talent durch
die Leichtigkeit der Communicationsmittel in kürzester
Zeit Bahn; sein Ruf wächst, durch die im Allgemeinen wohlwollenden Stimmen der mächtigen Journa-
listik getragen, in kürzester Frist lawinenartig, Gagen
und Spielhonorare sind seit zwanzig Jahren um das
Zehnfache gestiegen, und in kürzester Zeit sieht sich
der bedeutende Künstler am gesicherten Ziele, während
durch die Perseverantia, Louis Schneider's segensreiche

Schöpfung, selbst der soliden Mittelmäßigkeit die Mittel
geboten sind, sorglos in die Zukunft zu sehen.*) Heut
zu Tage verkümmert kein Talent mehr, bleibt keines
mehr unbekannt.

War aber die Existenz der Schauspieler kleiner
Bühnen vor ungefähr zwanzig Jahren schon an und
für sich mühevoll und sorgenschwer, so reicht doch keine
Phantasie hinein, sich dieselbe in kleinen ungarischen
Städten, z. B. Raab, Steinamanger, Oedenburg**) rc.
zu denken, wenn ab und zu Thespis dort seinen Kar-
ren aufschlug. Selbst die Gesellschaften großer Städte,

---

*) Dieses segens- und zukunftsreiche Institut ist leider seit-
dem der Indolenz und Undankbarkeit der Theaterleute erlegen.
Von dem genialen Hofrath Louis Schneider mit aller Energie
und nach Ueberwindung zahlloser Hindernisse in's Leben gerufen,
haben er, Herr Generalintendant von Hülsen, und andere tüchtige
und ehrenwerthe Männer durch eine Reihe von Jahren in un-
eigennützigster Weise vergebens rastlose Arbeit und ein namhaftes
Baarcapital geopfert. Dem Geschrei eines halbverrückten Schwindlers
glaubten die Schauspieler mehr, als den Versicherungen des, aus den
geachtetsten Personen aller Stände zusammengesetzten Comités, welches endlich, empört über so viel Undank, den Entschluß faßte, die
Anstalt aufzulösen, und die Gelder, die sich indeß im Interesse
der Theilhaber lawinenartig vermehrt hatten, an diese zu vertheilen.
So ging dem Theaterschifflein ein Anker verloren, an welchem sein
und seiner Nachkommen Geschick sicher geborgen gewesen wäre!
Gott besser's! —   D. B.

**) In einem ungarischen Comitatsstädtchen wurde der massive,
auf vier Säulen ruhende Galgen jedes Mal zur Schaubühne um-
gewandelt, wenn eine wandernde Theatergesellschaft den Ort heimsuchte.

5*

wie z. B. Agram, wo es bis zur Stunde noch nicht
viel besser geworden sein soll, mußten, am Hunger=
tuche nagend, sich oft mit so vielen Groschen ihrer
Gage begnügen, als ihnen Gulden versprochen waren.
Das Theater stand in den kleineren Städten Ungarns
vollständig unter der executiven Polizei, und war den will=
kürlichen Launen eines aufgeblasenen Tyrannen, unter=
worfen, der Stuhlrichter, Comitatsrichter oder dergleichen
hieß, und dessen zweite Drohung in Fällen, die ihm miß=
liebig waren, stets die Anwendung der Prügelstrafe
war. Sehr häufig blieb es nicht bei der Drohung.

In einem solchen Comitatsstädtchen war ein sehr
drolliger Kauz, seines Zeichens Komiker, engagirt, der
auf den Namen Mick hörte und beim Publikum im
Genre der niedrig burlesken Rollen sehr beliebt war.

Da kam die „Ahnfrau von Grillparzer" an's Lam=
penlicht und erregte an allen Theatern maßloses Auf=
sehen. Mein guter Direktor gab einem in Wien le=
benden Agenten den Auftrag, ihm das Stück stehlen
zu lassen, ein Auftrag, der sofort effectuirt wurde.
Die Theater=Agenten lebten damals hauptsächlich vom
Manuscripten=Diebstahl, den sie in Compagnie mit
den Souffleuren großer Bühnen so systematisch be=
trieben, daß es einem armen Schriftsteller nie einfiel,
von einer nicht stabilen, wenn auch noch so bedeuten=
den Bühne, irgend ein Honorar zu fordern. Ein ge=
wisser B . . . . . f hatte in Wien ein großes Abschreibe=

Comtoir für dieses Geschäft eingerichtet, und beschäf=
tigte zehn bis zwölf Personen ganz offenkundig damit.
Aeltere Wiener Schauspieler werden sich wohl noch
an dieses nasenlose Original erinnern. Jeder Direktor,
der ein Mitglied brauchte, mußte zehn Gulden Vor=
schuß einsenden, von diesen rechnete V. acht Gulden
für seine Bemühung ab und überließ dem Kunstjünger
die Sorge, mit zwei Gulden in der Tasche an Ort
und Stelle zu kommen. Einer unserer ersten Theater=
Agenten, jetzt Besitzer eines großen Landgutes, bewohnte
damals ein kleines Kämmerchen und verkaufte alle
neu erschienenen Schauspiele — Töpfer war zu
jener Zeit der Held des Repertoirs — das Manu=
script „Stück für Stück“ um drei bis fünf Gulden!
Später erhob der Mann ein gewaltiges Geschrei, wenn
ein armer kleiner Direktor ein von ihm „erworbenes
Stück“ auf „unreellem Wege“ erlangt und aufgeführt
hatte! — Andere Zeiten!

Nach dieser Abschweifung komme ich zu meiner
Schilderung zurück. — Also mein guter Fenzl, so hieß
der Direktor! hatte sich die „Ahnfrau“ auf diesem, da=
mals sehr gewöhnlichen Wege gekauft und theilte dem
Komiker Mick, dem beliebtesten Mitgliede seiner Truppe,
die Rolle des Jaromir zu. Dieser weigerte sich ent=
schieden, die seiner Individualität so fern liegende
Parthie zu übernehmen, und erklärte, lieber abzugehen,
als sich auslachen zu lassen.

Herr Director Fenzl begab sich zum Comitats=
richter und brachte Klage wegen Widerspenstigkeit
seines Untergebenen vor. Auf kurzem Wege wurde
Mick vor das unumschränkte Oberhaupt der Stadt,
öffentlich durch den Polizeidiener (Heiducken), gebracht,
und es entspann sich zwischen Beiden folgende origi=
nelle Debatte:

Richter: Dein Meister hat Dir Jaromir zu
spielen gegeben, warum willst Du nicht spielen Jaromir?

Mick: Entschuldigen Sie, Hochwohlgeborner Herr
Comitatsrichter, die Rolle liegt nicht in meinem Fach,
ich bin Komiker und Jaromir ist eine Heldenrolle.

Richter: Das ist Alles eins, wenn Dir Dein
Meister befiehlt, zu spielen Jaromir, so wirst Du
spielen Jaromir.

Mick: Das werde ich nicht thun.

Richter: Du wirst spielen —

Mick: Nein, ich thue es nicht, eher —

Richter: Du thust nicht? Nicht? (Trotzige Ver-
neinung Micks.) (Richter, sehr phlegmatisch rufend:) Istvan! —
(klingelt, der Heiduck erscheint). Laß Bank herauftragen
und gieb dem Delinquenten da zehn Stockprügel auf —

Mick (lebhaft einfallend): Ich werde spielen. —

Richter (ruhig): Hab' ich schon lange gewußt.

Mick: Ich werde spielen, weil ich muß, allein
ich werde die Rolle sehr schlecht spielen, denn als
Komiker —

Richter: Du wirst sehr gut spielen, denn wenn Du wirst schlecht spielen, so bekommst Du nach dem Theater statt zehn, fünfundzwanzig auf —

Mick (mit einem tiefen Seufzer): Ich werde sehr gut spielen.

Richter: Bene! Jetzt kannst Du gehen!

Kurz nach der verhängnißvollen Aufführung der „Ahnfrau" war mein Mick verschwunden, und blieb Jahrelang verschollen. Während dieser Zeit hatte sich in der Theaterwelt das dunkle Gerücht verbreitet, daß Mick in Steinamanger mit einer Diebesbande ergriffen und aufgehängt worden sei. Dies Gerücht gewann, wie gesagt, einigen Boden durch die bis in's kleinste Detail traditionell circulirenden Nebenumstände und durch das vieljährige gänzliche Verschwinden des Mick.

Während dieser Frist hatte sich aber dieser, dem durch die Handlungsweise des ungarischen Caligula das Theater verleidet worden war, bis nach Holland durchgeschlagen und Jahre lang als Silhoueteur sein Dasein gefristet. Bei seiner Rückkehr nach Oesterreich erließ er in der Wiener Theaterzeitung folgende originelle Erklärung:

„Nach langer Abwesenheit in Holland erfahre ich zu meinem Erstaunen, daß ich vor vielen Jahren in Stein am Anger aufgehängt worden sei. Dem Vernehmen nach soll ich Raubmörder gewesen sein und beim Hängen fürchterliche Gesichter geschnitten haben.

Ich halte es für meine Pflicht, anzuzeigen, daß ich mich nie in so abhängiger Lage befunden habe, son= dern in nächster Zeit am Theater in Raab wieder als Schauspieler auftreten werde.

Mick, Komiker."

Ich komme vielleicht bei einer andern Gelegenheit auf dies merkwürdige Subjekt zurück, und erwähne zum Schluß nur noch eines Falles, der den Beweis liefert, daß die Willkürherrschaft der Ungarischen Richter für den Betreffenden nicht immer von so schlimmen Folgen begleitet war, wenn man derselben fest entgegentrat.

Schreiber dieses war vor zwanzig Jahren in A...m mit einem gewissen Leßner engagirt, einem jungen gebildeten Mann voll Talent, der leider auch durch die Ungunst der Verhältnisse verschollen ist, wenigstens kam mir nach unserer Trennung weder seine Person noch sein Name vor Augen. Neben der getreulichen Erfüllung seiner Berufspflicht blieb ihm, da die Woche nur drei Mal gespielt wurde, noch Frist genug, seiner Hauptleidenschaft, der Jagd, zu fröhnen, die damals in Ungarn frei war. Im Besitz eines prachtvollen Gewehres, zu welchem er sich die Kaufsumme kreuzer= weise vom Munde abgedarbt hatte, theilte er seinen letzten Bissen mit einem schönen, von ihm erzogenen Jagdhunde. Seine Geschicklichkeit im Treffen hatte eine Art von Berühmtheit erlangt und lieferte ihm einen größeren Verdienst, als das Comödiespielen. Da traf es sich, daß der junge bildhübsche Mann bei einer Collegin auf einem Revier jagte, welches der Ortstyrann gern ausschließlich für sich gepachtet hätte; kurz, er ließ meinen Leßner auf die Amtsstube kommen und befahl ihm, Fräulein R. nicht mehr zu besuchen. Als ihm B. in artiger, aber gemessener Form entgegnete, dahin reiche seine Richterbefugniß nicht, so drohte ihm der Stadtvorstand unter den fürchterlichsten Flüchen, wenn er Leßner noch einmal bei dem jungen Mädchen träfe, so würde er ihn auf's Comitatshaus bringen, auf die Bank legen und die beliebten fünfundzwanzig aufhauen lassen.

Leßner trat sehr ernst einen Schritt vor und entgegnete: „Sie können mich allerdings schlagen lassen, das weiß ich, denn Sie haben die Gewalt in Händen. Allein Sie wissen, ich bin ein guter Schütze, und ein guter Katholik bin ich auch, und (hier trat Leßner zu dem auf dem Amtstisch stehenden Cruzifix und legte zwei Finger auf dasselbe) hier schwöre ich Ihnen, wenn Sie mich heute prügeln lassen, so schieße ich Sie morgen nieder, wie einen Hund!"

Indem er den festen Blick auf den verblüfften Richter heftete, nahm Leßner seinen Hut und entfernte sich.

Obwohl er seine junge Collegin nach wie vor be=
suchte, so fiel es dem Gewaltigen nie mehr ein, ihm
ins Gehege zu gehen. Auch hat er ihn nie prügeln
lassen. Kam die Rede auf Leßner, so erklärte der
Richter: „Das ist ein grober Kerl, ich werde froh
sein, wenn die Comödianten fort sind!"

II.

Aus meinen Erinnerungen.

Berühmte Menschen.

___

„Wer ist da?" rief mein Reisegefährte Honeck*)
(Cohen) verdrießlich in die raucherfüllte Stube hinaus,
die in der Faubourg Poissonnière inmitten unserer
beiden Schlafzimmer lag. „Wer ist da?" wiederholte
er, als nicht gleich Antwort kam.

„Heinrich Heine," tönte es zurück.

Was ein berühmter Name für Wirkung hervor=
bringt! Mit einem Sprunge waren wir Beide aus
dem Bette auf die kalten Steinfließen gesprungen, im
Nu in die Morgenkleider geschlüpft, um den verehrten
Gast, an den wir Tags vorher unsere Empfehlungs=
briefe abgegeben hatten, nicht warten zu lassen. Da=
mals hatte Heine noch keine Ahnung von den namen=
losen Leiden, von welchen er später heimgesucht wurde,
nur ein heftiger nervöser Augenschmerz, von dem die
entzündeten Deckel und Ränder Zeugniß ablegten,
wollte, wie er sagte, nicht wanken und nicht weichen.
Ein eben von ihm erschienenes größeres Portrait von
Pucht, welches er mir zum Andenken mitgab, gab seine

___

*) Vor mehreren Jahren leider in Hannover im Wahnsinn
gestorben.

ausdrucksvollen Züge zum Sprechen ähnlich wieder
und ziert noch jetzt mein Arbeitszimmer, nachdem es
mich auf allen Kreuz= und Querzügen meines wechsel=
vollen Wanderlebens begleitet hatte. Wir gaben uns
ein Rendez=vous in der Gallerie Orleans im Palais
Royal, wo wir ihn, da wir gestern das Malheur hat=
ten, ihn nicht in seiner Wohnung zu treffen, nach
Hause begleiten sollten. Dort wolle er uns „seine
Mathilde" (Heine's nachmalige Frau) vorstellen, wir
sollten dann Alle zusammen in Rocher de Cancale
diniren und Abends die damals neue Oper „die Hu=
genotten" hören. Die Billets würde uns Heine
schaffen, da die Erwerbung von solchen, ohne ganz
besondere und außerordentliche Protection, bei dem
Fanatismus und dem massenhaften Andrang, den die
geniale Schöpfung Meyerbeer's hervorrief, zu den Un=
möglichkeiten gehörte.

Von den zahllosen kleinen Scherzen und witzigen
Impromptus Heine's ist mir Weniges im Gedächtniß
geblieben, weil ich in fieberhafter Unruhe und Span=
nung den Theaterabend kaum erwarten konnte. Ich
äußerte dies gegen ihn. „Ja", entgegnete er, „wir
werden heute von 7 Uhr Abends bis 1 Uhr Morgens viel
Vergnügen auszustehen haben." — „Wie?" rief ich er=
staunt, „das sagen Sie, der Sie jüngst die prächtige Kri=
tik über die Hugenotten in die Augsburger Allgemeine
Zeitung geschrieben haben?" — „Ja, lieber Wallner,

ich hatte leicht eine gute Kritik schreiben, ich werde die Oper heute zum ersten Male hören."

Und so war es auch, Heine hatte sich aus den vorhandenen Urtheilen über das Meyerbeer'sche Werk sein eigenes geschaffen, und dieses mit allem Aufwand der nur ihm zu Gebote stehenden geistreichen Schilde=rungskraft veröffentlicht. Auf dem Wege nach dem Theater erzählte der Schalk, daß er Spontini heute recht ärgern wolle, weil er mit Meyerbeer viel zu sprechen gedenke.

Im Jahre 1846 traf ich ihn wieder, aber schon leidend, verstimmt und ängstlich, obgleich noch lange keine Aussicht zu ernstlicher Befürchtung da war. Ich hatte ihm und einer Baronin von Santeuwel Briefe von Freiligrath mitgebracht, und an letzterer eine ebenso liebenswürdige, als geistreiche Dame kennen · gelernt, die sich ungemein warm für den verbannten, damals in Brüssel lebenden Freiligrath interessirte. Ihren Wunsch, einen Abend in der Gesellschaft, in welcher sie jeden Mittwoch die bedeutendsten Menschen bei sich versammelte, zuzubringen, lehnte ich dankend ab, da ich Paris als Fachstudium besucht hatte und keinen Abend versäumen wollte, ohne in irgend ein, manchmal auch in zwei oder drei Theater zu gehen. „Da die Theater hier monatelang dieselben Stücke geben," meinte meine gefällige Gönnerin, „so wird sich schon während Ihres Hierseins noch ein Abend finden, wo Ihnen sämmtliche

Bühnen nichts Besonderes bieten, dann lassen Sie es mich 24 Stunden vorher wissen, und Sie sollen am Abend bei mir etwas finden, was Sie in ganz Paris vergebens suchen würden." Die Neugierde, was dies wohl sein könne, bestimmte mich, von der freundlichen Einladung Gebrauch zu machen und der Dame einen Abend zu nennen, an welchem ich bei ihr erscheinen würde. Bei meinem Eintritt in den eleganten Salon, in dem bereits eine zahlreiche Gesellschaft versammelt war, trat sie mir, der ich mich selbst immer über meine Gespanntheit mit Meidinger lustig machte, mit den scherzhaften Worten entgegen: „Heute können Sie sich einmal ungenirt gehen lassen; reden Sie, wie Ihnen der Schnabel wuchs; Sie finden heute in meinem Hause nur Deutsche, keinen einzigen Franzosen." Welch' eine Menge damals im Exil lebender Lands= leute: Heine, Ruge, Herwegh, Börnstein ꝛc.! Letzterer gab damals ein, später unterdrücktes, Journal „Vor= wärts" heraus, in welchem unter dem Namen H. Heine eben ein kleines Gedicht erschienen war, von dem er die Vaterschaft aber entschieden ableugnete; und in der That scheinen die beiden Verse „Pein" und „Bein" sich schlecht mit der eleganten Schreibweise des berühm= ten Verfassers des „Buchs der Lieder" vereinigen zu wollen. Das Gedichtchen machte damals viel Glück, ich weiß nicht, ob es später bekannt und nachgedruckt wurde.

Es hieß Selbst=Ironie:

Den Gärtner ernährt sein Spaten,
Den Bettler sein lahmes Bein,
Den Wechsler seine Ducaten
Mich meine Liebespein! —

Drum bin ich Dir verbunden,
Du Mädchen, für Dein treulos Herz;
Viel Geld hab ich gefunden
In meinem Liebesschmerz.

Ich schrieb bei nächtlicher Lampe
Den Jammer, der mich traf,
Er ist bei Hoffmann und Campe
Erschienen in klein Oktav.

„Vorwärts" wurde von der Pariser Polizei ver=
boten, die Hauptmitarbeiter von derselben ausgemaß=
regelt, zerstreuten sich in alle Winde. Börnstein
ging nach Amerika, wo er eine ganz seltsame Carrière
durchmachte. In Paris konnte man sich keinen besse=
ren Führer als ihn denken, er kannte Alles, wußte
Alles, correspondirte mit allen deutschen Zeitungen,
übersetzte alle französischen Stücke, die in Paris irgend
Glück machten, besorgte Hunderte von Commissionen,
und fand bei seiner rastlosen Thätigkeit doch noch
immer Zeit, dem Fremden in seinem gastfreundlichen
Hause, im Kreise seiner liebenswürdigen Familie einige
heitere Stunden zu widmen. Was hat der Mann in
Amerika Alles unternommen und mit Glück durchge=
führt! Redacteur des großen in St. Louis erscheinen=
den Journals „Der Anzeiger des Westens," Buch=

druckerei= und Theater=Besitzer, Bierbrauer, Theater=
Direktor, Schauspieler war er zu gleicher Zeit, beim
Ausbruche des Krieges trat er als Stabsoffizier und
Adjutant in die Armee ein, und jetzt bekleidet er den
lohnenden und ehrenvollen Vertrauensposten eines ame=
rikanischen Consuls in Bremen. Während der Zeit
leitet der ältere tüchtige Sohn Börnstein's die viel=
fachen Geschäfte seines Vaters jenseits des Oceans,
während der zweite ihm als Viceconsul nach Europa
gefolgt ist. —

Freiligrath fühlte sich damals in Brüssel nichts
weniger als behaglich. Trotzdem, daß ihm seine lie=
benswürdige, prächtige Frau mit den Kindern in die
Verbannung gefolgt war, lag ihm doch die Sehnsucht
nach Deutschland in jedem Pulsschlag, in jedem Zucken
der Nerven. Außer seiner Familie hatte er fast keinen
Umgang, als mit Karl Heinzen, dessen hervorstechende
Eigenschaft eben nicht in persönlicher Liebenswürdigkeit
besteht. Einen Lichtpunkt in dem damaligen Leben
Freiligrath's bildete folgendes Ereigniß: Der Dichter,
welcher schon im Jahre 1832 in einer Menge reizen=
der Schöpfungen: „Amphitrite," „Meerfabel" 2c. den
Ocean und das Schiffstreiben so prächtig schilderte,
hatte doch, außer im Elbhafen in Hamburg, weder
Eines noch das Andere je gesehen. Ein Ausflug nach
einer der nahen Seestädte, ich glaube nach Amsterdam,
sollte ihm Gelegenheit geben, das, was er „mit seines

Geistes Augen" so oft gesehen, auch in Wirklichkeit
kennen zu lernen. Der Adler, ein prachtvoller, nach
Canton bestimmter, neuer Dreimaster, lag vor Anker,
und gern wurde Freiligrath und dem ihn begleitenden
Freunde die Erlaubniß ertheilt, das Schiff zu besehen.
Der Oberbootsmann, ein wettergebräunter alter See=
mann, machte den Führer. An der Capitains=Cajüte
entschuldigte er sich, die fremden Herren nicht in diese
Räume einführen zu können, da der Capitain eben
Gäste bei sich bewirthe. Gesprächsweise wurde noch er=
wähnt, daß derselbe schon zwei Mal die Reise um die
Welt gemacht habe. In dem Augenblick öffnet sich
die Thüre, und man erblickt eine fröhliche Gesellschaft
von eleganten Herren und Damen, die eben im Begriff
ist, ein nichts weniger als frugales Diner zu beenden,
wie eine reichliche Anzahl leerer Flaschen zur Genüge
bekundet. Der blonde Dichter entschuldigt sich, seiner
Neugierde, das prachtvolle Schiff zu bewundern, ohne
Erlaubniß des Capitains gefolgt zu sein. Dieser, ein
vollendeter Weltmann, nöthigt die Herren, in seine
Gemächer einzutreten, zeigt ihnen seine elegante Waf=
fenkammer, sein Arbeitszimmer, Alles auf's Netteste
und Comfortabelste eingerichtet. Letzteres ziert auch
eine kleine, aber sehr gewählte Büchersammlung, in
welcher die Prachtausgabe von Freiligrath's Poesien
obenan steht.

„Freut es Dich nicht, daß Deine Gedichte jetzt die

Reise nach Canton mitmachen?" frug der Begleiter
Freiligrath's seinen Freund.

„Wie so?" wirft der Capitain dazwischen.

„Der Herr ist Freiligrath."

„Freiligrath? Der Dichter Freiligrath?" ruft der
Seemann stürmisch aus.

Auf die Bejahung der Frage stürzt er zum Sprach=
rohr:

„Flaggen auf! Alle Mann an Bord! Champagner
herauf! — Gott segne Sie, Sie haben mir manchen
heißen Tag auf dem weiten Ocean verkürzt, manche
frohe, begeisterte Stunde geschaffen!" Er drückte den
erschütterten Dichter bewegt an die Brust, und die
Gläser mit dem inzwischen angekommenen schäumenden
Rebensaft füllend, spricht er mit weicher Stimme:
„Meine Herren und Damen, Sie auf dem Festlande
haben keine Ahnung, welch' treuer Begleiter der wahre
deutsche Dichter dem einsamen Seefahrer in fernen
Welttheilen ist, was dieser ihm zu danken hat! Ein
Zufall, den ich segne, bringt der besten einen an mei=
nen Tisch! Meine Herren und Damen, ich nehme das
als eine frohe Vorbedeutung für meine morgige Reise
an! Erheben Sie die Gläser, der Dichter Freiligrath,
er lebe hoch!"

Lautlos, nur durch eine mühsam zurückgedrängte
Freudenthräne konnte der arme Dichter, der in diesem
Augenblick mit keinem Fürsten der Erde getauscht

hätte, den stürmischen Jubelruf der Anwesenden er=
widern.

Bei seiner Entfernung standen ehrfurchtsvoll in
zwei Reihen und in Festkleidern „Alle Mann an
Bord," alle Flaggen waren aufgezogen, das Schiff
lag im festlichen Schmucke da, als ob der König es
mit seinem Besuche beehrt hätte.

Das war der schönste Tag im Leben eines deutschen
Dichters! —

Eine ganz andere Natur, als der durch und durch
poetische Freiligrath, war der vollständig materielle
Saphir. Seine Hauptforce bestand darin, daß er
irgend ein beliebiges Wort in allen Spielarten tanzen
ließ, wie einen Kreisel. Deshalb haben sich verhält=
nißmäßig wenig seiner zahllosen Witze erhalten, weil
sie der Augenblick, der sie gebar, auch schon verschlang.
Ich unternahm einst mit ihm, aus Gefälligkeit, eine
Reise von Lemberg nach Brody, um ihn in seinen
dortigen Akademien zu unterstützen.

Brody ist eine sogenannte Freistadt, ein schmutzi=
ges Nest, an der russischen und zugleich äußersten
Grenze deutscher Cultur, hat aber eine starke Bevöl=
kerung, die lebhaften Handel treibt und besonders im
Schmuggel starke Geschäfte macht. Unter den 22,000
Einwohnern befinden sich 20,000 Juden, alle gekleidet
in ihre langen talarartigen Nationalcostüme, die Män=
ner von den Weibern fast nur dadurch zu unterschei=

den, daß letztere den Kopf mit zahlreichen Goldstücken
verzieren, wodurch sie, nach Saphir's Behauptung,
schlechtem Spargel glichen, an welchem auch der Kopf
das einzige Genießbare wäre. Die Brodyer Juden
sind, im Gegensatz zu ihren Stammesgenossen, tapfer,
brechen manchmal auf kleinen polnischen Pferden, die
Schmuggelwaare auf beiden Seiten vor sich herabhängend, weshalb sie "Päckler" heißen, in geschlossenen
Colonnen über die Grenze, und liefern in den seltenen
Fällen, wo Bestechung nicht ausreicht oder zu viel ge-
fordert wird, den Grenzaufsehern vollständige kleine
Bataillen.

Es macht auf den Fremden einen überaus komischen Eindruck, wenn er unter der Masse der mit langen schwarzen Locken verzierten und in dunkle Talare
gehüllten Gestalten sich vergebens nach einem Menschen
in deutscher Tracht umsieht. Am Morgen nach unserer
Ankunft in Brody hörte ich unter meinem Fenster in
den wohlbekannten Nasentönen Saphir's meinen Namen
rufen. Ich erblickte auf der Straße Saphir, umgeben
von einem zahllosen Schwarm polnischer Juden, die
seine dortige Leibgarde bildeten, auf jedes Wort des
berühmtesten "von ihre Leut'" lauerten, und den blühenden Unsinn, den er reichlich zum Besten gab, für
baare Münze annahmen.

"Wallner, kommen Sie herab!"

"Was soll ich denn?" entgegnete ich verdrießlich.

„Wir wollen spazieren gehen, die Stadt ansehen."

„Was ist denn in dem schmutzigen Neste zu sehen?"

„Kommen Sie nur, ich habe noch eine prächtige Idee."

„Welche?"

„Wir wollen einen Christen suchen."

Am Vorabend vor seinem ersten Auftreten hatten sich die Honorationen der Stadt in unserem Hôtel überaus zahlreich versammelt, vielleicht in der Hoffnung, einige unentgeltliche Witzbrocken des berühmten Mannes aufzuschnappen. Eine lange Tafel vereinigte Alles zum gemeinschaftlichen Abendessen, nach welchem starker Thee und Rum servirt wurde. Als ich und Saphir ein zweites Glas dieses hitzigen Getränkes ablehnten, meinte einer der Anwesenden, der am Tische präsidirte, daß wir jetzt in Rußland wären und uns den Landesgebräuchen fügen müßten. Es gäbe in Rußland Männer, die zehn, zwölf Gläser Tschai tränken, und dann ganz ruhig darauf schliefen.

„Was mögen die für Nerven haben!" erwiederte ich.

„Ah," sagte Saphir, „die Russen haben keine Nerven, die haben 20,000 kleine Knutchen im Leibe."

Plötzlich erhob sich der Mann am Ende der Tafel und rief Saphir zu: „Ich danke Ihnen, Herr Doktor, im Namen meiner Landsleute, ich bin der hiesige russische Consul."

„Da bedaure ich meine Aeußerung von ganzem Herzen," entgegnete Saphir mit dem größten Ernst, „wenn ich vorher gewußt hätte, daß Sie der russische Consul sind, so würde ich das, was ich eben gesagt, mir wahrscheinlich nur gedacht haben."

Die Vorlesung Saphirs in dem troß der enormen Preise gedrängt vollen Saale gab ein Genrebild der sonderbarsten Art. Bei jedem schlagenden Wißwort erscholl statt des erwarteten Beifalls ein einstimmiges Zischen, so daß der verwöhnte Saphir endlich bei einer ähnlichen Aeußerung, die genau die Form des in Deutsch= land üblichen Mißfallensvotums hatte, inne hielt und frug, womit er sich den Unwillen des Publikums zu= gezogen, er sei in dem Falle lieber bereit, die Vor= lesung zu schließen und das Geld zurückzustellen*), als sich mißhandeln zu lassen.

Wer stellt sich unser Erstaunen vor, als man ihn in Kenntniß sept, daß diese Zischlaute der höchste Grad Brody'scher Ehrenbezeugungen seien und ungefähr so viel heißen sollen als:

„Scht — scht — welch' ein Mann!"

„Scht — scht — welch' ein Kopf!"

Der Beifallsausbruch des Klatschens war dort ganz unbekannt, und so begnügte sich Saphir, mit der

---

*) Es würde ihm dies sehr schwer gefallen sein, der größte Theil der Einnahme befand sich bereits auf dem Wege nach Wien.

reichen Rubel- und Ducatenernte und mit wohlwollen-
dem Zischen.

Bei der wahrhaft orientalischen Gastfreundschaft,
mit der Saphirs Haus zahllosen Tischgenossen stets
geöffnet war, ist seine fortwährende peinliche Geldver-
legenheit leicht begreiflich. So gefürchtet er sich mit
seiner spitzigen Feder machen konnte, so gutmüthig und
gefällig war er im Leben, die Bezeichnung „eine offene
Hand" paßt auf Niemand besser, als auf ihn. Freilich war von Wiedergeben, wenn er borgte, fast nie
die Rede, und seine Antworten an Baron Sina, von
dem er tausend Gulden leihweise abholen sollte, und
der ihn frug: „ob er um seine tausend Gulden komme?"
lautete charakteristisch genug: „Nein lieber Baron, Sie
kommen darum."

Der Theaterdirektor Pokorny sandte einst seinen
Régisseur Peter nach Strelitz, um den Tenorist Hahn
zu engagiren. Dieser kam an, sang aber so erbärm-
lich, daß sich die Direktion nach seinem dritten Auftreten mit einer namhaften Summe über die Lösung
seines Contraktes abfinden mußte. Saphir schrieb im
Humorist unter Anführung des betreffenden Capitals
und Verses folgendes Bibelcitat:

„Gastspiel des Tenoristen Hahn.

Und als der Hahn zum dritten Mal krähte, da
ging Petrus hinaus und weinte bitterlich."

Ein Herr Bodner vom Pesther Theater trat als

Hamlet auf und fiel complet durch. Saphir brachte in seinem Blatt folgende Notiz: „Herr Bodner, der gestern den Hamlet spielte, wird darauf aufmerksam gemacht, daß in der Leopoldstadt, im Gasthof zur weißen Rose, eine billige Retourkutsche nach Pesth zu finden ist."

Saphir war sehr eitel auf seine — Häßlichkeit, so z. B. besitzt Frau Doktor Laube in Wien ein Bild von ihm, worunter er die Worte schrieb: „Zum Brechen ähnlich." Mir schrieb er unter sein Portrait: „Das ist auch Gottes Ebenbild! Geschieht ihm schon recht."

Bekanntlich ist König Ludwig von Baiern bei allen seinen sonstigen vortrefflichen Eigenschaften etwas ökonomisch und schwerhörig. Bei der Stelle in Schiller's Carlos: „Geben Sie Gedankenfreiheit!" applaudirte einst das Publikum sehr lebhaft, worauf der König das Haus verließ. Als Saphir, damals Intendanturrath am Münchener Hoftheater, nach der Vorstellung zu Tambosi kam, fand er eine Anzahl Unzufriedener vor, die sich heftig dagegen aussprachen, daß der König bei einer freisinnigen Aeußerung des Publikums das Haus verließe. „Wieso?" frug Saphir. — „Haben Sie denn nicht gesehen, daß der König bei den Worten: „Geben Sie Gedankenfreiheit!" fortging?" — „Wie Sie dem Mann wieder Unrecht thun!" antwortete Saphir, „Sie vergessen, daß er schwer hört, er hat also nur verstanden „geben Sie uns" — da ging er; was er geben soll, hat er gar nicht gehört, das ist ganz gleichgültig.

Seine spitze Zunge brachte es dahin, daß ihm der König den Befehl ertheilen ließ, in 24 Stunden die Stadt München, in 48 Stunden das baierische Land zu verlassen. Mit dem Bewußtsein, nichts mehr ver= lieren zu können, begab sich Saphir zum Minister, stellte diesem die traurige Lage vor, in die er durch die allerhöchste Ungnade gerathen, und schloß mit den Worten: „Meine Verhältnisse sind bekannt, ich habe viel Schulden, werde wohl Alles verkaufen und auf meinen zwei Füßen hinauswandern müssen, um nach der königlichen Weisung in 48 Stunden aus dem Lande zu kommen. Das Land ist groß, 48 Stunden sind kurz, zwei Füße sind wenig. Es müßte denn sein, daß Se. Majestät die Gnade hat, mir die Füße zu schenken, die in Seinen Versen zu viel sind, dann ver= pflichte ich mich, in 48 Stunden draußen zu sein"

Vier Wochen vor seinem Tode sprach ich ihn zum letzten Mal. Er war geistig und körperlich gebrochen, eine jüngere, kampfbereite und schlagfertige Generation war ihm auf dem Felde des Witzes entgegengetreten und hatte den Sieg davon getragen, Undank und Rück= sichtslosigkeit hatte er dort geerntet, wo er Wohlthaten gesäet, der kranke Löwe lag knurrend allein und fast verlassen auf dem Krankenlager, von dem er nicht wieder erstehen sollte. Friede seiner Asche! —

Eine Courierfahrt am 19. März 1848.

Eine allzufreudige Ueberraschung war es für mich nicht, als ich eines Tages durch meinen Rechtsanwalt aus Wien die Nachricht nach St. Petersburg erhielt, daß ich am 20. März 1848 in meiner Vaterstadt persönlich einzutreffen habe, um in einer civilgerichtlichen Angelegenheit einen Termin wahrzunehmen, dessen Ausfall eine Lebensfrage für mich bildete. Eine Reise von Petersburg nach Wien! Derlei kleine Annehmlichkeiten bereitete die Fürsorge der österreichischen Regierung damals ihren im Auslande lebenden Unterthanen recht gern.

Also vorwärts! Am 19. März 1848, früh Morgens, traf ich in Breslau ein, um mit dem Mittagszug die Fahrt fortzusetzen. Die Eisenbahn nach Wien war damals, bis auf eine Strecke zwischen der österreichischen und preußischen Grenze, die ein Omnibusanschluß verband, bereits fertig. Die österreichische Eisenbahnlinie begann in Oderberg; wie die letzte preußische Station hieß, an welcher der Schienenweg aufhörte, habe ich leider vergessen. Der Omnibus fuhr von da bis zum Oderberger Bahnhof ungefähr zwei Stunden. Ich fand Breslau in der ungeheuersten Aufregung. Obgleich natürlich noch keine bestimmten Nachrichten über die schreckensvollen Berliner Ereignisse eingetroffen sein konnten, so schien doch die Kunde

von einem schweren Unglück in der schwülen, unheim=
lichen Atmosphäre zu schweben. Unzählige Gerüchte,
eines abenteuerlicher als das andere, und doch keines
auch nur annähernd der grauenvollen Wirklichkeit nahe
kommend, gingen von Mund zu Mund. Die Eisen=
bahn war ausgeblieben, ob das Telegraphennetz da=
mals schon existirte, oder von der Regierung mit Be=
schlag belegt war, weiß ich nicht.

Ganz Breslau trieb sich auf der Straße, dem
Bahnhofe, wo der Berliner Zug erwartet wurde, und
auf den Exercierplätzen herum, wo sich friedliche Bür=
ger zu wehrkräftigen Vertheidigern des heimischen
Heerdes heranbildeten. Wirth und Oberkellner meines
Hotels lagen ebenfalls dieser kriegerischen Beschäfti=
gung ob; kaum fand der Letztere Zeit, mir vor meiner
Abreise eine Rechnung zu überreichen, deren Betrag
mit dreifacher Kreide geschrieben, wohl zum größten
Theil in seine Tasche gefallen sein mag. Die fabel=
haften Hôtelrechnungen, die sich in allen großen Städten
wiederholten, waren meine ersten Errungenschaften auf
vaterländischem Boden. Endlich, um einige Stunden
verspätet, hieß es, der Berliner Zug komme an, nach=
dem die Oderzeitung kurz vorher in einer Extrabeilage
das Publikum auf die entsetzlichsten Ereignisse, die sich
gottlob nur zum kleinsten Theile bewahrheiteten, vor=
bereitet hatte. Berlin sollte demolirt, die Einwohner
decimirt, eine hohe Person unter den Füßen ihres

eignen Pferdes zertreten worden sein; kurz Alles, was
die Phantasie Schreckenvolles erfinden konnte, war in
diesem Bericht, welcher der Redaktion auf außerge=
wöhnlichem Wege zugekommen sein sollte, zusammen=
gedrängt. Am Bahnhofe wogte eine zahllose, wild
aufgeregte Volksmenge. Der ankommende Zug war
nicht der Berliner, wohl aber der Leipziger, dem sich
allerdings einige wenige, von Berlin über Görlitz an=
gekommene Passagiere angeschlossen hatten. Ein Kauf=
mann, ein kleines, schmächtiges, schwaches Männchen,
wurde auf die Behauptung des Condukteurs: „der
Herr komme von Berlin," von hundert Händen auf
die Decke eines Waggons gehoben, und sollte, wie ihm
tausend und tausend Stimmen entgegenriefen: „Aus=
kunft geben, was dort vorgefallen." Der zum Tod
erschrockene, mit einem überaus schwachen Organ be=
gabte Mann, begann zu erzählen, natürlich verstand
in dem brausenden Stimmenmeere Niemand eine Silbe.

„Lauter, lauter!" brüllte die Menge.

Man sah dem Armen die Anstrengung seiner Ge=
sichtsmuskeln an, man sah, wie er seine Stimme mit
aller ihm zu Gebote stehenden Kraft erhob, doch spur=
los verhallten seine Worte in dem weiten Raum, in
dem tausendfachen Gewirre der Anstürmenden.

„Lauter, lauter!" schrie die Masse, jetzt schon in
drohendem Tone.

Der Volksredner wider Willen deutete durch eine

stumme und flehende Geberde an, daß ihm dies un=
möglich sei.

Da kletterte, zu dessen Rettung, ein Student em=
por, der mit einer Stentorstimme, die wie ein Donner
durch die Räume rollte, erklärte, daß er bis dreiviertel
elf Uhr Nachts gestern noch in Berlin gewesen sei,
und seinen Mitbürgern Nachricht über den dortigen
Stand der Dinge geben wolle.

Ein jubelnder Applaus, als ob die größte Freuden=
botschaft erwartet würde, empfing den Jüngling, der
von Mutter Natur mit dem gewaltigsten Organ ge=
segnet war, das mir je vorgekommen. Froh der Er=
lösung, verließ der kleine, neben ihm stehende mosaische
Mann seinen erhabenen Standpunkt, und verschwand
im Gedränge. Ich traf ihn später im Hôtel, wo er
mir die Begebenheiten in Berlin recht klar mittheilte.
Der junge Philosoph aber zog aus seiner Tasche ein
Papier, und las zuerst die bekannte Königliche Pro=
klamation „An meine lieben Berliner" vor. Hierauf
erzählte er in den grellsten Farben die Ereignisse des
18. März, allerdings in einer Form, die stark an die
Familie Münchhausen erinnerte. Ueberall wollte er
selbst gegenwärtig gewesen sein, in der Nähe der bei=
den verhängnißvollen Schüsse, auf den Barrikaden in
der Königsstraße, bei der Erstürmung der Lesehalle,
kurz der Mann hatte nach seiner Angabe solche Thaten
verrichtet, daß es unbegreiflich blieb, warum er, als

der Kampf am Stärksten tobte, den Schauplatz seines
Heldenthums verlassen und eine Reise angetreten habe
in dem Augenblick, wo tapfere Hände so Noth thaten.

Genug, wenn es seine Absicht war, die ohnehin
so erhitzte Menge noch mehr aufzureizen, so war sie
vollkommen erreicht. Man brüllte, tobte, schrie, ein
Extrazug sollte sofort erzwungen werden, und die waf=
fenfähigen Breslauer den Berlinern zu Hülfe eilen,
kurz es wurde, wie meistens bei solchen Gelegenheiten,
unendlich viel gesprochen, aber Nichts gethan. Ich
war seelenvergnügt, als es hieß: „der Zug gehe in
einer Stunde nach Wien ab." Zufälliger Weise hatte
ich ein Exemplar der oben erwähnten Beilage der
Oderzeitung in der Tasche, die ich als Curiosum zu
mir gesteckt.

Man denke sich meinen Schreck, als ich auf der
letzten preußischen Station erfuhr, daß der Omnibus
nach Oderberg bereits seit einer halben Stunde abge=
fahren sei, indem er auf den verspäteten Zug nicht
länger habe warten wollen. Meine Trostlosigkeit
über die Hiobspost mag sich in meinem Gesichte wohl
deutlich ausgesprochen haben, denn ein junger Mann,*)
der sich mir als Ingenieur für die noch fehlende Eisen=
bahnstrecke vorstellte, frug mich bedauernd, ob mir

---

*) Den Namen des gefälligen, liebenswürdigen Beamten hat
mein treuloses Gedächtniß leider nicht bewahrt.   F. W.

denn sehr viel daran liege, diese Nacht noch nach Wien zu kommen? Auf meine Versicherung, daß es sich um eine Lebensfrage für mich handle, theilte er mir mit, daß noch ein Königlich preußischer Courier, mit Depeschen an die Gesandtschaft nach Wien anwesend sei, bis zu dessen Ankunft der Zug vermuthlich warten müsse; wenn der. mich mitnehmen wolle, so könnte mir geholfen werden. Er erklärte seine Theilnahme an mir daraus, daß er meinen Namen auf dem Koffer= chen, das ich mitführte, gelesen, daß ihm derselbe und mein Bischen Talent von meinem Breslauer Gastspiel her bekannt sei, und daß er Alles aufbieten werde, um mir fortzuhelfen.

Er stellte mich dem Courier vor, und bat ihn eben so herzlich als dringend, mir einen Platz in seinem Wagen zu gönnen. Dieser schlug unser Gesuch in brutaler und unhöflicher Weise ab, meinte, daß ihn dies nur aufhalten würde, es wäre gar kein Grund zu dieser Gefälligkeit vorhanden, er kenne mich nicht ꝛc.

Neue Trostlosigkeit, getäuschte Hoffnung! Ich frug, ob denn Niemand in der kleinen Ansiedelung sei, der mich mit einem leichten Gespann hinüber brächte; zehn, zwanzig Thaler wolle ich zahlen; käme der Courier zur rechten Zeit an, so müßte es mir auch noch möglich sein!

„Sie sollen auch noch hinüber kommen", rief mein Beschützer, „ich lasse mein Wägelchen anspannen, ver= sprechen Sie meinem Kutscher fünf Thaler Trinkgeld,

und er fährt mit dem Teufel um die Wette. Wäh=
rend angespannt wird, essen Sie einen Löffel Suppe
bei mir, da mein Weibchen wohl schon mit dem Abend=
brod auf mich warten wird."

Dem Versprechen folgte rasch die That. In einem
netten kleinen Häuschen am Wege lebte das erst kürz=
lich verheirathete Pärchen, der junge Mann stellte mich
als seinen neuen Schützling seiner bildhübschen Ehe=
hälfte vor, erzählte ihr in fliegenden Worten meine
Fatalität, erhielt für sein hülfreiches Benehmen von
der kleinen Frau eine Belobigung und einen Kuß,
die Suppe ward gebracht, und das einfache und schmack=
hafte Abendbrod, welches mich meine Ungeduld freilich
nur auf glühenden Kohlen sitzend genießen ließ, war
noch nicht verzehrt, als der Kutscher meldete, es sei
angespannt. Es wurde ihm von seinem Herrn auf
die Seele gebunden, so rasch als möglich und auf dem
kürzeren Feldweg zu fahren, von mir, im Falle wir
rechtzeitig ankämen, zehn Thaler Trinkgeld versprochen.
Ich hatte mich dem liebenswürdigen Paare im Fluge
dankbar empfohlen, und war eben im Begriff zum
Thore hinaus zu fahren, als mir ein lautes „Halt"!
nachgerufen wurde. „Ich muß Sie," sprach, sich zu
mir setzend, mein freundlicher Wirth, „bis an die
österreichische Grenze begleiten, sonst würde man Ihnen
Umstände machen, und Sie beim Zollamte und mit
der Revision aufhalten. Vorwärts, rasch, Jakob!" —

Eine Viertelstunde flogen wir dahin, als uns der schwarzgelbe Schlagbaum in den Weg trat. Mein Schützer erzählte dem Oberaufseher, mit dem er genau bekannt schien, den Grund meiner Eile, verbürgte sich für mich und die Schuldlosigkeit meines Koffers, ein kräftiger Händedruck, glückliche Reise, und vorwärts ging's mit mir — zu Fuße, durch Nacht und Nebel zurück, eilte mein Begleiter. Möchten ihm diese Zeilen wenn ihm selbe je zu Gesicht kommen, beweisen, daß ich seiner Menschenfreundlichkeit ein dankbares Andenken bewahrt habe, und ihm dies gerne bethätigen möchte!

Seine Zehnthalerprämie in Aussicht, jagte mein Jakob mit mir, einen Anfangs mit der Landstraße parallel laufenden Feldweg über Stock und Stein dahin. Horch! Ein Wagen holt uns ein, es ist mein ungefälliger Courier, der im mäßigen Trabe dahinrollt.

„Fahren Sie auf dem schlechten Feldweg nicht die Pferde zu Schanden, halten Sie sich an mich, der Zug darf nicht früher abfahren, als ich ankomme," rief er herüber, als er mich und den Kutscher zu erkennen schien.

„Ach was, es ist die höchste Zeit, und auf dem Feldweg spare ich eine Viertelstunde," brummte mein Jakob.

Ein Ruck, ein Krach! Der Wagen scheint zu stürzen. Ein Hieb auf die Pferde bringt diese wieder vorwärts und das Fuhrwerk in's Geleis.

7*

„Was ist das für ein Licht?"

„Vom Bahnhof in Oderberg."

„Sind wir schon dort?"

„Oho, der Weg zieht sich in der Ebene noch eine tüchtige Strecke hin, wir haben noch eine halbe Stunde zu fahren. Hören Sie, da läßt der Courier auch seine Pferde ausgreifen. Vorwärts!"

Wir scheinen zu fliegen. Endlich, endlich sind wir am Bahnhof, wo uns bereits der schrille Pfiff der zur Abfahrt fertigen Lokomotive entgegentönt. Bis an den Perron fährt mich Jakob, empfängt meine zehn Thaler, da ruft mir der Zugführer entgegen: „Die Kasse ist geschlossen, Sie können nicht mehr mit." Ein klingender Beweis meiner Erkenntlichkeit stimmt den Mann willfähriger: „Schnell in einen Waggon, nehmen Sie Ihren Koffer mit hinein, auf der nächsten Haltestation machen Sie Alles ab, es ist keine Sekunde zu verlieren." Noch ein Pfiff, der Zug setzt sich langsam in Bewegung.

Ein Posthorn ertönt.

„Halt!" ruft Jakob, „da kommt ein preußischer Courier, der mit muß."

„Was scher' ich mich um den preußischen Courier. Vorwärts!" —

Die Bewegung vermehrt sich, und nicht ohne Schadenfreude sah ich in diesem Augenblick meinen groben

Courier, fluchend und schreiend, in den Bahnhof an=
fahren, und dem Zuge nachsehen.

Am 20. März 1848, um 6 Uhr früh, kam ich, der
einzige Mensch aus Preußen, in Wien an; der Ein=
zige, der Näheres über die Berliner Ereignisse vom
18. März wußte.

Durch den sonderbarsten, eben erzählten Zufall,
blieb selbst der Königliche an die Gesandtschaft be=
stimmte Courier aus; hätte er mich mitgenommen,
so hätte ich sein felsenfestes Vertrauen, „die Eisenbahn
müsse auf ihn warten," mit büßen müssen.

Ich ging zu Saphir, mit dem ich befreundet war,
weckte ihn aus dem süßen Morgenschlummer, erzählte
ihm die seltsame Art und Weise, auf welche ich allein
von allen auf preußischen Eisenbahnzügen befindlichen
Personen in Wien angekommen, das Zurückbleiben des
Couriers , und theilte ihm mit, was ich vor meiner
Abreise aus Breslau von dem kleinen jüdischen Kauf=
mann über die Schrecken des 18. März in Berlin
erfahren hatte. Zugleich zeigte ich ihm die von Ueber=
treibung und Unwahrheiten strotzende Beilage der
Oderzeitung.

Das letztere aber war es gerade, was in meines
alten Saphir's Kram paßte. Er ließ den Oderzei=
tungsbericht als Extrabeilage seines „Humorist" in

---

*) Der elektr. Telegraph war bekanntlich damals noch nicht
im Gange.

einer enormen Auflage mit der Bemerkung abdrucken,
daß das Blatt der Redaktion auf außerordentlichem
Wege zugekommen sei. Die Sache machte ungeheures
Aufsehen; Niemand konnte begreifen, auf welchem
Wege gerade Saphir zu einer direkten Nachricht ge=
kommen sein sollte, da alle Züge, alle Posten, alle
Journale aus Preußen ausgeblieben waren. Der
alte Schalk spielte den Geheimnißvollen, und steckte
die reiche Ernte ein, welche ihm die in rasender Eile
verkauften und verschlungenen Extrablätter einbrachten,
und nannte endlich, als Abgesandte des Polizei=Prä=
sidiums und des Ministeriums ernstlich seinen, „außer=
ordentlichen Weg" zu wissen verlangten, meinen Na=
men. Mittags, bei meiner Rückkehr in's Hotel, fand
ich mich belagert von Aufklärungsuchenden. Unter die=
sen befanden sich zwei Boten, der eine, von einer
Geldmacht abgeschickte, sagte mir ohne Weiteres: „sein
Herr Baron hätten gehört, ich habe Nachrichten von
Berlin, ich möchte doch gleich zu ihm kommen," der
zweite war ein Gesandter des Königlich preußischen
Gesandten Grafen Maltzahn, „der mich bitten ließ,
zu bestimmen, wann und wo er mich sprechen könne,
er habe einen Courier erwartet, der unbegreiflicher
Weise nicht angekommen sei, und höre, ich wisse Nä=
heres von ihm."

Ich ließ Sr. Excellenz sagen: „ich würde mir so=
gleich die Ehre geben, persönlich jede gewünschte Aus=

kunft zu ertheilen;" der Geldmacht ließ ich antworten:
„Wenn sie mich sprechen wolle, so habe sie so weit
zu mir, wie ich zu ihr."

Ich war in Folge der eben erzählten Ereignisse
sechszehn Stunden lang der gesuchteste Mensch in
Wien — der Löwe des Tages!

Bunte Plaudereien aus London und vom Meeresstrande.

Im Sommer 1862.

Weil uns auf dem Festlande ein Vergleichmaaß
fehlt, wird jede Schilderung der Wunderwelt Londons
ungenügend und dürftig ausfallen. Von dem Gewirre
der zahllosen Wagen jeder Gattung, der Tausende von
Fußgängern, die hier die unabsehbaren Wege hin= und
wieder eilen, können sich nur Augenzeugen einen Be=
griff machen. Dies Wogen wird in dem Augenblick
noch vermehrt durch die Hunderttausende von Frem=
den, welche die Ausstellung nach der Weltstadt zieht.
Die erste auffallend wohlthuende Erscheinung sind die
Mitglieder des prachtvollen Institutes der Policemän=
ner. In ihrer netten, kleidsamen Uniform streifen diese
Hüter der öffentlichen Ordnung rastlos auf und nie=
der, gefällig und dienstfertig gegen Jedermann. Bald
sieht man Einen einer alten Dame beim Aussteigen
auf gefährdeten Wegen dienstfertig aus dem Wagen

helfen, bald mit dem Anstande eines Gentleman höf=
lich Auskunft ertheilen, stets artig, bescheiden und un=
eigennützig, denn ein etwa angebotenes Trinkgeld für
kleine Dienste wird stets artig, aber entschieden abge=
lehnt. Statt des nutzlosen Säbels unserer Polizei=
helden trägt er, nebst der starken Waffe des Gesetzes,
einen aufgerollten Wachstuchmantel gegen Wind und
Wetter, eine feste Blendlaterne, die ihm dient beim
Aufsuchen gefährlicher und verdächtiger Schlupfwinkel,
und ein paar starke Schnüre, um Widerspenstige, die
gegen die bestehende Ordnung verstoßen, mit kräftigem
Arm unschädlich zu machen. Eine durchdringende
schrille Pfeife gilt als Noth= und Hilfssignal, und
vervollständigt die praktische Ausstattung des Dieners
der Gesetze. Nie wird sich ein Policemann unnütz
machen oder sich in Dinge mischen, die ihn
nichts angehn, und trotz ihrer energischen Strenge
gegen alle Ungehörigkeit erfreuen sich die Mitglieder
dieses segensreichen Institutes doch der größten Beliebt=
heit beim Publikum.

Sehr komisch ist die Art und Weise, wie die
öffentliche Mildthätigkeit auf den Straßen Londons
in Anspruch genommen wird, und in wie verschiedener
Weise die Bettler dort ihr Brot verdienen. Eine An=
zahl Jungen mit geschwärzten oder roth und grün be=
malten Gesichtern, Händen und Füßen, in den aben=
teuerlichsten Lumpen herausgeputzt, laufen neben den

Wagen einher, indem sie die Aufmerksamkeit der Fah=
renden durch Radschlagen und andere mitunter sehr
possirliche und halsbrecherische Jongleurkunststückchen
auf sich zu ziehen und ihrem Publikum einen Penny
aus der Tasche zu locken suchen. Das viel bewunderte
Geschlecht der englischen Clowns in den Kunstreiter=
buden tritt hier im Embryo auf. Mit Stentorstimme
brüllt ein ganz anständig gekleideter Mann ein fran=
zösisches Lied oder eine italienische Arie herab, gedul=
dig abwartend, ob ihm seine zweifelhafte Kunstfertig=
keit aus der Hand eines mitleidigen Enthusiasten einige
Groschen zuwirft. Dort, wo an der Straßenecke etwas
mehr Raum zur Entwicklung ihres Repertoirs sich fin=
det, hat sich eine Gesellschaft sogenannter Negersänger
mit geschwärzten Gesichtern etablirt, ihre grellen Schwänke
auf offener Straße zu produciren. Soldaten benutzen
spazieren wandelnd die Zeit ihrer Muße, dürfen jedoch
außer ihrer Dienstzeit nie Waffen tragen, so wie der
Officier nichts Eiligeres zu thun hat, als nach Erfül=
lung seiner dienstlichen Pflichten sich sofort in die be=
quemen Civilkleider zu werfen.

Eine Menge Leute durchstreifen mit riesengroßen
Theaterzetteln und andern Affichen behangen die Straßen,
da Theaterannoncen größtentheils nur auf diese Weise
verbreitet werden, während nicht, wie bei uns, die
Straßenecken das Publikum von den zu erwar=
tenden Kunstgenüssen in Kenntniß setzen. Nachts

tragen diese Burschen großen Theils ihre Ankündi=
gungen in Cylinderform und Transparent=Beleuch=
tung auf dem Kopfe, was sehr possirlich aussieht.
Ein neues Stück im Prinzeßtheater und die ein=
balsamirte Leiche der Pastrana, die Teufelskünste
des Seiltänzers Blondin im Krystallpalaste und
die Predigt eines populären Seelsorgers in einer
Modekirche werden in gleicher Weise angekündigt.
Abends setzen die Theater in strahlendem Gaslicht
durch riesengroße flammende Lettern das Publikum in
Kenntniß, wie viele Hundert Aufführungen eine der
beliebten Vorstellungen bereits erlebt habe. Nach
wenig Stunden bringt Jedermann eine Masse Verkaufs=
ankündigungen und fromme Tractätchen von der Straße
heim, die ihm in die Hände gedrückt worden. Mahnungen
zur Gottesfurcht und Frömmigkeit und Einladungen zum
Besuche sehr zweideutiger lebender Bilder erhält er auf
demselben Wege, nur wenig Schritte auseinander. Ein
frommer Begeisterter predigt auf offener Straße und don=
nert gegen die Sündenlust der Welt, während an der
nächsten Ecke von Haymarket in der wirklich frommen
Hauptstadt von Old England ein weiblicher Sclaven=
markt geduldet wird, wie ihn die schmutzige Phantasie
eines ausschweifenden französischen Romanschriftstellers
nicht widerlicher ersinnen könnte.

Es fällt Dir ein, daß Du etwas zu Hause ver=
gessen hast; wenige Schritte lang, und eine der zähl=

losen Telegraphenstationen bringt die gewünschte Nach=
richt um einige Pfennige zu Dir in die weitentfernte
Wohnung. Fast sinnverwirrend wirkt das wilde bunte
Treiben auf uns ein, wir flüchten uns in eine Restau=
ration, wo sich wieder des Ungewohnten viel findet.
Der Engländer ist in Bezug auf seine Tafelfreuden
und die Anforderungen an selbe überaus mäßig. Sich
hermetisch von seinem Nachbar abschließend und durch
Seitenwände von ihm getrennt, wie bei uns im Theater
in Logen, genügt ihm eine dünne, ungesalzene Suppe,
ein Stück Fleisch, welches der schneeweiß gekleidete Koch
auf einem Rädertischchen zu ihm hinrollt, und von
einem mächtigen Rückenstück oder einer Keule absäbelt,
so viel der Gast wünscht, und das er mit riesengroßen,
in Wasser gekochten Erbsen genießt, so wie Käse und
Butter, ersterer ebenfalls in großen Blöcken vorgesetzt,
und mit Senf genossen, vollständig zu einem ausreichen=
den Mittagsbrod. Als Getränk zieht der Londoner sein
gutes Bier dem Weine vor, der meist nur stark mit
Wasser gemischt getrunken wird. Der billige Seefisch,
der Hummer, oder als Dessert die große westindische
Ananas, welche das Stück mit fünf Silbergroschen
bezahlt wird, gehören schon zu den lucullischen Aus=
schreitungen des englischen Feinschmeckers.

Nach kurzer Rast setzen wir unsern Spaziergang
fort, oder wir besuchen einen der in massenhafter Zahl
etablirten Vergnügungsorte für die Menge. Nicht

die prachtvolle Alhambra oder Cremongarden, gegen
welche das Kroll'sche Etablissement in Berlin oder das
Victoriatheater mit seinen prächtigen Räumen winzig
erscheint, wo zahllose Flammen ein Meer von Licht
verbreiten und Gaukler aller Nationen die Menge
amüsiren, ja selbst ganz erträgliche Balletvorstellungen
das Publikum locken, nicht London=Pavillon, wo Chi=
nesen mit unbegreiflicher Gewandtheit sich mit spitzen
Messern werfen und diese einen engen Kreis um das
menschliche Ziel bilden, nicht Music=Hall, wo Leotard
seine wilden Sprünge macht, alle diese großen, wun=
derbar reich ausgestatteten Locale ziehen uns weniger
an, als ein kleines Theater am Strand, wo komische
Gerichtsscenen aufgeführt werden, in welchen die Er=
eignisse des Tages, die Schwächen und Thorheiten
hervorragender Persönlichkeiten mit schlagfertigem, aber
beißenden Witz gegeißelt werden. Der Proceß der
„Emailleuse", Mad. Rachel aus Paris gab diesmal das
Thema her, und der viel besprochene, Aufsehen erregende
Proceß derselben gegen eine hochgestellte Modedame wurde
in parodirender Form unter dem jubelnden Gelächter
der Zuschauer dargestellt. Die „Emailleuse" besitzt das
Talent, Gesicht, Hals, Arme, Haare, Augenbrauen rc. rc.
ihrer Kunden in der Weise zu retouchiren, daß die von
ihr Behandelte nicht nur viele Jahre jünger aussieht,
als Mutter Natur es für geeignet hält, sie uns sehen zu
lassen, die Farbe widersteht mehrere Tage lang allen Ein=

flüssen der Luft und der Witterung, ist mit einem Wort täu=
schender und dauerhafter aufgetragen, als dies manche
Schöne in verschwiegener Kammer zu thun im Stande
ist, wenn sie, der Natur grollend, derselben nachzuhel=
fen versucht.

Lange Zeit war die reiche Lady L. eine treue Kunde
der verschwiegenen „Emailleuse", ohne nach dem Preise
zu fragen, und ließ sich von der französischen Künstlerin
verjüngen und verschönen, als letztere mit einer Rech=
nung über die bescheidene Summe von 5000 Pfund
an's Licht rückte. Vergebens suchte die erschrockene
Dame ihre Verschönerin zu einer milderen Forderung
zu bewegen, ebenso vergebens bot sie ihr, da sie ohne
Einwilligung ihres, nicht in das Geheimniß gezogenen
Gemahls über eine solche Summe nicht verfügen
konnte, sogar einen Theil ihrer Diamanten an. Wohl
oder übel mußte sie ihren Gatten von der sonder=
barsten aller je contrahirten Schulden in Kenntniß
setzen, der denn auch die Bezahlung auf das Entschie=
denste verweigerte. Mad. Rachel wurde klagbar, und
die Persönlichkeit der Verklagten, die Originalität des
Processes und die Details, die über die Art und Weise
der Kunstleistungen der Künstlerin an Lady L. in den
Gerichtsverhandlungen zur Sprache kamen, verfehlten
nicht in allen Kreisen das größte und für die Betref=
fenden sehr unliebsame Aufsehen zu machen. Der
Proceß gab „für das Geschäft der Madame Rachel

eine Reclame vom reinsten Waſſer," der Gerichtshof
indeß, wenn er auch anerkennen mußte, daß die Lei=
ſtungen der Mad. Rachel vollſtändig tadellos geweſen
und Lady L. früher viel jünger ausgeſehen habe, als
jetzt — man war ſo ungalant von zwanzig Jahren zu
ſprechen — ermäßigte doch die Forderung, von 5000
auf 1000 Pfund Sterling, welche das Gericht der
Emailleuſe zuerkannte.

Die ſtolze Künſtlerin aber, die ſich in ihrem Recht
verletzt glaubte, ſtrich die ganze Forderung, und nahm
nichts, weil ſie nicht Alles bekommen konnte.

Wenn auch nicht zu bezweifeln ſteht, daß die Ge=
heimniſſe der Mad. Rachel in Zukunft noch oft von
den Löwinnen der Hauptſtadt in Anſpruch genommen
werden dürften, ſo glaube ich doch, daß dies nie mehr
ohne vorherigen Accord über den Preis geſchehen wird.

Obgleich die Theater in London jetzt ſämmtlich ihr
Feſtkleid angezogen haben, ſo bieten ſelbe doch nichts
Außerordentliches. Die Schauſpielkunſt der Engländer
ſteht nach meiner Anſicht ſo weit hinter der unſrigen
zurück, als wir Deutſchen in dieſer Beziehung den
geborenen dramatiſchen Künſtlern, den Franzoſen, nach=
ſtehen, und ſelbſt der hochgefeierte, mit ellenhohen
Buchſtaben angekündigte „Charles Kean" erſchien mir in
der Rolle des Cardinal Wolſey in dem neu ſcenirten
Shakeſpeare'ſchen Drama „König Heinrich der Achte"
nur als ein talentbegabter, routinirter Couliſſenreißer,

keineswegs aber als das Genie, welches seine Lands=
leute so gern aus ihm machen wollen. Dagegen ver=
steht er die mise en scène musterhaft zu leiten und
hat darin in dem oben angeführten Drama wirklich
ein Meisterstück geleistet. Die Costüme, Aufzüge, das
Arrangement der Hoffestlichkeiten, Alles ist mit der
genauesten Sachkenntniß und bis in's kleinste Detail als
treues Abbild jener Zeit wiedergegeben, die Behandlung
der massenhaften Gruppirungen mit so feinem Geschmack
und Kunstsinn geleitet, wie ich es noch an keiner an=
dern Bühne Europa's zu bewundern Gelegenheit hatte.

Außerdem stehen die Engländer in Decorations=
und Beleuchtungseffecten unübertroffen da. Einem
solchen Kunstwerke dankt ein seit Jahresfrist ununter=
brochen und stets bei überfülltem Hause gegebenes
Volksstück „Peep ó'day" den Hauptgrund seines Er=
folges. Es soll ein armes Mädchen, durch einen
Schuft von Lord zu einer Scheintrauung verführt, für
immer stumm und unschädlich gemacht, in eine abge=
legene Schlucht in Irland gelockt und dort ermordet
werden. Wir sehen den gedungenen Banditen in der
Mitte der Bühne die Grube graben, die das Opfer
aufnehmen soll. Auf beiden Seiten starren riesige
Felswände empor, wovon die eine im tiefsten Schat=
ten liegt, während die roh in Stein gehauenen Stu=
fen und die den gegenüberstehenden Fels überwuchern=
den Schlingpflanzen, so wie der Steg, welcher beide

Steinufer mit einander verbindet, vom grellsten Mond=
licht bestrahlt sind. Ebenso hell beleuchtet bildet der
Hintergrund einen natürlichen Wasserfall und eine
weite, weite Fernsicht in ein zerklüftetes Felsthal. Den
dunklen Fels umstehen hohe Bäume, nicht flach ge=
malt, sondern in Stamm und Laubwerk der Natur
täuschend ähnlich nachgebildet. Wir sehen das arme
Opfer im Mondlicht in dem unheimlich leuchtenden rothen
irischen Mantel *) arglos den schwanken Steg entlang
wandeln, an dem verborgenen Mörder vorüber, die
Schlucht betretend. Nur das Echo antwortet ihrem
schrillen Hülferuf, vergebens bedroht sie ihren Bedrän=
ger mit der Rache Gottes und eines Freundes, von
dem sie wisse, daß er zu ihrem Schutze herbei eile.
Rasch klimmt der Räuber die Felswand empor, zer=
schmettert den schmalen Steg, der allein herab in den
Abgrund führt, und lacht jetzt im höhnischen Spott
der Drohungen des verzweiflungsvoll ringenden Wei=
bes, diese immer näher und näher dem offenen Grabe
entgegenzerrend. Da ertönt ein Signal, der Retter
erscheint auf der Plattform der Felswand, vergebens
einen Weg suchend, der Armen zu Hülfe zu eilen.
Jetzt holt der Henker mit dem Beile aus, um sein
Nachtwerk zu vollenden, oben ein Schrei des Ent=
setzens, und schneller, als es sich erzählen läßt, ergreift

---

*) Die Löwinnen Londons tragen jetzt solche Mäntel als das
neueste Erzeugniß des Modejournals.

der Freund der Gefährdeten einen mächtigen Zweig des
an der Felswand stehenden gewaltigen Baumes, und
schwingt sich, dem Schutze des Höchsten sich empfeh=
lend, an dem Aste hängend in den Abgrund hinab.
So rettet der junge Held seine Geliebte im Augenblick
der höchsten Gefahr und unter dem stürmischen Jubel
des athemlosen Publikums.

Auch die übrigen Scenen dieses wechselvollen, an
derb=komischen und grell=tragischen Momenten über=
reichen Drama's sind prächtig arrangirt, namentlich
die irischen Volksscenen, wenn sich gleich das Spiel
der Darstellenden nie über die stark gefärbte Mittel=
mäßigkeit erhebt. Nur einen wirklich großen Schau=
spieler habe ich in London zu bewundern Gelegenheit
gehabt, allein dieser hat sich nach französischen Mustern
herangebildet, und spielt in der Weise Bouffé's und
Frederic Lemaître's in dem Théâtre Olympique. Mr.
Robson, so heißt der Mann, ist die Stütze dieser Bühne
und mit Recht der Liebling der Londoner Theaterfreunde.
In dem Drama: „Porter's Knot," welches, wenn ich
nicht sehr irre, aus dem Französischen übersetzt ist, spielt
er einen schlichten, durch seinen Sohn in unverschul=
detes Unglück gestürzten Kofferträger an einer Eisen=
bahn mit einer erschütternden Wahrheit und Natur=
treue. Lebhaft hat mich der Künstler an unseren hei=
mischen Döring erinnert, welcher derlei Rollen eben=
falls bewunderungswürdig spielt. Ich bedaure, daß

mir der Raum nicht erlaubt, in die Details dieser
genialen Leistung einzugehen.

Eine Merkwürdigkeit der englischen Theater ist die,
daß kein Soufleur existirt; wie wünschenswerth wäre
die Nachahmung dieser trefflichen Sitte an unsern
deutschen Bühnen! Die Eintrittspreise zu den Theatern
Londons sind im Vergleiche zu denen in Deutschland
enorm.

Ich verschone den freundlichen Leser mit einer aber-
tausendsten Schilderung der zwei großartigsten Gebäude
Europas und deren Einrichtung, des Ausstellungs= und
des Krystall=Palastes, so mächtig auch der Eindruck
dieser modernen Weltwunder auf jeden Fremden
ist. Die Kunstschätze Calcuttas, die Goldpyramide
aus Californien, der 125 Karat schwere, stets von
einer Anzahl Schaulustiger umstellte Diamant, die
„Sonne," von dem Juwelenhändler Coster aus Amster=
dam eingesandt, interessirte mich weniger, als die genial
erfundenen Maschinen, die in Unzahl aufgestellt sind,
von dem Apparat an, wo z. B. für den Champagner=
gourmand klares Wasser auf einer Seite hineinge=
gossen wird und auf der anderen als Eis wieder
herauskommt, bis zu den riesigen Kuppeln der Leucht=
thürme und den sinnreichen Vorrichtungen an densel=
ben. Unter den zahllosen Bildern der Gallerie sind die
unseres Berliner Malers Professor Gustav Richter stets
von einer Menge Bewunderer umschwärmt, ebenso die

Kirchenarbeiten von getriebenem Zinkblech von Friedr. Peters aus Berlin.

Das Schauen hat uns ermüdet, und so wollen wir einer freundlichen Einladung des Schriftstellers Max Schlesinger folgen, der jedem gebildeten Leser wohl aus seinen geistreichen Schilderungen Englands und Ungarns bekannt ist, und den Abend in seinem gastlichen Hause verleben. Mit echt englischem Comfort bewohnt derselbe ein bequem und elegant eingerichtetes Haus, und öffnet dasselbe mit größter Urbanität jeden Freitag seinen Landsleuten, den an ihn empfohlenen Fremden und seinen Freunden. Die Wände des Salons auf Befford-Place könnten viel erzählen von Berühmtheiten aller Nationen, die dort verkehrt und sich erfreut hatten an des Besitzers gastlichem Heerde. Mir wird der dort verlebte Abend unvergeßlich bleiben. Ein großer Theil der Anwesenden bestand aus ungarischen Flüchtlingen, unter diesen die Generale Kemety, Vertheidiger von Kars, jetzt Ferik Pascha, und Klapka, der Held von Komorn. Zu den gewöhnlichen Besuchern dieser Abendcirkel gehört auch noch Freiligrath, jetzt mit Klapka zusammen angestellt · als Mitdirektor der Schweizerbank, der kleine Dr. Kaufmann, in dessen schwächlichem Körper ein starker Geist wohnt, Moritz Hartmann, der Commerzienrath Wolff aus Gladebach bei Köln, der die preußische Expedition nach Siam und Japan mitge-

8*

macht und einen reichen Schatz von Erfahrungen und
Erinnerungen aus fernen Zonen gesammelt hat,
Joachim, der berühmte Violinspieler und Löwe der
diesjährigen Concertsaison in London, ein Kranz schö=
ner, feingebildeter Damen, unter welchen die Frau des
Hauses in liebenswürdigster Weise die Honneurs macht.

Das Gespräch dreht sich in verschiedenen Gruppen
in buntester Weise um Tagesfragen; für mich hatte
unter den Anwesenden General Klapka das meiste In=
teresse. Wir tauschten die Erinnerungen an unsere
Jugendzeit aus; noch immer stand der bildschöne junge
Offizier der ungarischen Garde, ein Stammgast des
Josephstädter Theaters in Wien, an dem ich damals
meine ersten künstlerischen Erfolge erntete, lebhaft vor
mir; er hatte noch die Titel aller Stücke, die damals
an der Tagesordnung gewesen, in frischem Andenken,
ebenso die Namen aller Künstler und — Künstlerin=
nen, welch' letzteren · die glänzende Erscheinung des
prächtigen „Gardisten" theilweise sehr gefährlich gewor=
den war. Es machte mir unbeschreibliche Freude, als
mir General Klapka jetzt, nach 25 Jahren, noch De=
tails aus meiner damaligen Carrière mittheilte, welche
mir bewiesen, daß er mir doch noch ein Plätzchen in
seinem Gedächtniß aufbewahrt hatte, aus welchem selbst
sein reichbewegtes, glänzendes Schlachtleben mich nicht
hatte verdrängen können. Klapka, der sich von Politik
gänzlich zurückgezogen und, wie gesagt, als einer der

Directoren der „Bank of Switzerland" größtentheils in
Genf lebt, ist noch jetzt einer der schönsten Männer
seiner Zeit, namentlich übt der Glanz seiner pracht=
vollen, tiefdunklen Augen einen magnetischen Ein=
druck aus.

Horch! Die Zaubergeige des Ungarn Joachim er=
tönt! Alles rückt näher an den Meister, aus dem Bi=
bliothekzimmer zieht der Wunderklang die dort Wei=
lenden in den Salon, festgebannt in theilnehmenden
Gruppen. Der Ungar spielt vor seinen verbannten
Landsleuten heimische Volksmelodien. Man muß diese
ungarischen Weisen von Joachim, der, wie Keiner, seine
ganze Seele in sein Instrument zu legen versteht, ge=
hört haben, man muß diese tiefe Wehmuth, diese heiße
Sehnsucht, dies wilde Jauchzen der Töne von Joachim
selbst vernommen haben, um den gewaltigen Eindruck
zu begreifen, den diese vaterländische Musik auf die
Ungarn hervorbrachte. Je nach dem Temperament der
Anwesenden äußerte sich die Empfindung der Zuhörer
in verschiedener Weise. Der sinnige Klapka saß, den
Kopf in die hohle Hand gestützt, vor sich hinstarrend
in einer Ecke des Sophas, das dunkle Auge schien
durch einen Thränenschleier zu schwimmen, andere
summten die wohlbekannten Nationalmelodien unwill=
kürlich mit oder drückten sich unbewußter die verschlun=
genen Hände, während der heißblütige Kemety den
Virtuosen stürmisch an die Brust drückte, mit Küssen

bedeckte, in welche sich warme Tropfen mischten, die
dem Auge entrollten. Immer wieder und wieder
mußte der Künstler dem stürmischen Verlangen nach
Wiederholung genügen, und immer ertönte dem Lands=
mann ein schallendes „Eljen" entgegen. Es dauerte
lange Zeit, ehe der Strom der Unterhaltung wieder
in sein ruhiges Bett sich abdämmte und Einer der
Anwesenden ergötzliche Anekdoten aus der Heimath
zum Besten geben konnte.

Nach Beendigung der ungarischen Revolution und
der Rückkehr zur alten Ordnung bereiste eine hochge=
stellte Person die verschiedenen ungarischen Provinzen,
um sich von dem jetzigen Zustande der Dinge aus
eigener Anschauung zu überzeugen. Er kam auch in
eine ungarische Stadt, die sich früher, sowohl im Civil
als Militair, durch ihre antiösterreichische widerspen=
stige Gesinnung ausgezeichnet hatte. Eine Abtheilung
Husaren empfing den hohen Herrn mit lautem „Vivat=
Ruf". Dieser frug den Commandeur: „Sagen Sie
mir, Herr Obrist, warum lassen Sie die Leute nicht
in ihrer Landessprache rufen, warum „Vivat" und
nicht „Eljen"?

„Entschuldigen, Hoheit," antwortete der verlegene
Offizier, „wenn ich die Kerle „Eljen" rufen lasse, dann
habe ich sie nicht mehr in meiner Gewalt, denn dann
rufen sie Alle „Eljen Kossuth!"

Die Rede kam auch auf Naturwissenschaften und

namentlich auf den thierischen Magnetismus und dessen
geheimnißvolle Wunder. Der deutsche General ***,
einer der gebildetsten Militairs im *** Lande, früher
ein intimer Freund Alexander's von Humboldt, erzählte
seine Begebnisse mit dem Magnetiseur Professor Lau=
rent aus Paris, der mit einer Somnambule, Dlle. Pru=
dence in Frankreich, Belgien und zuletzt in Ostende
Experimente ausführte, die kein Verstand des Verstän=
digen begreifen konnte. In Frankfurt am Main wurde
ihm die Erlaubniß verweigert, mit dem zum Schatten
abgemagerten Wesen für Geld öffentlich Schaustellun=
gen zu geben; wie recht die Behörde gehandelt, bewies
der bald darauf erfolgte Tod der Dlle. Prudence. Ge=
neral *** erzählte unter Anderem, daß die Hellseherin
seine und seiner Freunde Gedanken errathen und von
ihrem Magnetiseur gezwungen wurde, in somnambulem
Zustand Handlungen auszuführen, die irgend einer der
Anwesenden auf ein Blatt Papier geschrieben hatte.
So z. B. wurde vor sie hin, die auf einer mäßig er=
höhten Tribüne vor den Zuschauern saß, ein Tischchen
mit einem leeren Glas gestellt. Laurent bat den Ge=
neral, auf ein Blatt Papier die Namen der Flüssigkeit
zu schreiben, welche Dlle. Prudence in ihrem Zustande
zu trinken glauben solle; dieser schrieb die Worte „Cham=
pagner", später „Blut", und behielt den Zettel bei
sich. Nun forderte Laurent den General auf, ihm die
Hände zu reichen, das Geschriebene fest in Gedanken

zu behalten, ehe er sich mit der Seherin in geistigen Rapport setze. Auf den Befehl zu trinken, nahm sie das leere Glas, setzte es anfangs mit allen Zeichen des Behagens an die Lippen, plötzlich stieß sie einen schrillen Laut des Entsetzens aus und schleuderte das Trinkgefäß mit den Zeichen des höchsten Abscheus von sich.

Eine der hochgestelltesten Personen in Deutschland flüstert auf die Aufforderung des Professors, eine Blume zu denken, dem General das Wort Veilchen in's Ohr, widerruft aber und sagt: „ich will lieber die Rose wählen." Da lispelt die Somnambule behaglich: „welch' ein schöner Geruch von Rosen und Veilchen!"

Wenn man auch allgemein überzeugt war, daß Laurent ein feiner Betrüger, die Prudence eine in seinem Solde stehende treffliche Schauspielerin war, so hat doch keine der zahllosen wissenschaftlichen Autoritäten, die jenen Vorstellungen beiwohnten, je die Art und Weise ergründen können, in welcher die Betrügereien bewerkstelligt wurden, und welche die Prudence mit dem Leben bezahlt hat.

Ich gebe Ihnen, schloß der würdige General seine anregende Erzählung, noch einen Vorfall zum Besten, den ich aus dem Munde meines Königs habe. Ich wiederhole das mir Mitgetheilte ohne Nebenbemerkung, ohne Commentar und erwähne blos, daß die Persönlichkeit der handelnden Personen die Annahme eines Scherzes im höchsten Grade unwahrscheinlich macht.

Der Erzbischof von Upsala besuchte auf einer Reise durch Deutschland auch unsern königlichen Hof und hatte die Ehre, von Sr. Majestät zur Tafel gezogen zu werden. Bald kam die Rede auf den maßlosen Aberglauben, der jetzt noch in den Lappmarken herrsche, wo noch der Glaube an Zauberer und erbliche unheim= liche Künste in manchen Familien bis zur Stunde fest wurzelt. Der Erzbischof selbst war vor mehreren Jahren von der höchsten Landesbehörde an der Spitze einer Commission dahin gesandt worden, um dieses wüste irreligiöse Treiben mit Ernst und Strenge zu untersuchen und auszurotten. Ein Arzt und ein höherer Beamter waren dieser Mission beigegeben worden.

„Bei dem Mangel an Verkehrsmitteln," fuhr der Erzbischof in seiner Erzählung fort, „war unsere Reise eben so lang als beschwerlich. Der Zweck derselben war nur uns bekannt, und wir nahmen, diesen in ein tie= fes Geheimniß hüllend, für unsere Wohnung die Gast= freundschaft eines reichen Mannes in Anspruch, der in dem unheimlichen Rufe stand, über finstere Zauber= mittel gebieten zu können. Zu unserer Verwunderung deutete nichts im Aeußern oder im Haushalt desselben darauf hin, diesen Ruf zu begründen. Mit der ge= wohnten Gastlichkeit der Lappmarken wurden uns von dem Wirth des Hauses, einem offen aussehenden be= häbigen Manne, die besten Zimmer eingeräumt und Alles, was Küche und Keller vermochte, aufgeboten,

die Gäste zu ehren. Zu unserem Erstaunen machte
aber weder unser Gastgeber, noch irgend ein anderer
Mensch im Orte ein Hehl daraus, daß Peter Lärdal —
so hieß der Mann — im Besitze übernatürlicher
Kräfte, ja geradezu ein „Zauberer sei. Am dritten
Tage, als wir gemüthlich am Frühstückstische beisam=
men saßen, brachte ich unter dem Vorwande der Neu=
gierde das Gespräch auf das Thema und frug Lärdal,
ob es ihm nicht unangenehm sei, in solchem Rufe zu
stehen. Ein feines Lächeln glitt über die Züge des
Mannes: „Was nützt es denn, hochwürdigster Herr
Erzbischof, daß Sie mir den Zweck Ihrer Frage ver=
bergen wollen? Sie und diese Herren sind ja doch
nur deshalb da, um die Wahrheit dieses Rufes zu er=
gründen und mich zur Verantwortung zu ziehen.“
„Nun denn,“ entgegnete ich energisch, „wenn Ihr es
schon wißt, ja, wir sind hier, um diesen Aberglauben
zu zerstören und diesem Unsinn ein Ende zu machen.“

„Das mögen Sie halten, wie Sie wollen und
können, aber Unsinn, lieber Herr, Unsinn ist die Sache
nicht,“ antwortete Lärdal mit leichtem Kopfschütteln.

„Was wollen Sie damit sagen?“ antwortete ich
in strengem Tone.

„Ich will Ihnen den Glauben in die Hand geben.
Meine Seele, mein Geist, oder wie Sie es nennen
wollen, soll vor Ihren Augen des Körpers Haus ver=
lassen und sich an einen Ort begeben, den Sie selbst

bestimmen werden. Nach der Rückkehr will ich Ihnen Beweise dafür liefern, daß meine Seele in Ihrem Dienst an dem von Ihnen bezeichneten Platze gewesen. Wollen Sie diese Ueberzeugung haben?"

„Die widerstreitendsten Empfindungen," fuhr der Erzbischof fort, „bemächtigten sich meiner. Furcht vor dem Bewußtsein, zu einem frevelhaften Spiel mit dem Heiligsten meine Hand zu bieten, der Wunsch, einem etwaigen Betrug auf die Spur zu kommen und ihn zu entlarven, und heftige Neugierde, zu erfahren, wie der schlichte Mann sein Wort lösen werde, kämpften in mir. Letztere, das Erbtheil aller Evakinder, trug den Sieg davon. Ich willigte in den Vorschlag und trug Lärdal auf, seine Seele in mein Haus zu senden, mir zu sagen, was in diesem Augenblick meine Frau beginne, und die Beweise für seine Anwesenheit daselbst zu liefern. Es versteht sich von selbst, daß meine Reisegefährten, von noch brennenderer Neugierde beseelt, als ich, mit meinem Thun vollständig einverstanden waren.

„Nun wohl, Ihr Herrn," sprach Lärdal, „gönnen Sie mir eine Viertelstunde Zeit zu meinen Vorbereitungen." Kaum war diese verflossen, so erschien unser Hauswirth wieder, in der Hand eine Pfanne mit trockenen Kräutern tragend. „Ihr Herren," fuhr er fort, „ich werde diese Kräuter anzünden und den Duft derselben einathmen. In wenig Minuten wird mein Geist

aus meinem Körper entweichen, und alle Anzeichen
des Todes an diesem sichtbar werden. Hüten Sie sich,
meine Herren," fuhr er sehr ernst mit feierlich geho=
bener Stimme fort, „in diesem Zustande Versuche zu
meiner Wiederbelebung zu machen, oder mich auch nur
zu berühren, der Erfolg wäre mein sicherer Tod. In
einer Stunde wird sich mein Körper von selbst wieder
beleben und Ihnen Nachricht aus der Heimath bringen."

Nach einer unheimlichen Pause, während welcher
Keiner von uns ein Wort der Entgegnung finden
konnte, setzte der Zauberer die trockenen Kräuter in
Brand und hielt seinen Kopf über den übelriechenden
narkotischen Dampf derselben. In wenig Minuten
bedeckte Leichenblässe sein Gesicht, der Körper fiel nach
kurzen Zuckungen in den Lehnstuhl, in welchem jene
Procedur vorgenommen wurde, zurück und lag regungs=
los, in Allem einem Todten gleichend, da.

„Um Gotteswillen," rief der Arzt entsetzt aus, „der
Mensch scheint sich vergiftet zu haben, er stirbt wirk=
lich, wenn man ihm nicht schnelle Hülfe bringt!"

Ich mußte ihn mit Gewalt zurückhalten, ehe er
seinen Vorsatz ausführen und auf den Bewußtlosen
hinstürzen konnte.

„Haben Sie vergessen, daß der Unglückliche uns
beschwor, in dem jetzt eingetretenen Falle seinen Körper
nicht zu berühren, wenn wir ihn nicht wirklich tödten
wollen? Haben wir gegen unser Gewissen unsere Ein=

willigung zu dem unheimlichen Experiment gegeben, so müssen wir auch den Erfolg abwarten."

Nach einer in athemloser Spannung verlebten end= losen Stunde kehrte langsam, aber sichtlich wieder die Farbe des Lebens auf die Wangen des Entseelten zu= rück, die Brust hob sich unter stürmischen Schlägen, die nach und nach in ein regelmäßiges Athemholen übergingen.

Bald darauf wendete er sich mit den Worten an mich: „Ihre Frau ist in diesem Augenblick in der Küche."

„Ja wohl," entgegnete lächelnd der Arzt, „um diese Stunde pflegen, wie Sie wohl wissen, alle Frauen bei uns in der Küche zu sein."

Ohne diesen ungläubigen Einwand einer Entgeg= nung zu würdigen, beschrieb mir Lärdal meine Woh= nung und Küchenräume, die er meines Wissens nie betreten hatte, bis in's kleinste Detail mit der pünkt= lichsten Genauigkeit. „Zum Beweis, daß ich wirklich dort war," schloß er seinen Bericht, „habe ich den Ehering Ihrer Frau, den selbe bei der Zubereitung einer Speise vom Finger streifte, auf den Grund des Kohlenkorbes versteckt."

Ich schrieb sofort — es war am 28. Mai — nach Hause, und frug meine Frau, was sie um 11 Uhr an diesem Tage begonnen habe. Ich bat sie, ihr Gedächt= niß recht genau zu prüfen und mir recht sorgfältig

Bericht abzustatten. Nach fünfzehn Tagen, so lange
brauchte bei den schlechten Verbindungswegen der Brief
und die Antwort Zeit, schrieb mir meine Frau, sie
wäre den 28. Mai um 11 Uhr mit der Bereitung
einer Mehlspeise beschäftigt gewesen. Es wäre ihr der
Tag unvergeßlich, weil ihr an demselben ihr Trauring
verloren gegangen wäre, den sie kurz vorher am Finger
gehabt habe und trotz alles Suchens nicht wiederfinden
könne. Wahrscheinlich habe ihn ein Mann entwendet,
der sich, in der Kleidung eines wohlhabenden Bewoh=
ners der Lappmarken, einen Augenblick in der Küche
gezeigt, aber, als er um sein Begehren gefragt worden
sei, sich wortlos wieder entfernt habe."

Der Trauring fand sich später in der Küche des
Erzbischofs im Kohlenkorbe wieder vor.

Es versteht sich von selbst, daß die Mittheilung dieser
Geschichte von allen Anwesenden mit ungläubigem
Lächeln und nach Beendigung derselben unter lebhaf=
ter Debatte über die Möglichkeit des Ereignisses auf=
genommen wurde. Alles lachte, und einige der Flücht=
linge stellten das Ganze als eine geistreiche Mystifica=
tion des Königs hin. Der ehrwürdige General aber
versicherte ernstlich, daß die Erzählung von dem be=
treffenden Würdenträger der Kirche wirklich vorgetra=
gen worden war, und so gingen wir denn scherzend
über die Gläubigkeit des neunzehnten Jahrhunderts
bald auf ein anderes Thema über.

———

Volksleben in Kopenhagen.

„Sie wollen jetzt nach Dänemark reisen, was haben Sie als Deutscher dort zu suchen?"

Diese permanente Antwort mußte ich durch acht Tage von Jedem anhören, den ich aufforderte, mich auf einem Ausfluge nach Kopenhagen zu begleiten. Es kostete mich Mühe und Ueberredung genug, ein paar vernünftigen Menschen begreiflich zu machen, daß ich für die „Dänen" und namentlich für die dänische Regierung ebenso wenig Sympathien empfinde, als irgend ein anderer Mensch im Vaterlande, daß mich diese Abneigung aber nicht hindere, einen Ausflug nach der scandinavischen Hauptstadt für das Lohnendste zu halten, was man bei beschränkter Zeit erreichen könne. Meine Reisegefährten machten nur noch die Bedingung, vor der Fahrt nach Kopenhagen die prächtige Insel Helgoland zu besuchen, auf der wir eben ankamen, um der Feier der glücklichen Rettung des Königs von Preußen aus Mörderhand mit beizuwohnen und zwei Hannoveraner sich unsterblich blamiren zu sehen, die einen Beitrag zu einer Sammlung für die deutsche Flotte verweigerten, „wenn selbe unter preußischer Oberherrschaft stehe." Eine bessere Einleitung zu unserer dänischen Reise konnten wir wohl nicht finden, als diesen Beitrag zur Lächerlichkeit der Nationalitäts-Eifersüchtelei unter deutschen Landsleuten für eine wahrhaft deutsche Sache. Gott besser's.

Ein Beweis der bitter feindlichen Stimmung der Dänen gegen Deutschland tritt dem Fremden schon bei der Ankunft in Kopenhagen auffallend entgegen. Während vor einigen Jahren, bei meiner letzten Anwesenheit daselbst, alle Aufschriften, Bilder, Bekanntmachungen ꝛc. in dänischer und deutscher Sprache abgefaßt waren, sind letztere spurlos verschwunden. Es überfällt uns ein sonderbar unheimliches Gefühl, mit dem ersten Schritt in ein fremdes Land von den heimathlichen Lauten so ganz und gar abgeschnitten zu sein. Selbst der Gang der Züge auf der Eisenbahn ja selbst die Speisekarte in den deutschen Hôtels, ist dänisch abgefaßt. Natürlich begünstigt die Regierung diesen Deutschenhaß auf das Allerwärmste und mit beinahe kindischem Eifer, wofür die „Feier des Sieges bei Idstedt," der wir beiwohnten, und auf welche ich später zurückkommen werde, einen recht auffallenden Beleg abgab. Offenbar aber lauert hinter dieser so ostensibel zur Schau getragenen Abneigung die Furcht vor „deutschen Hieben" und vor dem, was die nächste Zeit verhängnißvoll bringen könnte.

Die Hauptsache, warum ich nach Kopenhagen gekommen und warum ich meine Freunde zu diesem Ausflug gepreßt hatte, war die Beobachtung des Volkslebens, welches sich in voller Naturwüchsigkeit fast nur hier allein noch vorfindet, wenigstens in Deutschland nichts, auch nur annähernd Aehnliches aufzuweisen hat. Die reizende Lage der dänischen Hauptstadt, die reiche Sammlung von Kunstwerken, die selbe ihrem edelsten Sohne, dem großen Thorwaldsen, dankt, ist bereits in zahllosen Reisewerken genügend geschildert worden, wenden wir daher unsere Schritte diesmal zuerst zu dem A und O eines jeden richtigen Kopenhageners, zu dem großartigen

Tivoli.

Nirgend existirt, sowohl in der Anlage, als in der Ausführung, ein ähnliches Etablissement. Alle nur denkbaren Bedingungen für ein Vergnügungslokal für alle Klassen der Bevölkerung sind hier vereinigt und gelöst. Als der geniale Carstenson, auf welchen wir später zurückkommen werden, dem Ministerium den Plan zu diesem Unternehmen vorlegte, überließ die Regierung der Aktiengesellschaft, die sich zur Realisirung desselben gebildet hatte, den prachtvollen Platz hierzu, der ein Kapital von mindestens einer halben Million repräsentirt, auf unbestimmte Zeit unentgeltlich, indem die Gemeinnützigkeit der Idee klar auf der Hand lag. Wollte das Ministerium den Platz heute zurück, oder bezahlt verlangen, so wäre der Sturz desselben, ja eine Revolution die unabänderliche Folge. Wer den Kopenhagener und sein Tivoli kennt, der wird diese Behauptung nicht für übertrieben halten. Reich und

Arm, Hoch und Niedrig, Jung und Alt hat das Tivoli
in's Herz geschlossen, jeder Kopenhagener, ich behaupte
Jeder, ohne Ausnahme, besucht sein liebes Tivoli die
Woche ein oder zwei Mal, und an Sonntagen gleicht
der Zug dahin in Wahrheit einer Völkerwanderung.

Worin liegt dieser Zauber, der alle Welt anzieht?
Zuerst in der ungemeinen Billigkeit, die den Platz für
Jedermann zugänglich macht, eine Billigkeit, die,
eben nur dadurch ermöglicht wird, daß Grund und
Boden nicht verzinst zu werden braucht.

Das Entrée beträgt pro Person 1 Mark = 3½ Sgr.
Wolle mir der freundliche Leser folgen und mit mir
sehen, was ihm für seine 3½ Silbergroschen geboten wird.

Um den Weg brauchen wir uns nicht zu erkundi-
gen, zahlreiche Fußgänger und fortwährend ab und zu
fahrende Omnibuswagen führen uns ohne Frage die
kurze Strecke vor das Westerthor, wo das geschmack-
volle Eingangsgitter, beim Einbruch der Dunkelheit
mit unzähligen reizend gruppirten farbigen Lampen
beleuchtet, uns sofort in die Augen fällt.

Ein stets zahlreiches, aus allen Ständen bestehen-
des Publikum durchschwärmt bereits fröhlich die aus-
gedehnten großartigen Anlagen. An Sonntagen werden z. B. zwölf bis vierzehntausend Billets ausgege-
ben, die Aktiengesellschaft, als Eigenthümerin des Etablissements, ist dadurch im Stande, trotz des winzigen

Eintrittspreises, auch in diesem Jahre den Theilhabern eine Dividende von zehn Procent zu bezahlen. Be= sehen wir uns das stets wechselnde Programm einer Vorstellung im Tivoli.

1) Um 5 Uhr beginnt unter Leitung des bekannten Componisten E. Lumbye in dem reizend arrangirten großen Musiksaal ein großes Concert, wobei derselbe ein Schlachtgemälde „unter Accompagnement von Ka= nonenschlägen, Musketensalven, Horn=, Trommel= und Trompetensignalen" zum ersten Mal executiren läßt. 2) und 3) Auf dem Theater im Freien folgen die Pro= ductionen der Geschwister Cotrelly und im offenen Circus jene des bekannten Kunstreiters Loisset mit seiner Gesellschaft. 4) Im geschlossenen Circus zeigt Professor Förster aus London großartige Nebelbilder. 5) Komische Pantomime auf dem Theater, unter Mit= wirkung der Geschwister Osmond, worin der ungemein beliebte, und in seiner Art auch treffliche Pierrot=Dar= steller Herr Volkerson mitwirkt. 6) Eine Seiltänzer= Gesellschaft zeigt ihre Kunststücke. 7) Lebende Bilder. 8) Tombola. 9) Vorstellung des Kunstreiters Loisset im geschlossenen Circus. 10) Großartiges Feuerwerk. 11) Auf der sogenannten Insel und in den vielen Re= staurationslokalen sind fortwährend Concerte und Vor= träge von deutschen, schwedischen und dänischen Volks= sängergesellschaften.

Die Anlage ist mit geschmackvollen Blumengruppen,

9*

Irrgärten, riesigen Lauben, Statuen 2c. und unzähligen
Volksbelustigungen versehen, Caroussel, Kraftmesser,
Menagerien, eine Rutschbahn im größten Maßstabe,
Kegelbahnen mit künstlichen Ueberraschungen für den
Sieger, Schießstände, Bazare 2c. stoßen dem Beschauer
fast bei jedem Schritte auf, große und kleine Speise=
und Erfrischungslokale laden den Müden und Dursti=
gen zu trefflicher Naturalverpflegung bei billigen, von
der Direktion*) streng normirten Preisen ein; unter
Ab= und Zuströmen der Menge, im bunten Wechsel
der fortwährend sich ablösenden Unterhaltungen bleibt
die Schaulust bis Mitternacht rege, wo die Massen
dicht gedrängt und froh bewegt nach Hause eilen.

Kein Mann Polizei wird in den weiten Räumen
sichtbar, jede Rohheit, jede Unanständigkeit, würde je
eine solche hier gewagt werden, würde sofort an jedem
der Anwesenden einen strengen Richter finden, ehe die
Behörde Zeit hätte, sich in's Mittel zu legen.

Nach diesen einfachen Umrissen wird es der freund=
liche Leser wohl begreiflich finden, daß den Fremden
sofort die Frage empfängt: Waren Sie schon in un=
serm Tivoli? und daß der echte Kopenhagener den
Tag für verloren ansieht, an dem er verhindert ist,
sein geliebtes Tivoli zu besuchen. Es war daher ein
mehr als kühnes Wagniß, als Carstenson, der Gründer

---

*) Die Direktion besteht stets aus einem Beamten, einem
geachteten, intelligenten Bürger und einem namhaften Schriftsteller.

desselben, mit dem Plane hervorrückte, seiner Schöpfung
eine Nebenbuhlerin zu schaffen, die dieselbe noch über=
flügeln soll.

Carstenson ist für die Vergnügungen der Kopen=
hagener das, was Thorwaldsen für den künstlerischen
Ruf der Hauptstadt ist. Wir wollen daher in flüchti=
gen Umrissen die Laufbahn dieses genialen Abenteurer's
zu zeichnen suchen. Nach einem bewegten Leben als
ehemaliger Offizier der Fremdenlegion von Algier in
seine Vaterstadt zurückgekehrt, entwarf er, ein geboren=
ner, nicht gelehrter Architekt, die Pläne zum Tivoli
in allen Details, und rief selbe auf Rechnung einer
von ihm gegründeten Aktiengesellschaft in's Leben. Es
wurde ihm ein so namhafter Antheil am Gewinn zu=
gesichert, daß er sich ruhig hätte in seiner Heimath
niederlassen und seiner Schöpfung freuen können. Aber
Ruhe lag nicht im Charakter Carstenson's. Nachdem
unter seiner Leitung das ungemein beliebte und an
Zweckmäßigkeit und Genialität der Anlage unübertrof=
fene Casinotheater ebenfalls auf Aktien gebaut wurde,
ließ sich unser Carstenson seinen Antheil an den beiden
Unternehmen mit einer namhaften Summe abkaufen
und ging nach — New=York, um mit einem Compag=
non den dortigen Industriepalast für die Ausstellung
zu bauen. Die Speculation schlug fehl, das große
Unternehmen rentirte nicht, und Carstenson kehrte nach
zwei Jahren von Amerika ebenso arm und mittellos

nach Kopenhagen zurück, als er von Algier dahin ge=
kommen war.

Mit der ihm eigenen Genialität entwarf er nun
den Plan zur Alhambra, welche das Tivoli über=
flügeln sollte. In wenig Wochen war das nöthige
Kapital dazu, abermals durch Actionäre, aufgebracht
und der Bau in Angriff genommen. Mit fieberhafter
Hast trieb Carstenson zur Vollendung, die er nicht
mehr schauen sollte, denn kurz vor Beendigung des
Baues starb er, arm und körperlich wie pecuniär rui=
nirt, und das Geschick seiner Famile der öffentlichen
Wohlthätigkeit überlassend, welche sich auch an dersel=
ben in glänzender Weise bewährte. Während er ein
großes Vermögen hätte hinterlassen können, versplit=
terte er dasselbe in der Manie, sich fortwährend neue,
feenhaft dekorirte Wohnungen zu arrangiren. Kaum
war mit enormen Kosten eine Idee ausgeführt und er
in die prachtvollen Räume eines neuen Hauses einge=
zogen, so widerte seine stets arbeitende Phantasie das
originelle Einerlei seiner Schöpfung an, die reiche Aus=
stattung wurde mit außerordentlichen Verlusten ver=
kauft und eine neue Einrichtung erfunden; ähnlich wie
Alexander Dumas verschleuderte er die reichen Früchte
seiner Arbeit in phantastischen Entwürfen und ruhe=
losem Schaffen genialer Projecte.

Das Hauptgebäude (Theater und Concertsaal) der
Alhambra ist beides in maurischem Styl erbaut. Das

Theater enthält in amphitheatralischer Form über 2000 bequeme Sitzplätze, die hohen Bogenfenster von farbigem Glas machen einen imposanten Effect. Statt des in Schauspielhäusern gewöhnlichen Kronleuchters im Zuschauerraume entzündet sich hier im Zwischenact plötzlich eine aus unzähligen dicht an einander gedrängten Gasflammen bestehende und unter einem concaven Glasbehälter befindliche Sonne, deren Licht sich, durch Reverberen vervielfältigt, über das Auditorium tageshell ergießt und mit dem Beginn der Vorstellung wieder erlischt. Es ist dies eine ganz vortreffliche, zweckmäßige und wahrhaft überraschende Neuerung, deren Einführung an allen deutschen Bühnen zu wünschen wäre.

Schreiber dieses wohnte in der Alhambra — am 25. Juli — dem Siegesfest der Schlacht bei Idstedt bei, bei dem freilich der Wille, die Festlichkeit recht großartig zu gestatten, eben so wie im Tivoli, weit hinter der Ausführung zurückblieb und wie eine kindische Ostentation aussah. Schon den ganzen Tag lief eine Bande in schlechte Uniformen gekleideter Jungen trommelnd durch die Straßen der Stadt. Ich habe nicht erfahren können, ob diese bettelhafte Militairkleidung irgend einem Institut angehört oder blos als Maskerade zur Feier des Tages dienen sollte. Auch an den öffentlichen Belustigungsorten fand ich diese jugendlichen Lärmmacher wieder in voller Thätig=

keit. Das Fest eröffnete ein Schlachtgesang, in Begleitung von 24 Kanonenschlägen. Drei Lustspiele
mit Gesang, von denen ich, der dänischen Sprache
nicht mächtig, nichts verstand, als das dieselbe recht man-
gelhaft aufgeführt wurden, lebende Bilder auf dem
Theater im Garten unter Gottes blauem Himmel von
der Gesellschaft eines Herrn Alfonso und „dessen Damen"
ausgeführt, wobei fleischfarbene Tricots die Hauptrolle
spielten, großes Concert mit einem neuen Tongemälde:
„Die Schlacht bei Idstedt," ein ziemlich wilder Tanz
einer bildhübschen Künstlerin, Frl. Louise Hélin, die
Pantomime: „Pierot als Barbier" und ein von hundert Soldaten ausgeführtes Schlachttableau unter
Feuerwerksbegleitung, das waren so ziemlich die In-
gredienzen zur mageren Siegesfeier. Das zahlreich
versammelte Publikum verhielt sich leidlich passiv und
gab dem Schreiber dieser Zeilen auch hier Gelegenheit,
den Takt zu bewundern, mit welchem in Kopenhagen
sich die Menge bei Massenversammlungen aus allen
Ständen benimmt. Nicht die geringste Störung fällt
vor, Alles bewegt sich froh durcheinander und vergnügt
sich harmlos an dem Gebotenen. In Berlin würde —
leider muß dies ausgesprochen sein — ein öffentlicher
Vergnügungsort für alle Klassen der Gesellschaft mit
einem so geringen Eintrittspreis ohne Erceß nicht
denkbar sein. Freilich zeichnet sich der Berliner Pöbel

an Rohheit vor dem der anderen deutschen Hauptstädte
auf traurige Weise aus.

Uebrigens liegen die jetzigen Leiter der Alhambra
und die Aktionäre des Instituts nicht auf Rosen. Das
Lokal konnte nur ein Jahr, durch den Reiz der Neu=
heit getragen, der gewaltigen Concurrenz des Tivoli
widerstehen, schon im nächsten Monat wird dasselbe
unter dem Subhastationshammer dem Meistbietenden
zugeschlagen werden, ob es dann unter tüchtigerer Lei=
tung als die jetzige, allerdings sehr mangelhafte und
einseitige, sich wird halten können, bleibe dahingestellt.
Nach dem Westerthore hinaus schließt sich ein Vergnü=
gungslokal, eine Schaustellung an die andere an — ich
erwähne als Curiosum „die Mumie der Pastrana;" —
die prachtvollsten Gärten für Biertrinker mit eleganten
Salons reihen sich an einander, und an allen diesen
Bauten ist der Einfluß der originellen Carstenson'schen
Architektur unverkennbar.

Auch das Seebad Marienlyst cultivirten in neue=
ster Zeit durch Aufstellung einer Masse von Schaubu=
den, Restaurationen mit Tanzböden und Sängergesell=
schaften die Lust an öffentlichen Unterhaltungen. Dies
Unternehmen ist ebenfalls durch eine Aktiengesellschaft
in's Leben gerufen und durch Schenkung des pracht=
vollsten und ausgedehntesten Waldbodens, in Berück=
sichtigung des gemeinnützigen Zweckes, vom Ministerium
auf's Humanste unterstützt worden.

Einen lohnenderen Ausflug, als den nach Helsin-
gör *) über Marienlyst und zurück durch den Thiergarten kann man sich nicht denken. Für Personen
von etwas lebhafter Phantasie wird am ersteren Ort
auch die Hamletterasse, auf welcher Shakespeare den
Geist des Dänenkönigs erscheinen läßt, und Hamlet's
Grab Interesse haben. Letzteres wird auf einer kleinen
Wiese des Gasthausgartens gezeigt, ist mit einem ab-
gerundeten, sehr roh gearbeiteten Säulenstumpf ver-
ziert und läßt der Einbildungskraft des Beschauers den
ausgedehntesten Spielraum übrig. Für Personen,
welche auch die 3½ Sgr. Entrée in's Tivoli oder Alhambra nicht auftreiben können, bieten die Volksfeste
im Thiergarten während zwei Monaten (Juni und
Juli) den ausgedehntesten Unterhaltungsstoff. Bekanntlich zeichnet sich der Thiergarten durch seinen riesigen
Baumwuchs und seine wunderbar schönen Anlagen
aus. Während nun die glücklich situirte Minderheit
in ihren Equipagen auf und ab stolzirend, ihr liebes

*) Das Dampfboot fährt dahin durch den Hafen, mitten
durch die halbvermoderte dänische Kriegsflotte, von der ein Schiff
im Jahre 1848 den ganzen Ostseehandel darniederstreckte. Schreiber dieses sah diesen Popanz, auf einer Reise nach Petersburg auf
dem russischen Dampfboot Wladimir, drohend vor Swinemünde
liegen und vor dem russischen Adler salutiren. Möge jeder Deutsche,
der dieses Namens werth ist, jetzt nach Kräften sein Scherflein
zur Bildung einer deutschen Flotte, zur Abwendung ähnlicher
Schmach, beitragen.

„Ich" die Allee entlang zur Schau führen läßt, treibt
sich die Menge auf den von prachtvollen Buchen
eingeschlossenen Wiesen herum, wo zahllose Zelte, Bu=
den mit Erfrischungen, Gauklerbanden, Seiltänzer,
Taschenspieler, Caroussels, Feuerfresser 2c. 2c. für den
Preis von einem Skilling = 3 Pfennige — zum Be=
suche einladen. Hier geht es, namentlich an Sonn=
und Festtagen, toll und lustig zu, und hier sollen sich
allerdings, um mit dem Herzog Heinrich von Reuß=
Schleiz=Lobenstein zu sprechen, mit einbrechender Dun=
kelheit die Begriffe von „Anständig" und „Unanständig"
etwas zu verwirren anfangen. Nichts desto weniger
hört aber auch dann die Gemüthlichkeit nicht auf, und
rohe Aeußerungen von Betrunkenheit, Scandal und
wüsten Lärm, wie bei ähnlichen Gelegenheiten in gro=
ßen Städten unvermeidlich, wird der Fremde hier ver=
gebens suchen. Welch' ein Contrast zwischen den ekel=
haften Orgien des Hamburger Berges und dem frohen
Volkstreiben in Kopenhagen! Worin liegt der Unter=
schied? Die Regierung unterstützt an letzterem Ort
die Unternehmer öffentlicher Vergnügungslokale in jeder
denkbaren Weise und ermöglicht es denselben, diese durch sehr
geringe Eintrittspreise für alle Klassen zugleich zu öffnen,
während die schweren Lasten, die in Deutschland auf
derartigen Etablissements ruhen, dies geradezu unmög=
lich machen. Wäre in Wien, Hamburg oder Berlin
das Zustandekommen eines Institutes, wie das Kopen=

hagener Tivoli, unter ähnlichen Bedingungen denkbar,
so würde dem Volke eine wahre Wohlthat erwiesen
werden, die sogenannten kleinen Leute würden ihre paar
Pfennige nicht mehr den Schnapsbuden zutragen, son=
dern nach und nach Sinn für anständigere Vergnü=
gungen finden, das Zusammentreffen mit Gebildeteren
würde nicht ohne Einfluß bleiben, und viele Rohheiten
würden verschwinden, die uns jetzt mit Indignation
erfüllen. Darauf hinzudeuten, ist der Zweck dieser
Zeilen; möge derselbe kein verlorener sein!

Der arme Josy.*)

Die ewige Wanderlust, welche mich in früheren
Jahren noch mehr als jetzt beherrschte, obwohl mich
bis zur Stunde manchmal meine tolle Ahasver=Laune
Jahre lang von Land zu Land hetzt, ließ mich unter
den gebotenen Engagements=Anträgen immer den wäh=

---

*) Erschien vor Jahren in dem „Tagebuch des alten Komö=
dianten" desselben Verfassers, in Leipzig bei Otto Wigand, wurde
damals in fast alle modernen Sprachen übersetzt, und der Stoff
auch zu einem Drama benutzt. Da das Buch vergriffen ist, so
dürfte der Wiederabdruck mit Erlaubniß des ersten Verlegers wohl
gerechtfertigt erscheinen. Der Verleger.

len, der die weiteste und mühseligste Reise bedingte.
So hielt ich es für ein großes Glück, im zweiten Jahre
meiner theatralischen Laufbahn einen Ruf an das Theater in Agram zu erhalten. Agram, die Hauptstadt
Croatiens, so nahe der türkischen Grenze, welch' eine
reiche Aussicht auf neue Erfahrungen, auf nie Gesehe-
nes, welch ein Sporn für den feurigen Kunstjünger
zur freudigen Zusage! Ein vorher zugesagtes Gastspiel
in Laibach gab mir Hoffnung, durch einen nicht über-
großen Umweg nebst meinen Reisespesen bei Sparsamkeit so viel zu erübrigen, um meiner Sehnsucht, Triest
und Venedig zu sehen, Erfüllung prophezeien zu können.

Das Gastspiel in Laibach war nach Wunsch ausgefallen; die erübrigte, für meine damaligen Verhältnisse enorme Summe von 80 Fl. C.-M. war bis auf
einen kleinen, kleinen Rest gegen die Seligkeit des An-
schauens der beiden Wunderstädte Oberitaliens und
ihrer Herrlichkeiten zu Meer und Land eingetauscht worden; und der, wie gesagt, sehr zu Neige gehende Bestand meiner Börse forderte mich, bei meiner Rückkunft
nach Laibach, dringend zur äußersten Sparsamkeit auf,
wenn ich anders das Ziel meiner Reise, mein Agram
— das damals meine Phantasie zu einem Bilde gestaltet
hatte, wie ich mir jetzt ungefähr Alexandrien oder Kairo
denke, — wenn ich also dies mein Mekka, und zugleich
mit dem Einzug in dies Asyl die ferneren Existenz-
Mittel erreichen wollte.

Von meiner künftigen Direction hatte ich den freundlichen Auftrag erhalten, bei dem laibacher Musiklehrer Maschek eine Violine abzuholen, und derselben bis Agram ein Plätzchen in meinem Wagen gefälligst zu gönnen. — Der gute Zwonizek — so lautete der verhängnißvolle Name meines künftigen Directors — hatte keine Ahnung davon, daß ich im sträflichen und doch so verzeihlichen Leichtsinne mein Reisegeld auf dem adriatischen Meere, in der Adelsberger Grotte und auf dem theuern Pflaster Triests verlustirt hatte und daher gezwungen war, mich auf der langweiligen Straße von Laibach nach Agram meinen eigenen gesunden Füßen und den Transport meiner kleinen Habseligkeiten meinem breiten Rücken anzuvertrauen. Nichts desto weniger war mir der Auftrag meines künftigen Gebieters heilig; so wurde denn die mir anvertraute Violine auf das nette, schlanke Ränzlein geschnallt, und mit einem tüchtigen Stock in der Hand wanderte ich, einem fahrenden, d. h. zu Fuße fahrenden Schüler nicht unähnlich, an einem schönen Sommermorgen hinaus in die frische, grüne, unbekannte Gotteswelt. Wenn Salz und Brod wirklich die Wangen roth macht, so muß ich in diesen Tagen sehr blühend ausgesehen haben.

So schritt ich munter vorwärts an den romantischen Ufern der Save (hier sehr unpoetisch Sau genannt) und ergötzte mich im Anschauen der herrlichen Gegend, die in feierlicher Einsamkeit vor mir ausge-

breitet lag, — eine Eigenschaft, die nur zu bald ver=
derbenbringend für mich werden sollte. Mir linker
Hand das stille Flüßchen, an dessen jenseitigem Ufer
in weiter Ferne ein Kloster sichtbar wurde; rechts eine
wunderschöne Anhöhe, an welche sich ein ziemlich großes
Gehölz anlehnte. Alles zusammen gewährte einen rei=
zenden Ueberblick. In übermüthiger Fröhlichkeit ließ
ich eben zu meinem Privatvergnügen einige österreichische
„Gsangeln“ ertönen, als ich von der Höhe herab drei
Männer auf mich zueilen sah, deren wildes und un=
heimliches Aussehen mir das Zusammentreffen mit ihnen
nicht sehr wünschenswerth erscheinen ließ. Alle drei hatten
sogenannte Bundas über dem groben Hemde hangen,
welches vorn offen die gebräunte, mächtig behaarte Brust
sehen ließ und über den weiten Leinenbeinkleidern durch
einen Ledergurt in der Mitte zusammen gehalten wurde.
Ueber der wildbärtigen Galgen=Physiognomie trug
der Eine einen ungarischen Kalpak und die beiden
Andern Mützen aus Lammfellen, nach Art der croa=
tischen Bauern. Mit schwacher Phantasie konnte man
sich doch bei dem Anblicke dieser harmlosen Buschbewoh=
ner der Erinnerung an italienische Banditen nicht er=
wehren; denn wenn auch Dolch und Pistolen fehlten,
so ersetzten doch tüchtige Knüttel, ein kurzes Feuer=
gewehr und eine Art Beil (Tschakan) diesen Mangel
hinlänglich. Die Art der Begrüßung ließ auch keinen
Zweifel über die Absicht der Ehrenmänner mehr obwalten.

War beim ersten Blick auf die Herrschaften der
laute Schall meiner Stimme im Vortrage meiner hei=
mischen Volksgesänge zum unbedeutenden Flüstern her=
abgesunken, so blieb mir bei dem tobenden Geschrei,
mit dem die Natursöhne über mich, den Einzelnen,
Unbewaffneten, herfielen, ein halbes „G'stanzl" förmlich
in der Kehle stecken. — Da sie mir die Unkenntniß
ihrer Landessprache wohl ansehen mochten, so waren die
gutmüthigen Menschen freundlich beflissen, dafür zu
sorgen, daß durch die ausdrucksvollste Mimik, womit
sie die mir unverständlichen Laute begleiteten, kein Zwei=
fel mehr über die zarte Absicht ihres Entgegenkommens
übrig blieb. Zwei von der Gesellschaft waren sogleich
so artig, mich der Last meines Ränzels sammt der frem=
den Violine zu überheben, und der Dritte untersuchte
mit großer Fingerfertigkeit meine Taschen, aus deren
Bereich die silberne Uhr und die wenigen Groschen,
die ich mein nannte, schnell in den dunklen Schlund
eines Schnappsackes, worin der Gute wahrscheinlich
Nachtwäsche und Frisirkämme tragen mochte, verschwun=
den waren. Natürlich glaubte ich, die Sache wäre zu
Ende, und froh, mit heiler Haut davon gekommen zu
sein, zog ich freundlich den Hut und wünschte den Her=
ren glückliche Reise; zu meinem Erstaunen aber ent=
wickelte der Bärtige plötzlich bedeutende linguistische
Kenntnisse und fing an, obgleich mit starken Anklän=

gen eines fremden Idioms, sich mit mir in meiner Muttersprache zu unterhalten.

„Nix da furtgehen, Schwab verfluchter," redete er mir liebreich zu, „Du mußt haben noch Geld!" Auf die heilige Versicherung, daß meine sämmtlichen Capitalien bereits in seinen Händen wären, befahl er mir, die Stiefel auszuziehen. Vor Zorn bebend, stand ich einen Augenblick unentschlossen, jedoch der erhobene Stock mit dem blanken Beile und die grimmige Miene des Kerls, der mir wohl aussah, als käme es ihm gleich Körner's Banditenhauptmann „auf einen kleinen Mord nicht an," die beiden andern Kerls, wovon der eine das Eingeweide meines Felleisens bereits ans Licht des Tages gefördert, und der andere arglos mit einem Feuergewehr spielte, gaben eine so reizende Staffage zu dem Bilde, daß ich nothgedrungen gehorchte, innerlich mein agramer Engagement, den näheren schönen Fußsteig, den ich auf Anrathen meines laibacher Wirthes eingeschlagen, und vor Allem die italienische Reise verwünschend, die mir die Mittel raubte, in bequemer Kutsche stolzirend allen auf Seitenwegen lauernden Buschkleppern ein Schnippchen zu schlagen.

Die Fußbekleidung lag neben mir im Grase, und während mein linguistischer Freund vor mir kauernd dieselbe gierig untersuchte, kam mir das unsinnige Gelüste an, ob meine Hand stark genug wäre, seine Kehle zuzuschnüren. Gleich als sollte diesem lieblosen Vorsatz

10

auf der Stelle die Strafe folgen, erhob der Gauner, getäuscht in seiner Erwartung Geld zu finden, mit grimmigem Blicke das verkehrte Beil und versetzte mir mit dem Stock desselben einen gewaltigen Hieb über den Schädel; das warme Blut rieselte mir über das Gesicht und über die Hände herab, mit denen ich die Wunde zu decken suchte. Ich trage als Andenken an jene Höllen= stunde noch immer eine ziemlich tiefe Narbe am Kopfe.

Was ich im ersten Augenblick des Schlages em= pfunden, weiß ich nicht — nur so viel kann ich mich erinnern, daß ich keinen eigentlichen Schmerz fühlte und beim Anblick meiner blutigen Hände im Stillen meine Rechnung mit dem Himmel schloß, jeden Augen= blick erwartend, daß mir der Spießgeselle des Gauners seine Kugel durch den Leib jagen würde. So wie je= doch vom Erhabenen zum Lächerlichen nur ein Schritt, so auch vom Entsetzlichen zum Komischen; denn beinahe wäre mir in meiner verzweiflungsvollen Lage das Lachen angekommen, als mir mein Peiniger nach kurzer Pause befahl, das Blut abzuwaschen und hernach — er deutete gebieterisch auf die am Boden liegende Geige — einen Ungarischen aufzuspielen.

Man denke sich meine Lage! Beraubt bis auf den letzten Deut, mit blutendem Kopfe und grimmigem Herzen sollte ich meinen Todfeinden ungarische Tänze vorgeigen — abgesehen davon, daß ich vom Violin= spiele so viel verstehe, wie von der chinesischen Sprache.

Eine Art von verzweiflungsvollem Heldenmuthe kam
über mich: ich erklärte wuthentbrannt, man solle mich
tödten, ich könne und wolle nicht zum Tanze aufspielen;
ich sprudelte dem Linguisten eine ganze Reihe Schimpf-
worte ins Gesicht, die Wirkung meiner Kühnheit mit
hoffnungsloser Resignation erwartend. Zu meinem Erstaunen aber packte das saubere Kleeblatt nach kurzem
Wortwechsel in illyrischer Sprache meine Effecten auf,
maß mich mit verächtlichem Achselzucken und verschwand
alsbald im Dunkel des nahen Gehölzes.

Da stand ich nun in der ersehnten romantischen
Gegend allein, ausgeplündert, barfuß, geld- und ob-
dachlos, die blutigen Locken reinigend an den reizenden
Ufern der Save, nach meiner Berechnung zwei Stunden
entfernt von jeder Menschenwohnung.

Im nächsten Orte angekommen, ließ mein erbar-
menswerther Zustand bei dem Gastwirthe keinen Zweifel
über die Wahrheit meiner Erzählung in Bezug auf
meine Beraubung aufkommen, um so weniger, als die
Unsicherheit der Gegend den Bewohnern des Fleckens
leider nur zu bekannt war. Der ehrliche Kneipier gewann mich lieb und vertraute mir nicht nur die paar
Gulden zur Fortsetzung meiner Reise an, sondern em-
pfahl mich auch einem Weinhändler, welchen seine Be-
rufsgeschäfte zwei Tage später in die Hauptstadt Croatiens führten, und der mir mit gutmüthiger Freundlich-
keit einen Platz in seinem Wägelchen anbot. Ich

übergebe hiermit die Namen meiner damaligen Wohl=
thäter feierlichſt der Unſterblichkeit: der Gaſtgeber —
war, ich will ſogar hoffen, iſt noch — ein Krainer, und
heißt oder hieß Kirſchhofer, und der Weinhändler
Demeter.

In Bezug auf Agram ſelbſt hatte mich meine
Phantaſie nicht getäuſcht; keine civiliſirte Stadt hat eine
ſolche Reihe auffallender Stadt=Erſcheinungen aufzu=
weiſen; die croatiſchen Volksfeſte (welchen ich einmal
einen eigenen Aufſatz zu widmen denke), die dortigen
Sitten und Gebräuche ſind ſo originell und intereſſant,
daß ich in reger Bewunderung dieſer auffallenden Er=
ſcheinungen mein trauriges Abenteuer auf der Hinreiſe
raſch vergeſſen hätte, wenn nicht der Umſtand, daß die
Sicherheit der Hauptſtadt — ich ſpreche vom Jahre 1833
— nicht viel größer ſchien, als die der Landſtraße, mir
die fatale Begebenheit wieder friſch ins Gedächtniß
gerufen hätte.

Kein Tag und vollends keine Nacht verging, ohne
daß irgend ein friedlicher Bewohner beraubt und be=
ſtohlen worden wäre; ja, der Unfug und die Frechheit
des Raubgeſindels nahm auf ſo furchtbar beunruhigende
Weiſe überhand, daß ſich die Behörde zu einer der ſelt=
ſamſten Maßregeln gezwungen ſah. Es wurde nämlich
bei Trommelſchlag die Verordnung verkündet, welche
dem Bürger Agrams das Recht gab, auf jeden, Abends
nach acht Uhr in ſeine Wohnung Dringenden, ſcharf zu

schießen, wenn ihm derselbe auf dreimaligen Anruf die Antwort schuldig geblieben.

Ein Büchsenmacher auf der sogenannten Harmitzen — einer Vorstadt Agrams — machte von diesem wunderlichen Privilegium auch schon in der ersten Nacht nach der Publication Gebrauch, und schoß einen Kerl bei dem Versuche, durch sein Fenster einzusteigen, mitten durch das Herz. Die Leiche des Getödteten blieb den folgenden Tag in derselben Lage, in der ihn die verhängnißvolle Kugel niedergestreckt, zur Schau liegen, und die zahlreich zuströmenden Neugierigen beschenkten den wackeren Schützen reichlich. Der Getroffene hatte freilich sein Schicksal wohl verdient; denn er war, wie sich später auswies, ein ausgelernter Galgencandidat, welcher bereits im „Schlößlein Munkatzs" Festungsstrafen überstanden hatte, und hier so unverhofft vom Walten des unbeugsamen Fatums ereilt worden war; allein man schaudert, wenn man bedenkt, welches Unglück Willkür und Mißverständniß durch einen so seltsamen Polizeibefehl hervorrufen konnte.

Ich meines Theils habe den ganzen Vorfall nur erwähnt, weil ich — durch Neugier ebenfalls zu dem sonderbaren Schauspiel getrieben — in dem in seinem Berufe Gefallenen mit Erstaunen die irdischen Reste meines sprachkundigen Räubers erkannte, dem ich noch vor wenig Tagen so frisch und wohlgemuth auf seiner Geschäftsreise in Feld und Wald begegnet war, und den wohl die Lust — einen Ungarischen aufspielen zu hören und nebenbei ein kleines Verdienstchen zu suchen, nach Agram getrieben hatte. Sein treuer „Tschakan", an welchem, sofern mich meine lebendige Phantasie nicht getäuscht, noch mein Blut klebte, lag neben ihm.

Ich hatte mich bereits an meine neuen Verhältnisse gewöhnt, einen fröhlichen Kreis gleichgestimmter Freunde jeden Abend im Gasthaus zur Krone um mich versammelt, und manch' lustiger Schwank wurde hier besprochen und ausgeführt, manche Stunde verflog hier pfeilschnell, im frischen, anregenden Gespräche in Ernst und Scherz. Mein täglicher Tischnachbar war ein würdiger, alter, aber etwas schweigsamer Offizier, Hauptmann B., der sich mir jedoch freundlich genähert, und dem ich manche interessante Mittheilung aus seinem vielbewegten Leben verdanke.

Seit sechszehn Jahren fand sich hier nach der Tischzeit ein armer Blödsinniger ein, dessen stiller und unschädlicher Wahnsinn den jüngern und leichtsinnigen Tafelgenossen manchen Stoff zu verwerflicher Belustigung bot. Besonderes Vergnügen fanden die jungen Leute an der ihm, gleich vielen Irrsinnigen eigenen Lust, zu tanzen; denn auf das Commando „Josy (sprich: Joschy), tanze schön, hier ist ein Groschen," fing er sogleich an, sich nach einer von ihm gesummten eintönigen Melodie im Kreise zu drehen, erst langsam, dann immer schneller, bis die Erschöpfung ihn zum

Stillstande zwang und der Arme, sich mit der ver=
kehrten Hand den Schweiß abtrocknend, ein ihm dar=
gereichtes Glas Bier oder Wein hastig hinabstürzte, sich
mit stierem Lächeln und einer ungelenken Verbeugung
gegen die Gesellschaft entfernte, um im nächsten Gast=
hof dasselbe Spiel mit sich wiederholen zu lassen, bis
ihm ein wohlthätiger Rausch die Augen schloß. Schon
oft hatte ich mich gegen B. über die unzarte Art, mit
welcher man aller Orten mit dem Unglücklichen umging,
ausgesprochen, heute jedoch riß mich mein Gefühl hin,
und ich erklärte einem jungen Manne, der sich den
geistreichen Witz erlaubt hatte, den armen Josy mit
einem großen gemalten Schnurrbart fortzuschicken, rund
heraus, daß ich derlei Scherze roh und herzlos fände.
Mein Gegner meinte, mein Moralpredigen sei lächerlich,
der dumme Cretin habe kein Gefühl für meine „zarten“
Rücksichten und sei seit sechszehn Jahren an ganz andere
Scherze gewöhnt. Ich wurde ebenfalls heftig und es
wäre vielleicht zu sehr ernsten Erörterungen gekommen,
hätte sich nicht der von Allen geachtete B. in's Mittel
gelegt.

„Meine Herren,“ sprach der würdige Krieger, „Sie
sind alle fremd und kennen die Ursache nicht, welche
den armen Josy zum Wahnsinn gebracht; erlauben
Sie mir, Sie mit derselben bekannt zu machen, und
ich bin überzeugt, Sie werden sämmtlich die Lust ver=
lieren, den Cretin, wie Sie ihn zu nennen belieben, in

Zukunft zu necken." Rasch hatten sich die Streitenden
in einen Kreis aufmerksam ruhiger Zuhörer verwandelt,
und B. begann:

„Der arme Josy, den Sie jetzt als bleiches Jammerbild verhöhnen, würde vor achtzehn Jahren Ihren
Spott wohl nicht so ungestraft hingenommen haben;
denn damals war er der schönste, aufgeweckteste und
frischeste Bursche in der ganzen hiesigen Garnison.
Dabei gutmüthig und rechtlich bis zum Excentrischen,
genoß er die ungetheilte Liebe und Achtung Aller, die
ihn kannten. Von seinen Vorgesetzten wurde er den
Cameraden im Regimente stets als Muster und Beispiel angeführt, ohne je den Neid derselben zu erregen,
die im Gegentheil mit einer Art von gerechtem Stolz
über die Auszeichnung erfüllt waren, mit welcher der
gute Josy überhäuft wurde. Mit beispielloser Freundschaft aber hing der treue Bursche an seinem Landsmann und Jugendgespielen Istvan (Ischtvan), der mit
ihm in einer Compagnie diente, mit dem er aufge-
wachsen, an den ihn jahrelanges Zusammensein, gleiche
Gewohnheiten und erwiderte Herzlichkeiten mit tausend
Banden fesselten. In einem hitzigen Nervenfieber hatte
Istvan den dankbaren Josy mit aufopfernder Bruder-
liebe gepflegt, dieser den etwas leichtsinnigen Kumpan
dagegen einmal vor einer bedeutenden Regimentsstrafe
gerettet, indem er dessen Vergehen auf sich nahm, und
sich der, in Betracht seines sonstigen exemplarischen

Wandels sehr gemilderten Buße freudig unterwarf; kurz,
es war ein Bund für die Ewigkeit, und um so rühren=
der, je seltener sich derlei zarte Anhänglichkeit bei solch'
kräftigen und starken, aber ungebildeten Naturen vor=
findet. Nach seinem Freunde war dem muntern und
hübschen Istvan seine Lisinka das theuerste Gut auf
dieser Erde. Bereits hatte er das Wort seines Haupt=
manns zur Heirathsbewilligung erhalten, und nächstens
sollte ihn der priesterliche Segen mit der schwarzäugigen,
bildschönen Dirne auf ewig vereinen — als ihm diese
einst unter heißen Thränen zu Füßen fiel und gestand,
sie könne nicht die Seine werden. Der Sohn ihrer
Herrschaft, der junge Graf K .... cy, ein bekannter
niedriger Wüstling, hatte durch alle Künste der Hölle
die Arme zum folgenreichen Falle gebracht.

„Der wüthende Schmerz des armen Burschen bei
dieser entsetzlichen Mittheilung läßt sich eher fühlen als
beschreiben; doch nach einigen Stunden des schneidend=
sten Jammers hatte dieser dem grimmigsten Rachedurst
in der Seele des heißblutigen und stolzen Croatenjüng=
lings Platz gemacht. — Am andern Morgen durchlief
eine entsetzliche Neuigkeit wie ein Lauffeuer die ganze
Stadt. Der junge Graf K .... cy war beim Heimkeh=
ren aus munterer Gesellschaft an der Thür seines Hau=
ses erschossen gefunden worden; der Thäter, ein gemei=
ner Soldat habe sich heute früh freiwillig vor das

Kriegsgericht gestellt und sein Verbrechen ohne Hehl gestanden. —

„Der peinliche Proceß nahm seinen Anfang, der vorsätzliche Mord lag klar am Tage; und wie viele Milderungsgründe auch für den Menschen vorlagen, das Gesetz konnte keinen anerkennen, sein tödtender Buchstabe sprach den Henkertod am Galgen über den ihm Verfallenen aus. Der unglückliche Josy hatte die Zwischenzeit in einer Art von stumpfsinniger Verzweiflung verlebt. Alle Versuche, den Freund zu sehen, zu sprechen, schlugen natürlich während der Dauer der Untersuchung fehl, und nur dem zum Tode Verurtheilten wurden zwei Bitten gewährt: erstens „von dem Jugendgespielen ohne Zeugen Abschied nehmen zu dürfen; zweitens diesen den Cameraden beigesellt zu sehen, welche ihn auf dem letzten schweren Gange zu escortiren die traurige Pflicht hatten." Was bei ihrem letzten Zusammensein von den Unglücklichen besprochen worden, welch' herzzerreißender Jammer den Abschied für's Leben begleitete, kann man nur vermuthen; denn als der Gefangenenwärter sie zur Trennung aufforderte, fand er Istvan gefaßt und ruhig und vernahm nur die verhängnißvollen Worte: „Gedenke Deines Schwures," welche er nach einem langen und heißen Bruderkusse dem sich verzweiflungsvoll losreißenden Josy zurief.

Die nächste Frühsonne beschien eine unabsehbare Menschenmenge, welche diesmal nicht rohe Neugierde,

sondern innige Theilnahme an dem traurigen Geschicke
des armen Istvan um den Morgenschlummer gebracht
hatte. Tausend Thränen aus schönen Augen flossen
dem hübschen Jünglinge nach, der mit heldenmüthiger
Fassung der ersehnten Erlösung aus seiner Schmerzens=
bahn entgegenging. Desto herzzerreißender war der
Anblick des armen Josy, der auf die ausdrückliche Bitte
seines der Gerechtigkeit anheim gefallenen Cameraden
der Mannschaft, welche diesen zum Hochgerichte zu be=
gleiten hatte, beigegeben war. Bei dem Anblick des, in
einen bleichen Märtyrer verwandelten Kriegers, erfüllte
das tiefste Mitleid jede Brust, und man mußte dem
Sterbenden grollen, der dem Vielgeprüften diese herbe
Pein nicht erspart hatte. —

Jetzt ist der Zug am Hochgerichte angekommen,
das Sterbeglöcklein schallt klagend durch die Lüfte, der
arme Sünder kniet im inbrünstigen Gebete unter dem
Galgen nieder, die letzte Absolution des ihn begleiten=
den Priesters empfangend, kein Auge bleibt thränenleer,
selbst der Henker, mit dem verhängnißvollen Stricke
nahend, scheint nur mit schwerem Herzen seine traurige
Pflicht zu erfüllen — da plötzlich knallt ein Schuß
durch die Luft, ein Schreckensschrei der entsetzten Menge
ertönt und lautlos stürzt Istvan mit zerschmetterter
Brust zu Boden. Die Kugel, welche ihm das Herz
durchbohrt, war von Freundes Hand gesandt — der
Schütze war Josy! Armer Josy!

„Der Henker war um seine Beute betrogen, der Freund starb ehrlichen Soldatentod durch Freundes Hand. Vor Schreck und Staunen erstarrt steht die Menschenmasse, man bemächtigt sich des Mörders, dessen Motive allen ein grauenvolles Räthsel waren, man drängt sich um die Leiche des Delinquenten; da zieht plötzlich ein neues, eben so unerwartetes Ereigniß die allgemeine Aufmerksamkeit auf sich. Von weiter Ferne her schallt ein dumpf anschwellendes Gemurmel, es dringt näher, es verwandelt sich in ein fröhliches Jubelgeschrei. Die Menge theilt sich, ein Reiter, auf schaumbedecktem Rosse, ein weißes Tuch schwenkend, naht mit Windeseile. „Pardon!" ruft das Volk, „Pardon für Istvan! Haltet ein!" Zu spät! — Istvan liegt todt am Boden —- Josy ohnmächtig neben seinem Opfer. Armer Josy! —

„Abermals ein peinlicher Proceß! Abermals ein Prozeß, der den Richtern wenig Mühe machte; denn Josy gestand im ersten Verhör, er habe dem Freunde beim Abschied einen heiligen Eid geleistet, ihn nicht den Tod der Schande am Galgen sterben zu lassen, sondern ihm durch seine Kugel Erlösung zu senden. Der Schwur habe ihn zum Mörder gemacht, er wisse, daß er den Tod verdient habe, und bitte nur um ein rasches Urtheil. Dies fiel für Josy sehr mild aus: der Arzt hatte den Burschen für wahnsinnig erklärt, und wirklich trug die dumpfe, stiere Gleichgültigkeit, mit welcher er seinem Urtheil entgegen sah, dazu bei, diesem Ausspruch beizupflichten. Nach einigen Monaten Haft wurde er, zum ferneren Militairdienste untauglich, suspendirt und da der Wahnwitz nicht vor den Richterstuhl gehört, als unschädlich Irrsinniger freigelassen.

„Einige Tage darauf war er verschwunden und zwei volle Jahre völlig verschollen, ohne daß man von dem Armen irgend etwas erfuhr, — als man ihn eines Morgens unter dem Galgen schlafend fand, und zwar in dem Zustande, in welchem Sie ihn jetzt noch sehen. Da er kein Kind beleidigt, so erlaubt ihm die Behörde großmüthig — damit er dem städtischen oder militairischen Fond nicht zur Last falle, — sich seinen Lebensunterhalt bei denen zusammen zu betteln, die an den „„Schwänken des Cretins““ Gefallen finden. — Dies meine Herren, ist die Geschichte von dem wahnsinnigen Josy!"

Der würdige Mann hatte geendet. Mit der innigsten Theilnahme hatten wir Alle, mit glühender Schamröthe, mit ehrender Verlegenheit aber der junge Mann, der früher mit Josy seinen Scherz getrieben, zugehört. Den folgenden Tag war er der Erste im Saale und befestigte schweigend eine Büchse an die Wand, worauf die Worte standen: „Für den armen Josy." Jeder von uns gab reichlich, was in seinen Kräften stand, und unserm vereinten Zusammenwirken

war es leicht, dem Blödsinnigen die nöthigen Existenz=
mittel zu schaffen. Er fiel uns jedoch nicht lange zur
Last. Durch die Unmäßigkeit, mit welcher er sich auf
den Genuß geistiger Getränke verlegte, verfiel er in
Säuferwahnsinn, und drei Monate später war er todt.
— Armer Josy!

Aus der Czarenstadt.

„Gott ist hoch und der Czar ist weit," sagt ein russisches Sprüchwort, aber wenn der Czar auch noch so nahe ist, Eines kann selbst er nicht ändern: die Bestechlichkeit der Beamten, die in Rußland so zur Regel gehört, wie bei uns in Deutschland zu den Ausnahmen. Der Glaube an diese feststehende Norm fällt dem Ausländer schon an der Grenze in die Hand und begleitet ihn bis in die fernsten Provinzen des ungeheuren russischen Reiches. Als in Kronstadt das Tauwerk eines großen Schiffes gestohlen wurde, sagte der Kaiser: „Sie würden auch die Schiffe stehlen, wenn sie wüßten, wo sie selbe verbergen könnten." Einige Jahre später wurde wirklich ein ganzes der Krone gehöriges Schiff gestohlen — natürlich stückweise; es war während des Winters nach und nach verschwunden, und es mußte also doch noch ein verborgener Ort gefunden worden sein, um das kaiserliche Wort zur Wahrheit zu machen.

Ich hatte mir in Königsberg einen hübschen Reisewagen gekauft und fuhr mit Extrapost nach Riga.

11

Ein kaiserlicher Extrapostpaß, wenn ich nicht irre, heißt dies Document Podroschne, giebt gegen Erlegung einer bestimmten Summe dem Reisenden das Recht, auf jeder Station, gegen eine feste Taxe, Extrapostpferde zu verlangen. Aber auch nur zu verlangen; denn, ob er sie geben will, hängt ganz von dem Belieben des Postmeisters ab, dessen Pferde angeblich fast nie zu Hause sind, bis ein tüchtiges „na wódku" (auf Schnaps) diese wie auf Windesflügeln heimbringt. „Na wódku" ist der Zauberspruch, der in Rußland das Unmöglichste ermöglicht, „na wódku" fordert Alles, was da lebt und athmet, von dem besternten Beamten bis zum bärtigen Muschik, und nach einer alten Legende soll Adam den lieben Gott für die Gefälligkeit, daß er sich erschaffen ließ, sofort um „na wódku" ersucht haben.

Obgleich meine Podroschne ausdrücklich auf zwei Pferde für meinen leichten Wagen lautete, so wurden mir ganz nach Willkür drei oder vier vorgespannt. Auf meine Weigerung, die Gebühren für eine so totale Prellerei zu bezahlen, ließ mir der Postmeister in Schaulen den Wagen ausspannen, und gab mir ganz ruhig den Rath „ihn selbst zu ziehen". Zwischen Schaulen und Mitau war der Weg gar nicht chaussirt — wenigstens vor acht Jahren noch nicht — und wie die Bewohner gewisser Küstenstriche um einen gesegneten Strand bitten, so beteten die Bauern dieser Strecke um recht viel Regen und Schmutz. Jeder

Wagen blieb dann in dem achsenhohen Kothmeer stecken,
und der Besitzer mußte mit den auf dies Ereigniß Lauernden unterhandeln, wie hoch der Preis sei, um wieder flott
zu werden. Dieser wurde voraus entrichtet, bereit ge-
haltene Hebebäume in Kraft gesetzt, schmutzige Hände
griffen über den Rand des Wagens, er wurde heraus-
gehoben, um eine Viertelstunde später stecken zu bleiben.
Bis zur nächsten Stadt war auch die dauerhafteste
Equipage so gründlich ruinirt, daß eine vollständige
Reparatur nöthig war. Durch die weise Maßregel,
den Weg grundlos zu erhalten, gewann Alles, die Koth-
strandbauern, die Postmeister, die Schmiede ꝛc. Das
war die Hauptstraße nach St. Petersburg.

In Mitau angekommen, stellte sich mir ein hüb-
scher junger Mann an meinem Wagen als den
Sohn des Postmeisters vor, und drückte mir seine
außerordentliche Freude aus, meinen Namen in dem
Paß gelesen, und die Hoffnung zu haben, mich morgen,
wie die Zeitung bereits annoncirt hatte, in Riga auftreten zu sehen. Froh, endlich einen gebildeten, civili-
sirten Menschen zu finden, bat ich ihn, die Pferde
recht schnell vorlegen zu lassen, damit ich noch vor
Einbruch der Nacht nach Riga käme.

„Ja, werther Herr, das wird wohl heute nicht
mehr gehen. Ihr Paß muß hier vom Herrn Gouverneur visirt werden, die Kanzlei ist Nachmittags ge-

11*

ſchloſſen, kein Beamter aufzutreiben. Sie werden wohl heute Nacht hier bleiben müſſen."

Als ich ihn verſicherte, daß dies unmöglich ſei, da ich am anderen Morgen um neun Uhr in Riga zur Probe erwartet würde, und daß ich im Nothfall den Herrn Gouverneur perſönlich um ſein Viſa erſuchen würde, meinte er, das könnte mir nur eine Menge Weitläuftigkeiten verurſachen und doch nichts nützen. Er wolle das in Gottes Namen auf ſich nehmen und mich mit ſeinen eigenen Pferden fahren laſſen, dann brauchte ich keine Podroſchne. Herzlich dankend, nahm ich den freundlichen Antrag an; wer beſchreibt aber mein Erſtaunen, als mir der junge Kunſtfreund für die Fahrt mit „ſeinen eigenen Pferden" einen ganz enormen Preis abnahm, „da in einem ſolchen Falle die Taxe natürlich nicht in Anwendung käme!" Das war des Pudels Kern. Der Theaterenthuſiaſt wollte aus mir wenigſtens ſo viel herauspreſſen, um meine Gaſtrollen unentgeltlich ſehen zu können.

Am Tage nach meiner Ankunft gab ich meine Empfehlungsſchreiben ab, unter andern eines von dem braven Oberpoſtmeiſter Nereſt in Tilſit an den Gene= ralpoſtdirektor von Kurland und Liefland. Bei Tafel frug mich Se. Excellenz, wie ich mit der Reiſe zu= frieden geweſen, und ich gab nun, mit allerdings nicht ſchmeichelhaften Farben, aber mit deutſcher Ehrlichkeit ein Bild meiner Fahrt zum Beſten; vergaß auch nicht

als Curiosum zu erzählen, daß ich auch zwei Pferde,
die man mir auf einer Station hinten an den Wagen
angehängt hatte, weil sie dem nächstfolgenden Post=
meister gehörten und zurück mußten, hätte extrapost=
mäßig bezahlen müssen. Ich schloß mein Genrebild
mit den Worten: „von der Grenze bis hierher sind
alle Postmeister eine wohlorganisirte Diebsbande.“
Eine Todtenstille folgte dieser leichtsinnigen Aeußerung,
nach einer langen Pause sagten Se. Excellenz sehr
gedehnt: „Ja, sie sind alle Spitzbuben.“

Ich hatte ganz das „na wódku“ vergessen, das
die Spitzbuben wahrscheinlich an den Chef abgeben
mußten, um ihre kleinen Scherze mit den Reisenden
ungefährdet ausführen zu dürfen. Zur Tafel wurde
ich aber von Sr. Excellenz nie mehr eingeladen.

In Petersburg muß sich jeder Fremde von einiger
Distinction einige Tage nach seiner Ankunft persönlich
in der „eigenen Kanzlei Sr. Majestät“ vorstellen. Je
nach seinem Range wurde er dann entweder von dem
Chef dieser eigenthümlichen Anstalt, dem Grafen Orloff
selbst, oder von einem Adjutanten desselben, der aber
auch Generalsrang hatte, in leutseligster Weise em=
pfangen und nach allen Seiten hin ausgeforscht. Nicht
etwa plump und rücksichtslos, nein, die Krallen waren
mit den elegantesten Glacéhandschuhen bedeckt. Wie
es dem Fremden in Rußland gefiele? Ob er Ursache
zu irgend einer Klage habe? die Regierung wünsche

alle Mängel des Landes kennen zu lernen, um ihnen abzuhelfen ꝛc. Kurz, in artigster Weise suchte man den Fremden zutraulich und zahm zu machen. Mit mir zugleich wurde ein junger Franzose dort empfangen, den man zur Erbauung der Moskauer Eisenbahn als Techniker verschrieben hatte. Nachdem ihm der Adjutant, ich glaube, es war General Polosoff, ungemein viele Schmeicheleien über den ihm vorangehenden Ruf seiner großen Geschicklichkeit in den Bart geworfen hatte — im strengsten Sinne des Wortes in den Bart, denn der Künstler trug einen mächtigen und prachtvollen schwarzen Vollbart — warf er die Frage hin: „Werden Sie Ihren Bart behalten?"

„Freilich," antwortete der Franzose ganz erstaunt, „warum sollte ich ihn nicht behalten?"

„Der Kaiser liebt solche Bärte nicht," entgegnete mit starker Betonung der General.

„Nun," erwiederte mit komischem Phlegma der Fremde, „wenn der Kaiser solche Bärte nicht liebt, so braucht er sich ja keinen wachsen zu lassen, dazu kann ich ihn eben so wenig zwingen, als er mich, mir den meinen abzunehmen. Ich liebe solche Bärte."

Ich habe den jungen Mann nicht wieder gesehen, zweifle aber daran, daß er in Rußland Carrière gemacht. — Der Kaiser Nikolaus, so streng er sonst im Allgemeinen auch war, nahm ein zu rechter Zeit gesprochenes freies Wort, einen guten Scherz, doch selten

übel auf. So brachte er in Erfahrung, daß der Ko=
miker Karatigin der Jüngere, des Kaisers Sprechweise
und sein Stimmorgan täuschend nachahme. Er ließ
ihn im Zwischenacte einer Vorstellung zu sich in die
Loge rufen und befahl ihm, seine Kunst zu zeigen.

„Ich höre, Du copirst mich so täuschend, ich will
das hören!"

„O Majestät, wie könnte ich das wagen?"

„Ohne Umstände, ich ersuche Dich, nöthigen Falls
befehle ich es."

„Was befehlen Ew. Majestät, daß ich sprechen
soll?"

„Was Du willst, das Nächstbeste, was Du glaubst,
daß ich an Deiner Stelle jetzt sagen würde."

Im Augenblick wendet sich Karatigin zu dem in
der Loge befindlichen Hausminister, Fürst Wolkonsky,
und spricht in genauer Nachahmung der kaiserlichen
Manier: „Iwan Iwanowitsch, der Karatigin hat mir
gestern sehr wohl gefallen, laß' ihm morgen fünfhundert
Silberrubel auszahlen."

„Genug, genug," rief herzlich lachend das Original,
„die fünfhundert Rubel sollst Du haben, Spitzbube, aber
weiter brauche ich nichts zu hören."

Höchst originell war die Art und Weise, wie die
bekannte Tänzerin Lola Montez aus der Czarenstadt
hinaus gemaßregelt wurde. Dieselbe kam nach Peters=
burg, miethete sich in dem Hôtel des Franzosen Dene=

reur auf der Newsky-Perspective ein und machte kein
Hehl daraus, daß sie nur in der Absicht nach Rußland
gekommen sei, die Geliebte des Kaisers Nikolaus zu
werden. Durch ihre Tanzkunst konnte sie den Mo=
narchen wohl nicht bezaubern, denn ich erinnere mich
noch mit Vergnügen des unauslöschlichen Gelächters,
welches eine Probe ihres künstlerischen Talentes her=
vorrief. Auf ihre Einladung versammelten sich die
jungen Schauspieler des französischen Theaters im
Speisesaal bei Deneveur, wo sie einen Solotanz zum
Besten gab, der sich allerdings durch jeglichen Mangel
an Schule auszeichnete und damit endete, daß die
Vorläuferin der Pepita der Länge lang, und nicht sonder=
lich graciös, auf den Boden hinschlug.

Der Glaube an die Macht ihrer Reize war bei
Lola unerschütterlich, und auf das Allerbestimmteste
versicherte sie ihre Umgebung, daß sie, sobald sie den
Czar nur einmal gesprochen haben würde, auch dessen
Geliebte sein werde, in welchem Falle sie Madame
Deneveur ihrer wärmsten Protection versicherte. Den
Kaiser zu sprechen, war während der Wintersaison in
Petersburg das leichteste Ding von der Welt, denn
derselbe besuchte jeden der glänzenden Maskenbälle im
kaiserlichen Opernhaus, für welche Art Vergnügen er
eine besondere Vorliebe hatte. Es war dort Jedermann
erlaubt, den Kaiser anzusprechen, und jede Art von
Etikette verbannt. Beim nächsten derartigen Feste sollte

die Eroberung des hohen Herrn vor sich gehen. Den Tag vorher erschien ein Offizier im Hôtel der glut= äugigen Spanierin, verlangte sie zu sprechen und stellte sich als Herr von N......ch, Flügeladjutant des allmächtigen Graf Kleinmichel, vor. Ein kurzes Ge= spräch begann, von beiden Seiten mit einem Kreuz= feuer von Koketterie und Galanterie in Angriff ge= nommen, plötzlich sprach der Offizier: „Mein Fräulein, ich werde die Ehre haben, Sie im allerhöchsten Auf= trage bis an die Grenze zu begleiten. Meine Equipage wartet unten am Hause, und ich bitte Sie, mir augen= blicklich zu folgen.“

Zur Bildsäule erstarrt, glaubte die Tänzerin kaum ihren Ohren zu trauen. Als sie aber einsah, daß trotz der feinsten und ritterlichen Formen, hier die eisernste und unumstößlichste Nothwendigkeit vorliege, meinte sie, ihre Geldmittel reichten zu einer so unvorhergesehenen Reise nicht aus, da sie auf ein Engagement am hiesigen Hoftheater gerechnet 2c. In artigster Weise stellte ihr der Adjutant eine baare Summe von tausend Rubel zur Disposition; ihrer Bitte, ihr einige Stunden zum Einpacken ihrer Effekten zu gönnen, wurde mit dem Ehrenworte des Offiziers begegnet, daß sie an der Grenze all' ihr Eigenthum wohlverwahrt und un= versehrt vorfinden werde.

In artigster Weise wurde Lola Montez in den Wagen genöthigt und unter Assistenz ihres aufge=

drungenen Begleiters bis Tilsit gebracht, wo sich der
Letztere unter den aufrichtigsten Versicherungen seiner
Freude, die Bekanntschaft der schönen Künstlerin ge=
macht zu haben, verabschiedete. Ihr Gepäck hatte sie
schon in Tauroggen unversehrt und vollständig vor=
gefunden. Wie die Abenteuerin nach diesem gescheiter=
ten Versuche, einen Monarchen zu erobern, anderwärts
doch ihren Plan durchsetzte, ist bekannt genug gewor=
den, ebenso, daß die „Gräfin Landsberg" als fromme
Schwester in Amerika ihre bewegte Laufbahn endete.

Als einst der Generaldirektor der sämmtlichen deut=
schen Theater in Petersburg große Summen verspielt
hatte, die das Eigenthum der Theatercasse gewesen,
erhielten die Schauspieler monatelang keinen Gehalt
und mußten schweigen, weil auf eine Beschwerde an
das Ministerium nur die Entlassung des Betreffenden
zu erwarten war. Der französische Komiker Vernet,
der Liebling des Kaisers, lief einst bei sehr nassem
Wetter, auf dem Fahrwege durch dick und dünn im
Straßenschmutz eine Weile neben dem Wagen des
Czar her, bis dieser es bemerkte.

„Sind Sie toll, Vernet, was soll denn das be=
deuten?"

„Lassen Sie mich in Gnaden laufen, Majestät,"
rief athemlos der Komiker, „ich habe die höchste Eile,
seit drei Monaten laufe ich meiner Gage nach, und
kann sie nicht einholen." Mit diesen Worten ver=

schwand er um die Ecke, wohl wissend, daß dieselben an den rechten Mann gebracht seien. Ein Befehl zur Untersuchung, was die Sache zu bedeuten habe, brachte den Künstlern ihre Bezahlung und dem leichtsinnigen Intendanten seine Versetzung zu einem andern Posten.

Vernet war seiner geistreichen Wortspiele wegen der Liebling des ganzen Hofes und wurde oft in die höchsten Kreise gezogen. So unter anderem einmal in einen glänzenden Cirkel des Großfürst Michael, wo unter den Eingeladenen auch der berühmte Astronom Schubert gegenwärtig war. Der große, aber schüch= terne Gelehrte benahm sich etwas linkisch, und befriedigte keineswegs die Ansprüche auf Unterhaltung, die höchsten Ortes an ihn gestellt wurden.

„Wie kommt es, Vernet," frug der Großfürst, „daß ein so gelehrter Mann, wie Schubert, sich so überaus ungeschickt in Gesellschaft bewegt?"

„Entschuldigen Ew kaiserl. Hoheit die Verwirrung des armen Menschen, der Mann ist Astronom, er ist heute allerdings etwas confus, da er nicht gewohnt ist, so viel Sterne am unrechten Platz zu sehen."

Von der Allmacht des Kaisers, von der Windes= eile, mit welcher seine leisesten Wünsche als Befehle hingenommen und vollführt wurden, mögen nachfol= gende kleine charakteristische Züge Beweise liefern.

Während der Abwesenheit des Kaisers in Warschau glaubte Graf Kleinmichel demselben eine angenehme

Ueberrafchnng zu bereiten, indem er auf den freien
Platz vor dem Alexandertheater ein paar zierliche
Häuschen hinstellen ließ, in welchen Eis und andere
Erfrischungen gereicht werden sollten. Als der Kaiser
bei seiner ersten Ausfahrt die Neuerung bemerkte, rief
er aus: „Welche Geschmacklosigkeit, den hübschen Platz
so zu entstellen!" Am folgenden Morgen war keine
Spur der beiden Häuser zu bemerken, und frischer
Rasen deckte die Stelle, wo sie gestanden.

Der Adjutant des Grafen Kleinmichel, Herr von
Nowasilsoff, besuchte mich einst, und indem er mir —
es war dies natürlich vor der Vollendung der Eisen=
bahn — mittheilte, daß er den folgenden Tag dienst=
lich nach Moskau verreisen müsse, warf er eine dick=
leibige Brieftasche auf den Tisch, die nach seiner
Angabe 30,000 Rubel Silber enthielt. Dieses Geld
wurde verwendet, um die Schneewege, die in ganz
Rußland im Winter aus Thälern und Hügeln bestehen,
auf der ganzen Straße von Petersburg bis Moskau
tischgleich ebenen zu lassen, damit der Kaiser, der einen
Tag nach ihm führe, für seine pfeilschnelle Reise kein
Hinderniß finde. Natürlich war der Kaiser der
Meinung, daß in seinem ganzen Reiche alle Wege in
diesem vortrefflichen Zustand sich befänden.

Eine Reise im strengen russischen Winter ist aller=
dings keine Kleinigkeit. Nichts widersteht der furcht=
baren Kälte; Pelze, Betten, hermetisch verschlossene

Schlitten halten dieselbe nicht ab. Ich hatte auf einer Reise nach Reval, bei 28 Grad Kälte, grade die Empfindung, als ob ich nackt auf der Straße läge, obgleich ich zwei Pelze, hohe Fellstiefeln anhatte, bis über den Kopf in Federbetten eingehüllt war und in einem langen Schlitten lag; Wein und Fleisch, das ich mitgenommen, ward unbrauchbar und fror so fest, daß letzteres einem Steine glich, ersterer ohne Flasche auf dem Tische stehen blieb. Bei der Ankunft im Posthaus bleibt die Haut an dem metallnen Drücker kleben, den die Hand des Reisenden erfaßt. Die Vögel der Luft, weniger geschützt als der Mensch, und merkwürdiger Weise die Raben zuerst, fallen erstarrt und steif gefroren aus der Luft nieder, zahllose Spuren von Wild durchstreifen den Schnee, so daß die Wege am Rande der Wälder aussehen, als ob sie mit einem Rechen in Linien gekehrt worden wären. Wehe aber dem Wanderer, wehe den Pferden und dem Kutscher, wenn ein Schneesturm die Eilenden fern von der Station überfällt und es ihnen unmöglich macht, dieselbe zu erreichen! Von der Wucht eines solchen Schneefalles, von der Menge und Gewalt desselben kann sich nur ein Augenzeuge einen Begriff machen. Der Mensch hat die Empfindung, als ob er den Kopf in einen nassen Federsack stecken müßte; es dunkelt um die Augen, nicht drei Schritte vorwärts kann man sehen, und in einer Stunde ist alles Lebende vergraben.

Kaum tausend Schritt von einer Poststation ereilte mich und meine Gefährten im Eilwagen ein solches Wüthen der Elemente und brachte unser Leben in die ernstlichste Gefahr. Die Thiere schienen dieselbe schon früher zu wittern, denn sie griffen nach Möglichkeit aus, der Postillon hatte schon lange vor Einbruch der Dunkelheit die Laternen angezündet; plötzlich fielen die Flocken mit so rasender Schnelle und Dichtheit nieder, daß der Conducteur uns den Rath gab, auszusteigen und rasch zum Posthause zu eilen, welches vor uns läge, er selbst wolle uns begleiten. Dabei nahm er seine Pistolen unter den Arm, und Hand an Hand eilten wir vorwärts. Obwohl die Dämmerung noch nicht hereingebrochen, taumelten wir doch wie Betrunkene auf gut Glück weiter. Von Zeit zu Zeit gab unser Führer Signale mit Pistolenschüssen. Eine alte Frau, die sich mit uns im Wagen befand, wäre trotz der kurzen Strecke rettungslos verloren gewesen, wenn wir sie nicht mit uns fortgeschleppt hätten. Trotzdem, daß ich meinen Pelz weggeworfen hatte, der mir das Waten in dem knietiefen, weichen Schnee unmöglich machte, und ich nur einen leichten Rock anhatte, lief mir der Schweiß in Strömen über das Gesicht. Endlos schien der Weg, als zu unserer Freude ein, allerdings heiseres, Hundegebell die Nähe einer Menschenwohnung hoffen ließ. „Das sind nicht Hunde," meinte ganz ruhig der Conducteur, „das sind Wölfe." Auch eine schöne Aussicht! Vorwärts, tappend, stürzend, sich aufraffend, blindlings vorwärts! Mit welchem Gefühle wir eine Stunde später am überheizten Ofen, bei einem Glase elenden Punsches saßen, wie nektargleich uns das miserable Getränk mundete, kann nur der fühlen, der in ähnlicher Situation sich befand. Zwei Tage mußten wir warten, bis der Sturm sich gelegt hatte, die Wege nur etwas fahrbar geworden waren. Zum Glück hatte einer der Reisenden Whistkarten bei sich. Die präsentirte Rechnung unseres braven Posthalters ließ uns zweifelhaft, ob wir nicht ein paar Tage, statt in russischen, in den berühmten böhmischen Wäldern gehaust hätten.

Gottes Finger.
Buchstäblich Russische Criminalgeschichte.

Am äußersten Ende eines Fleckens in der Nähe von Nowogorod steht das kleine Häuschen des Popen Iwan Iwanowitsch. Es ist Abend. Draußen heult der Schneesturm mit der riesigen Gewalt, die diesem gefürchteten Gast des Nordens eigen ist. Erd und Himmel schienen vereinigt und gleichmäßig eingehüllt in die gewaltigen dichten Flockenmassen, die der riesige Nordwind wirr durch einander peitscht. Wehe dem armen Wanderer, den sein unglückliches Geschick in

eine solche Nacht hinausdrängt; er ist rettungslos ver=
loren, ereilt er nicht rasch den Schirm menschlicher
Wohnungen.

Trotz der Behaglichkeit, welche in solchen Momen=
ten der Contrast der verderbenbringenden Außenwelt,
mit der wohlthuend erwärmten Stube im Innern eines
Hauses, hervorruft, wollte doch keine Gemüthlichkeit in
den Gemächern des Iwan Iwanowitsch heimisch werden.

In dem übermäßig geheizten Zimmer des Bátiuschka*)
sitzt vor einer düster brennenden Lampe der Herr des
Hauses, das Haupt herabhängend, und offenbar uner=
freulichen Gedanken Raum gebend. Der dampfende
Samovar hatte schon ein gut Theil seines Inhaltes
gespendet, welcher wie die halb geleerte Rumflasche
und der stiere Blick des Hausherrn verrieth, überreich=
lich mit dem Feuertrank gemischt worden und doch ver=
mochte auch dies nicht, eine fröhlichere Stimmung bei
dem Einsamen hervor zu rufen.

Aus den ferner liegenden Stuben tönt gedämpft
das Wehgeschrei eines Kindes und eine beschwichtigende
Frauenstimme, eintönige Weisen murmelnd, um das
leidende Wesen in den Schlaf zu singen. Vor dem
Heiligenbilde in der Ecke ist eben das Lämpchen er=
loschen, und der noch rauchende Docht verdirbt die
ohnehin trübe Atmosphäre vollends.

---

*) Väterchen, Volksname der Popen.

Die Reue hieß das nagende Gespenst, welches neben dem stillen Bewohner saß, ihm den sonst so lieben Trank verbitterte, und den Kopf mit wirren Bildern einer unerfreulichen Zukunft füllte. Die Folgen einer wüst verlebten Vergangenheit traten hell vor die Seele des Geängstigten. Gleich vielen seiner Kameraden*) hatte er seine Zeit im Trunke und Spiele vergeudet; und als zu letzterem die Mittel nicht mehr ausreichten, griff der Unselige anvertraute Kirchengelder, ja was noch mehr „Kronsgut" an. Ein befreundeter und höher stehender Spießgeselle aus der Residenz hatte ihm auf außerdienstlichem Wege eine Warnung zugehen lassen, daß die unwillkommene Untersuchung und im Gefolge derselben für ihn eine Zwangsreise nach Sibirien schon in den nächsten Tagen zu fürchten sei. Unter allen Auswegen, dem Uebel zu entgehen, schien Flucht der einzige zu sein, der dem Geängstigten einen Strohhalm der Rettung zeigte, und doch auch dieser unausführbar. Abgesehen von der strengen russischen Polizei, die Argusaugen für Alles hat, was sie sehen will, hielt den Gefallenen ein mächtiges Band zurück.

---

*) In der Regel ist der russische Pope ein wüster Geselle, dem Spiel und Trunk ergeben, und außer seinem Dienste wenig geachtet. Schreiber dieses sah unzählige Male in Petersburger Gesellschaften höhere Geistliche, die im Hazardspiele und beim Trinkgelage den anwesenden Offizieren jedes Mal den Preis abrangen. Für deutsche Augen ein sonderbar ungewöhntes Schauspiel.

Bei aller Verworfenheit hing er doch mit ganzer Kraft
der Seele an Frau und Kind. Letzteres lag seit einer
Woche schwer erkrankt, die arme Mutter saß ruhelos am
Bette des in Fieberhitze liegenden Kleinen. Wie konnte
er es wagen, dem gepeinigten, zum Tod erschöpften
Weibe diesen neuen fürchterlichen Schlag beizubringen,
ihr, die von dem Verbrechen des Gatten keine Ahnung
hatte, und schon von der schweren Sorge um das
Leben ihres Lieblings der Verzweiflung nahe gebracht
wurde!

Noch schwerer sank das Haupt des Belasteten auf
die gekreuzten, auf dem Tische liegenden Arme herab,
nur die schweren Athemzüge desselben und das Picken
der Uhr waren hörbar, wenn der draußen heulende
Schneesturm eine seltene Pause machte, wie erschöpft
inne haltend von der rasenden Anstrengung.

Horch! pocht nicht Jemand ans Fenster?! — Nicht
eher hört der für die Außenwelt Abgestorbene das
Zeichen, als bis sich dies dringend zum dritten Male
wiederholt.

Aus seinen wilden Träumen auffahrend, rief er
gellend: „chto tam? (Wer ist da?)"

Eine milde weibliche Stimme antwortet: „Um aller
Heiligen willen, Bátiuschka, öffnet, gönnt mir ein Ob=
dach, soll ich diese Nacht nicht zu Grunde gehen!"

Der Pope öffnet, und vor ihm steht erstarrt vor

Kälte, triefend von Schnee eine arme Bettelnonne,*) kaum noch im Stande, sich mit zitternden Gliedern, aufrecht zu erhalten. Mit der, jedem Ruſſen eigenen Gaſtfreundſchaft, bietet der Prieſter der Halberfrorenen das ſchirmende Obdach, entſchuldigt ſein Weib, das mit der Pflege eines erkrankten Kindes beſchäftigt ſei, läßt das wärmende Getränk friſch aufkochen, und hört mit Spannung von der Wanderin, während dieſe ſich mit dem Labetrunk gütlich thut, daß ſie auf dem Wege nach der fernen Heimath ſich befinde; ihr Gelübde ſei erfüllt, ſie und zwei ihrer Schweſtern hätten die Pilger= fahrt vor zwei Jahren angetreten, der Herr habe ihr Werk geſegnet, und drei tauſend blanke Rubel ſeien das Reſultat der frommen Pflichterfüllung geweſen, welche ſie und die Ihrigen hinausgetrieben. Den letzten Betrag, in fünfhundert Rubeln beſtehend, habe ſie in der letzten Stadt in Gold umgewechſelt, dies trage ſie bei ſich, um es zum Bau des Gotteshauſes nach Hauſe zu bringen.

Nach dieſer Mittheilung nahm die Argloſe einen

---

*) Wenn irgend eine bedeutende Ortſchaft, im Innern von Rußland, keine eigene Kirche beſitzt, ſo machen ſich einige fromme Seelen auf, und durchwandern ſo lange bettelnd das unermeßliche Reich, bis die Summe zum Aufbau des Gotteshauſes beiſammen iſt. Jahrelang dauert oft eine ſolche mühevolle Wanderſchaft, jeder erhaltene Kopek wird gewiſſenhaft in die Heimath geſandt, bis das gottgefällige Werk vollendet iſt. Der Ruſſe giebt bei ſolchen Ge= legenheiten gern und reichlich.

schweren Lederbeutel aus dem Korbe und legt diesen
mit der Bitte vor den Gastfreund hin, ihr die Summe
bis Morgen zu bewahren, wo sie ihren Stab weiter
zu setzen gedenke.

Fünfhundert Rubel! Da lag sie vor ihm, die
Summe, welche ihn retten konnte, vor Schmach und
Verderben! Fünfhundert Rubel! Wären diese jetzt
sein, so konnte er mit Ruhe der dräuenden Unter=
suchung entgegensehen. War es nicht, als ob die
Vorsehung selbst ihm den Rettungsanker ins Haus
geschickt? Niemand hat die in wilder Sturmesnacht Ein=
gekehrte in sein Haus treten sehen, wenn sie jetzt ver=
schwände, wäre der Handel gemacht, und er aller
Sorgen quitt und ledig. —

Und so soll es sein! rief es laut in seinem Innern,
während der lauernde Blick die Unglückliche umkreiste,
die an seinem Heerde saß.

Schon dachte er nicht mehr daran, ob er das Ver=
brechen vollführen solle, sondern alle seine Gedanken
klammerten sich jetzt nur an die Möglichkeit, — wie
dasselbe ausführbar sei.

Mit schlauer Scheinheiligkeit führte er das Opfer
seines mörderischen Planes in eine ferne Kammer, ihr
Ruhe empfehlend, der auch er bedürfe, da ihn seine
Pflicht mit der ersten Morgenfrühe ins Haus des
Herrn riefe.

Gehorsam folgte die fromme Schwester dem Ge=

bote, und bald darauf erlosch das Licht im Gemache des Popen. Nicht so schnell als er gerechnet, konnte jedoch sein Gast zur Ruhe kommen. Der monotone Gesang der armen Mutter und das leise Wimmern des kranken Kindes trieb die Mitleidige noch hinüber in die Stube der Ersteren, um nachzusehen, ob man dort ihres Rathes, ihrer Beihülfe benöthige.

Sie fand das wimmernde Weib trostlos und zum Tode erschöpft an der Wiege des Kleinen sitzen. Frauenherzen verstehen sich schnell, besonders, wenn ein Unglück sie zusammenführt. Die Fremde ging der rathlosen Mutter kräftig an die Hand, ein lindernder Trank wurde bereitet, und auf das dringende Zureden der braven Bettelnonne, die, auf ihre eigene Müdigkeit vergessend, die Nacht am Krankenbette des Kindes zu durchwachen versprach, entschloß sich die Frau des Popen endlich, einige Stunden der Ruhe zu pflegen, da sie bereits die vierte Nacht am Schmerzenslager des Kleinen durchwacht, und ein längeres Verweilen daselbst für sie selbst gefährlich werden konnte.

Sie begab sich in das für den Gast bestimmte Kämmerlein, während diese ihren Platz an dem Bettlein des Kleinen einnahm.

Bald darauf herrschte im ganzen Hause scheinbar tiefe Ruhe; alle Lichter waren erloschen bis auf das matt flackernde Lämpchen in der Krankenstube. — —

Es schlägt 3 Uhr nach Mitternacht!

Da schleicht auf leisen Socken der Meuchelmord durchs Haus! Der Verbrecher, keinen anderen Ausweg sehend, um in den ungestörten Besitz der Summe zu kommen, die nach seiner Ansicht allein ihn retten konnte, hatte den Tod des unglücklichen Wesens beschlossen, das ein tückisches Geschick vertrauensvoll an seinen Heerd geführt. Vorsichtig öffnet er die Kammerthür. Die tiefen Athemzüge überzeugen ihn, daß sein Opfer fest genug schlafe, um durch seine ruchlose Hand in jenen Schlaf versenkt zu werden, aus welchem kein Erwachen möglich ist.

Der lichtscheue Missethäter weiß im Finstern den Weg zu seinem Opfer zu finden. Tappend nach dem Bette, umspannt der Mörder mit kräftiger Kralle plötzlich den Hals der Schlafenden, während sich seine breite Hand erstickend auf den Mund derselben preßt. Wenig Minuten und das Röcheln der schwach Ringenden verstummt, die matten Hände geben den vergeblichen Versuch auf, sich der Meuchlerfaust zu erwehren. Es ist gethan! —

Wie von Furien gepeitscht, flieht der Verbrecher aus der Kammer in seine Wohnstube zurück, wohl eine Stunde ängstlich horchend, ob kein Anzeichen seine That verrathe. Alles bleibt stumm, wie das Grab! Von der Furcht geängstigt, ein Licht könnte sein Weib auf den Hausflur locken, schleicht der Bösewicht abermals in die dunkle Kammer zurück, und schleppt in athemloser Spannung die Leiche seines Opfers in den Keller hinab, den er sorgfältig verschließt.

Unmittelbar darauf kleidet er sich in sein Priester=gewand, um den Frühgottesdienst zu verrichten*)

Schon ist das Kirchlein erleuchtet, einzelne Gruppen zerstreuter Beter harren des Popen, der sich unbegreif=licher Weise heute verspätet hatte. Da schleicht dieser herein, indem er links und rechts sich dankend neigt den ehrfurchtsvollen Grüßen der frommen Schaar. Jetzt tritt er an den von Kerzenlicht erhellten Altar, da durchzuckt ihn eine böse Mahnung des schlummern=den Gewissens. Eine Bettelnonne kniet demüthig und gesenkten Hauptes an den Stufen. Die Kleidung derselben erinnert ihn lebhaft an die, vor kaum zwei Stunden begangene Greuelthat! Sich ermannend, schreitet er vorwärts, und indem er der Knieenden ge=genüber steht, erhebt diese das dunkle Auge. Da stürzt der Pope nieder, wie zerschmettert vom Strahle des Weltgerichtes: Die Knieende ist sein Opfer, die nach seiner Meinung vor wenig Minuten unter seiner Faust ihr Leben verhaucht hatte.

Weh mir, kreischt der Vernichtete, was entsteigst Du Deinem Grabe, um Dich Deinem Mörder zu zeigen? Ja; ich bin ihr Mörder, schreit er seiner schreckerstarr=

---

*) Faktisch.

ten Umgebung zu, ich habe sie getödtet!! Unter Con=
vulsionen windet sich der Verbrecher am Boden. Keiner
der Anwesenden, selbst die fremde Bettelnonne weiß
das Räthsel zu lösen, welches für unsere Leser wohl
längst keines mehr ist.

Durch die Verwechslung der Ruheplätze der beiden
Frauen hatte die Vorsehung das eigene Weib des Bö=
sewichtes in seine mörderischen Hände geliefert. Als
der Kleine am Morgen ruhig entschlummerte, war die
fromme Nonne leise hinausgeeilt, um in der nahen
Kirche während der Frühmesse ihrer heiligen Pflicht
Genüge zu thun, und zu beten für die Genesung des
unschuldigen Wesens. — Den Verbrecher ereilte die
wohlverdiente Strafe! —

Die arme Pilgerin, die Gottes Hand so wunder=
bar beschützt, lebt jetzt noch im Krankenhaus der barm=
herzigen Schwestern in St. Petersburg, als die eif=
rigste Pflegerin, als die pflichtgetreueste Dienerin dieses
gesegneten Ordens.

Selbstmord durch Glück.

Auf der letzten Station vor Nischnei=Nowogorod flog
windschnell ein Wagen über die schneebedeckte Fläche dahin.

Es war zur Zeit der Messe und der eilige Passagier
schien ein verspäteter Gast zu sein, denn nicht umsonst
bot er seinem Kutscher ein tüchtig „na wodka"*),
wenn er die Peitsche ordentlich gebrauchen wolle, was
dieser denn auch redlich that. Es ist diese Art zu
reisen in Rußland die rascheste und billigste, denn bei
Extraposten riskirt man fortwährend, trotz dem theuer
bezahlten Erlaubnißpaß (Podoroschne) auf keiner Sta=
tion vorräthige Pferde zu finden, wenn man nicht den
silbernen Schlüssel kennt, der den rechten Stall öffnet;
eine direkte Postwagen=Verbindung, wie bei uns in
Deutschland, existirt nur zwischen den Hauptstädten,
und auch da kann man sicher sein, nie Plätze vorräthig
zu finden, wenn man nicht zur rechten Zeit einen Zehn=
rubelschein auf das Blatt zu legen versteht, auf dem
die nächstens Abreisenden vorgemerkt stehen. Das
Beste also bleibt, sich dem guten Glücke und einer
gespickten Börse anzuvertrauen, und von Station zu
Station ein Privatfuhrwerk zu miethen, bis man den
Ort der Bestimmung erreicht hat.

Der Passagier, wie alle Russen unter sich, red=
seliger Natur, ließ sich mit seinem Kutscher in ein Ge=
spräch ein, weniger aus Neugierde, als in der Absicht,

---

*) Auf Schnaps (Trinkgeld).

die Zeit zu kürzen, und die Ungeduld nach seinem Reise=
ziel etwas zu zügeln.

So erfuhr er denn auch bald von dem Inhaber
des Gefährtes, daß derselbe ein blutarmer Bauer sei,
daß ein winzig kleines Häuschen, und die beiden Pferde
vor ihm, Alles sei, was er auf der weiten Gottes
Erde sein nenne. Durch Tagelohn im Sommer,
und Lohnkutscherdienste im Winter, ernähre er sich
und sein Weib ärmlich, und im Schweiße seines An=
gesichts. Anders wäre es freilich, wenn er ein paar
hundert Rubel im Vermögen hätte, um eine kleine
Lafka (Krämerbude) einrichten zu können. Da würde
er wohl schnell vorwärts kommen, denn er habe im
Hause des Popen, welcher ihn als arme Waise auf=
genommen, eine gute Erziehung genossen, ja sogar
lesen und schreiben gelernt.

Mit einem tiefen Seufzer hörte der Reisende den
letzten Theil dieser biographischen Skizze. Ihm war
es nicht so gut geworden, er konnte nicht lesen und
nicht schreiben. Vom Leibeigenen hatte er sich in der
großen Czaarenstadt zum reichen Kaufmann emporge=
schwungen, als armer Pirozenhändler, seine Krambude
von der Achsel herabhängend, hatte er mit wenig Co=
peken angefangen, am Gastinodwor (Kaufhaus) seine
Waare feil zu bieten, jetzt nannte er die größte Thee=
handlung des ungeheuren Petersburger Bazars sein
eigen, sein Wort galt für hunderttausende, allein lesen

und schreiben konnte er bis zur Stunde noch eben so
wenig, als er seinen Freibrief erlangen konnte, von
dem unermeßlich reichen Grafen Scheremetief, seinem
Herrn, der seinen Stolz darein setzt, Millionäre zu Leibeigenen zu haben.*)

Auch heute führte der unscheinbare Bartruffe**)
ein Vermögen mit sich, um das ihn mancher Dandy
der Residenz beneidet haben würde. Zweimalhundert-
tausend Rubel hatte er in dem Vordertheil des Schlit-
tens in einem unscheinbaren Pelzstiefel, in Banknoten,
verborgen, da er zur Messe eilte, um die vorjährigen
Einkäufe zu berichtigen, und neue zu machen. Ohne
Schrift, auf den bloßen Handschlag vor zwei Zeugen,
werden in Rußland alljährlich ähnliche Geschäfte in
millionengleichen Beträgen abgeschlossen, Betrügereien
und Banquerotte gehören bei derartigen Abschlüssen
zu den denkbar größten Seltenheiten, und scheinen fast
nur die Frucht südlicher Civilisation zu sein. So
gerne der Russe im Kleinhandel beschuppt, so sehr er
sich in solchen Fällen über seine Pfiffigkeit freut, wenn
er einen Ausländer, besonders einen Deutschen, beluch-
sen kann, so unverbrüchlich hält er sein einfach gege-

---

*) Faktisch.
**) Ein Volksausdruck für den eigentlichen Nationalruffen,
den noch keine Kultur beleckt; Bartkerl heißt der gemeine Mann
daselbst.

benes Wort, dem Landsmann gegenüber, bei großarti=
gen Geschäftsverbindungen.

Ein heilloses Sprachgewirre dröhnt die Luft erschüt=
ternd dem Reisenden entgegen, und verkündigt ihm
die Nähe von Nischnei=Nowogorod. Kein Europäischer
Handelsplatz giebt auch nur einen annähernden Be=
griff von der Großartigkeit dieser Messe, auf welcher
„Europa und Asien sich küßt," wie ein moderner
Schriftsteller sich ausdrückt. Dieses Durcheinanderge=
woge, diese Campagne in freier Winterluft, da natür=
lich nur die wenigsten der Anwesenden ein Unterkom=
men finden, dieser tobende Lärm, veranlaßt durch alle
denkbaren Naturlaute, Alles zusammen giebt ein Bild,
das kein Pinsel lebendig genug malen, keine Feder
frisch genug schildern kann.

Plötzlich erblickt der Petersburger Kaufmann in
dem Gedränge einen Geschäftsfreund, den er tausende
von Meilen entfernt glaubt:

„Stoi iswóschtschik! Wot twoji dengi," (Halt
Kutscher! Hier ist Deine Bezahlung) schreit er auf,
springt aus dem Schlitten, und eilt wie ein Besessener
dem Bekannten nach. Endlich ist der eingeholt, wenn
auch nicht ohne lange Mühe, und nach manchem em=
pfangenen Rippenstoß.

Welch' ein zärtliches Küssen! Hundertmalige Um=
armung! Batiuscha! moï duscha! (Väterchen! mein
Seelchen!) und mit noch hundert anderen Schmeichel=

namen begegnen sich die bartbewachsenen Lippen. Fort ziehen sich die Freunde in eine benachbarte Theebude, um beim dampfenden Samowar am warmen Ofen die erstarrten Glieder aufthauen, und das trauliche Gespräch frischer fließen zu lassen.

Wohl das zehnte Glas des köstlichen Getränkes mochte jeder der Beiden zu sich genommen haben, alle Ereignisse der Heimath, von den Angehörigen bis zum Geschäftsgang, ja bis zu den Familien-Verhältnissen des Hausviehes herab, waren zum zwanzigsten Male erörtert und besprochen, da fährt plötzlich der Thee= händler, wie von der Tarantel gestochen, empor, mit starrem Blick, einem Rasenden gleich, springt er vom Stuhl auf:

„Isbáwi hóge! Fissjo prapalo!"*) kreischt er auf.

„Né dai bóg!**) Iwan Iwanowitsch!" entgegnet ihm beschwichtigend der Andere.

Mit Mühe erfährt er endlich von dem gänzlich Konsternirten, daß er seinen kostbaren Pelzstiefel und 200,000 Rubel in demselben, in der Ecke seines Schlit= tens vergessen habe.

Sie eilen zurück nach dem Platze, auf dem sie sich gefunden, allein wäre das Gefährte auch noch dage= wesen, wer wollte es auch auffinden, unter den tausend

---

*) Gott erbarme sich! Alles ist verloren!
**) Da sei Gott davor!

und aber tausend Schlitten, die sich in Rußland ähnlich sehen, wie ein Ei dem andern?

Während Iwan Iwanowitsch rathlos in die Ferne
starrt, giebt ihm der besonnene Nestor Wasilitsch schnell
den guten und praktischen Rath, so rasch als möglich
zurückzufahren an die letzte Station, wo er den
Schlitten gemiethet, vielleicht ist der Kutscher noch ein-
zuholen, vielleicht hat er das Fuhrwerk noch nicht untersucht, den Schatz nicht gefunden, vielleicht gelingt
es selbst im Falle, daß derselbe von dem Finder schon
geborgen, ihn durch Güte oder Drohung wieder her-
auszubringen, ehe man die Hülfe der Polizei in Anspruch zu nehmen gezwungen.

Der Plan wird eiligst ausgeführt, und in wenig
Augenblicken fliegen die Freunde mit Sturmeseile die
Straße dahin. Aengstlich starrte Iwan hinaus und
der Station entgegen, auf der sein Geschick sich ent-
scheiden soll, endlos scheint ihm die Strecke, trotz der
rasenden Schnelligkeit, mit welcher die wackeren sibirischen Steppengäule dahinschnauben, doch da Alles
im Leben ein Ende nehmen muß, so auch die Qual
des armen Iwanowitsch, der endlich das Haus des
Kutschers Iwan Petrowitsch in der Ferne erblickte.

Jetzt ist die ersehnte Stelle erreicht, und zwar eben
in dem Augenblick, als der Mann die dampfenden
Pferde vor dem noch im Thorwege stehenden Schlitten
losspannt.

Mit der Behendigkeit einer Katze springt Iwan Iwanowitsch aus seinem Gefährte heraus und auf das andere zu, keuchend und lautlos durchwühlt er die Stelle, wo die verhängnißvollen Pelzstiefeln lagen, und, welch' Glück, er findet dieselben unversehrt mit der kostbaren Füllung am alten Platze liegen.

Jubelnd umtanzen die beiden Freunde den wieder= gefundenen Schatz, während Petrowitsch mit weit offe= nem Maule die scheinbar Wahnsinnigen anstarrt. Endlich wird ihm das Räthsel gelöst, und der selige Iwan erklärt ihm den Vorfall, mit folgenden Worten schließend:

„Du bist ein braver Bursche, und es soll heute für Dich ein Tag der Freude sein. Du erzähltest mir, daß Dich ein paar hundert Rubel in den Stand setzen würden, eine Laffka einzurichten und Dein Glück zu gründen. Hier hast Du 500 Rubel, ich habe mit weit weniger angefangen, als Du, und bin ein wohl= habender Mann geworden, möge meine Gabe Dir gleichfalls Segen bringen. Jetzt aber, Duscha*), rufe Dein Weib, denn wir müssen Deine Gastfreundschaft für heute Nacht ansprechen, es ist schon zu spät, um die Rückfahrt anzutreten und wir sind müde und durstig."

Nach wenig Minuten finden wir die Freunde so

---

*) Seelchen, ein gewöhnliches Schmeichelwort der Russen.

wohnlich eingerichtet, als es bei den beschränkten Mit=
teln des armen Bauers möglich ist, in dessen Schlaf=
stube, den dampfenden Samowar*) vor sich, der in
keiner russischen Hütte fehlen darf.

Der Eigenthümer hat sich mit seinem Weibe auf
den Boden des Vorbaues gebettet, und bald deckt der
bleierne Schlaf seine schweren Fittige über die Häup=
ter der Ermüdeten.

Lange noch vor Tagesanbruch hört Iwan Iwano=
witsch den Hauswirth stöhnend in seinem Behälter auf
und nieder gehen.

„Was ist Dir, Brüderchen?“ ruft er hinaus, „kannst
Du nicht schlafen?“

„Ja ne tak to sdaróf,“**) tönt dessen Stimme
dumpf herein.

„Wessmá szageléju,“***) brummte Iwan, dreht
sich auf die andere Seite und schnarcht nach wenig
Minuten wieder den Schlaf des Gerechten.

Plötzlich schreckt die beiden Freunde ein gellendes
Weibergeschrei empor, das aus dem Vorbau ihnen
entgegentönt. Erschrocken springen sie auf von dem
Lager und in die Nebenstube, hier sehen sie entsetzt
den Körper des ehrlichen Petrowitsch erhängt am Thür=
pfosten baumeln und unter ihm sein Weib ihren Jam=

---

*) Selbstkocher, die russische sehr praktisch construirte Theemaschine.
**) Ich befinde mich nicht wohl.
***) Das thut mir leid.

mer in schrillen Tönen durch die Lüfte sendend. Vergeblich ist alles Bemühen, den Unglücklichen zu retten, der bereits starr und erkaltet, an seinem eigenen Halstuche schwebend, ein grauenvolles Bild abgab.

Umsonst suchen die Fremden das wimmernde Weib auszuforschen, was den scheinbar so harmlosen Burschen zu diesem grauenvollen Entschlusse getrieben haben möge.

Sie selbst begreife es nicht, wohl sei er gestern, nachdem sich die Herren zur Ruhe begeben hätten, düsterer und in sich gekehrter als je, auf und nieder gewandelt, aber nie habe sich irgend ein Ereigniß zugetragen, welches auf eine solche Katastrophe hätte schließen lassen. Petrowitsch habe vor dem Schlafengehen noch ein Glas heißen Tschai getrunken, dann noch geschrieben und gerechnet — da, da sei das Blatt, auf dem er geschrieben habe. —

Der des Schreibens unkundige Iwanowitsch giebt das Blatt an Nestor-Wasilitsch, und dieser löst, indem er die letzten Zeilen des Selbstmörders entziffert, den Staunenden das Räthsel in folgenden Worten:

„Ich strafe mich selbst für meine Dummheit,
„indem ich nicht verdiene, mehr auf der Welt
„zu leben, in der ich heute ein Mann mit
„einem Vermögen von 200,000 Rubel sein
„könnte, wenn ich kein Esel wäre, während ich

„die lumpigen 500 Rubel nie in meinem Leben
„ohne die bittersten Gewissensbisse anzusehen,
„über mich gewinnen könnte.

Petrowitsch."

Ob sich die Wittwe des ehrlichen Kutschers getröstet,
und wie es den beiden Freunden ferner gegangen, dar=
über schweigt die Geschichte, so viel aber ist gewiß, daß
Iwanowitsch nie wieder Geld in einen Stiefel gethan,
noch weniger aber diesen je vergessen hat.

Unheimliche Geschichten.
Ein Gesellschaftsabend in St. Petersburg.

In der Regel drehen sich die Soireen der nordi=
schen Residenz um Essen und Trinken, d. h. viel trin=
ken, und um das leidige Kartenspiel. Der Russe ist
sehr gastfreundlich; er prunkt nicht mit dieser Tugend,
die er auch nur zu seinem eigenen Amüsement ausübt,
denn wie verbrächte er die endlos langen Winterabende,
wenn nicht am Kartentisch oder hinter der Weinflasche?
Selbst die elegantesten Damen bleiben hinter dieser
Mode nicht zurück und ich habe während meines fünf=

jährigen Aufenthaltes in Rußland keine Hausfrau ken=
nen gelernt, die sich nicht vortrefflich auf die Hand=
habung der bunten Blätter verstanden hätte, ja Viele
ruiniren sich durch diese Leidenschaft und bringen mit
den Männern um die Wette ihr Vermögen durch.
Von diesem geist= und Gesundheit tödtenden Vergnügen
will ich hier nicht sprechen, sondern von den leider
nur seltenen Ausnahmen.

Bei dem berühmten russischen Schriftsteller Kukolnik
findet sich jeden Mittwoch ein Häuflein Männer zu=
sammen, welche es sich zur Aufgabe gemacht haben,
durch Austausch ihrer geistigen Schätze die langen
Winterabende um ihre Dauer zu betrügen. Gelehrte
und Künstler, Schriftsteller, Maler und Musiker,
Deutsche, Russen und Franzosen, drängen sich zu die=
sem anspruchslosen Zirkel, der wohl in der Riesenstadt
nicht seines Gleichen findet. Es ist eine Verschwörung
des guten Geschmacks, des Humors und der Freund=
schaft gegen die bittere Langeweile.

Schreiber dieses will es versuchen, einen solchen
Abend, mit seinem wechselnden Inhalt, mit seinen an=
regenden, frischen Gesprächen zu schildern, insofern es
ihm möglich ist, dies nach den flüchtigen Tagebuch=
notizen zu thun, die er bei jedesmaliger Heimkunft
aus diesem fröhlichen Zirkel auf's Papier hinwarf.

Es ist zehn Uhr! Die Gäste sitzen um den vor

13*

der Hausfrau brodelnden Samowar an dem reich
servirten Theetisch. Wie würden unsere deutschen Da=
men dreinsehen, die uns heißes Peccowasser mit dünnen
Butterschnitten als Abendbrod vorsetzen, sähen sie die
Plage, welche eine solche Theevisite in St. Petersburg
für die Dame vom Hause mit sich führt?

Da muß der Tisch mit den feinsten, Appetit rei=
zenden Delikatessen besetzt sein, da muß die arme, ge=
plagte Wirthin nicht nur jede einzelne Tasse des duf=
tenden Trankes dem Gaste vorsetzen, sondern sie muß
vor den Augen desselben die gebrauchte Tasse wieder
reinigen und frisch füllen, und wie viele Tassen
ein solcher petersburger Magen verträgt, das kann nur
der glaublich finden, der einer solchen Vertilgung einst
als staunender Augenzeuge beigewohnt! Um Mitter=
nacht beginnt dann erst ein reiches Souper, ebenfalls
unter dem Vorsitz der Dame, welches gewöhnlich erst
gegen Morgen endet. Den Thee durch die Dienst=
leute bereiten und serviren zu lassen, gehört nicht zum
guten Tone.

Nach dieser kleinen national = gastronomischen Ab=
schweifung kehren wir in den Salon des Freundes
Kukolnik zurück.

Es ist zehn Uhr. Die warme Stube kontrastirt
angenehm mit dem draußen heulenden Schneesturm,
der die dicken Flocken in solcher Masse auf die Erde

niederjagt, daß es unmöglich ist, Weg und Steg zu
erkennen. Die Klingel tönt und ein verspäteter Gast
tritt ein. Es ist Fürst W.....y, der Chef eines
Husaren-Regiments, ein abgöttischer Verehrer des Kaisers, dabei eine gutmüthige Seele und — in Rußland
eine Seltenheit — ohne den geringsten Stolz auf
seinen Rang. Nachdem er seinen Schnurrbart von
einer Eislast befreit, die diesen um das Doppelte ver-
längerte, grüßt er die Anwesenden mit Herzlichkeit und
nimmt seinen Platz am Tische ein.

„Warum so spät, Andrä-Andräwitsch*)?" nimmt
die Hausfrau freundlich drohend das Wort: „Immer
der Letzte!"

„Entschuldigen Sie, Mari-Iwanna, ich komme
eben vom Kriegsminister, die Angelegenheiten unseres
Freundes I.....ff hat der Kaiser entschieden, und
zwar mit einer solchen Weisheit, welche an das Urtheil
Salomonis, biblischen Andenkens, erinnert."

„Lassen Sie hören, Andrä-Andräwitsch, die Sache
interessirt uns Alle, da aber nicht Alle von dem Vor-
gange genau unterrichtet sind, Sie bei demselben jedoch
theilweise als Augenzeuge figurirten, so erzählen Sie
uns wohl auch die darauf Bezug habende frühere Begebenheit."

---

*) Sohn des Andreas; der Russe nennt immer den Namen
des Vaters mit, wenn er Jemanden anredet.

Der Fürst, welcher mit Freuden die Gelegenheit ergriff, seinen Kaiser im glänzendsten Lichte zu zeigen, erzählte mit Vergnügen:

Ein Urtheil des Czaren.*)

„Sie, als Ausländer," fing er an gegen uns Deutsche, „Sie können sich keinen Begriff machen von dem ungeheuren Reichthum, der bei uns in Rußland oft in iner Familie, ja in einer Hand zusammengehäuft sich findet. Es würde Sie an die Mährchen von Tausend und eine Nacht mahnen, über welche Summen ein Scheremetieff, ein Dimidoff, Jakobleff zu disponiren haben.

Von diesen Krösussen ist nun der junge J....ff einer der reichsten, der tollsten. Seine Vorältern gehörten mit zu den Auffindern der Sibirischen Gold- und Silberminen und erhielten, damals noch Leibeigene, in Folge ihrer glücklichen Entdeckung, die Freiheit, und einen Theil an der Ausbeute, welche unermeßliche Summen abwarf. Unser Freund J., der Letzte seines Stammes, hat nun des rohen und gemünzten Mammons eine solche Menge, daß er, im strengsten Sinne des Wortes, nicht weiß, was er damit anfangen soll. Als das Winterpalais des Kaisers mit allen seinen Schätzen verbrannte, erbot er sich, dasselbe in seinem früheren Zustande „als patriotische Gabe" aus eigenen

---

*) Kaiser Nikolaus.

Mitteln wieder herzustellen, ein Anerbieten, welches
der Czaar von keinem Unterthan annehmen konnte, und
daher zurückwies. Dabei ist J. der übermüthigste,
aber auch der gutmüthigste Mensch des ganzen russischen Reiches. Mit seinem Gelde ist es ihm möglich,
die bizarrsten Launen durchzuführen; er ist der ver-
wegenste Spieler, der kühnste Reiter, der beste Schütze
von der Ostsee bis ans schwarze Meer.

Doch, wie nun eben unter der Sonne kein voll-
kommenes Glück gedeiht, so auch bei unserm Iwan
Iwanowitsch; dessen sehnlichsten, heißesten Wunsch:
einige Jahre im Auslande, besonders in Paris zu-
bringen zu dürfen, der Kaiser auf oft wiederholte
Bitten stets strenge abschlug. „Der Tollkopf wird mit
seinem vielen Gelde dumme Streiche und dem russischen Namen Schande machen" entgegnete „der Herr"
immer, so oft das Gesuch von J. von einer mächtigen
und einflußreichen Person befürwortet wurde, und der
arme Millionair muß suchen, sein Geld im Vaterlande
todt zu schlagen! —

Vor vierzehn Tagen kam, wie Sie wissen, die
Kunstreitergesellschaft Lejars aus Deutschland hier an,
um in St. Petersburg und Moskau ihre Rubelerndte
zu halten. Unter den Enthusiasten für diese Truppe war
nun J...... einer der leidenschaftlichsten. Jeder Abend
fand ihn in einer der vordern Logen, und seine Verehrung für die schöne Lejars oder die kühne Pauline

ergoß sich in reichen Blumenspenden, denen nicht selten
weit solidere Zeichen von Wohlwollen beigebunden
waren, z. B. ein Diadem von Diamanten, eine Reit=
peitsche, an deren Griff ein Rubin von seltener Größe
prangte ꝛc.

Was Wunder, daß derselbe in kurzer Zeit der geach=
tetste Gast der fremden Künstler wurde, daß die Dan=
kesverbeugungen derselben bei den Beifallsstürmen
meistens zuerst gegen die Loge des jungen Mäcens
gerichtet waren, natürlich, wenn Niemand vom Hofe
anwesend.

Eines Abends stößt J..... aus Versehen mit der etwas
ungeschickt angebrachten Logenthüre an den Fuß des
Obersten B.... Dieser, nahe verwandt mit dem
Lieblinge des Kaisers, dem Fürsten Menzikoff, achtet
nicht auf die höfliche Entschuldigung J......s., sondern
schlägt denselben heftig und unerwartet in's Angesicht,
so daß ihm sogleich das Blut über dasselbe herab=
strömt. J.....ff wuthschnaubend, fordert sogleich
öffentlich Genugthuung von seinem halbbetrunkenen
Beleidiger, diese wird ihm in acht Tagen zugesagt und
die erbitterten Gegner werden von ihren Freunden hin=
ausgebracht.

Der ganze Vorfall dauerte kaum viel länger, als
ich Zeit brauche, ihn zu erzählen, machte aber dennoch,
wie begreiflich, nicht nur im Circus selbst, sondern
auch in ganz Petersburg das ungeheuerste Aufsehen.

Merkwürdiger Weise aber schien gerade der, welcher das Ereigniß doch gewiß zuerst erfahren mußte, nichts davon wissen zu wollen.

Die ganze Residenz erfuhr, daß das Pistolenduell, nach J.....ff's Forderung auf Tod und Leben, in einigen Tagen in einem, wenige Werste von der Stadt entfernten Gehölze, stattfinden werde. Da jedoch der Kaiser die Sache nicht erwähnte, der Ober = Polizei= meister von diesem wohl den geheimen Befehl erhal= ten haben mochte, der Angelegenheit ihren Lauf zu lassen, so mischte sich keine Behörde in die Streitsache, und Jedermann sah der Entscheidung derselben mit der größten Spannung entgegen.

Oberst B....., bei Jung und Alt verhaßt und gefürchtet, hatte wenig Sympathie für sich, desto mehr der junge Crösus, der noch dazu durch seine oft er= probte Schützengewandtheit die meisten Chancen in diesem gefährlichen Spiele für sich hatte.

Dies mochte auch der schlagfertige Oberst einsehen, und nachdem der Rausch verflogen war, stellten sich bei ihm über die Folgen seiner Handlung Reflexionen der unerfreulichsten Art ein.

Seine Kameraden erklärten ihm unverholen, daß man ihn bereits als todten Mann betrachte, aber wenig Mitleid mit seinem Schicksal habe, welches er selbst durch sein, den ganzen Soldatenstand schändendes Be= tragen hervorgerufen habe.

Der Abend war erschienen, dem voraussichtlich ein blutiger Morgen folgen sollte. Wir finden B. abermals im Cirkus und zwar dies Mal neben dem stabilen Sitz des Ober-Polizeimeisters. Im Zwischenacte rief der Oberst überlaut einem rückwärts sitzenden Kameraden die Bitte zu, ihn morgen nicht zu besuchen, da ja an diesem Tage sein Duell mit J.....ff stattfinden werde.

Diese Renommage verfehlte ihre Wirkung nicht, denn der Ober-Polizeimeister wendete sich, sobald dieselbe ausgesprochen war, ernst zu seinem Nachbar und sagte ruhig:

„Herr Oberst, Ihr Rencontre mit J.....ff ist mir so bekannt gewesen, als der ganzen Stadt, allein ich brauchte es nicht zu wissen. Da Sie mir aber in diesem Augenblick durch die Oeffentlichkeit, mit der Sie das Ereigniß behandeln, dasselbe amtlich anzeigen zu wollen scheinen, so muß ich Sie bitten, mir Ihr Ehrenwort zu geben, sofort sich nach Hause zu begeben und Ihre Wohnung nicht vor der Entscheidung Sr. Majestät des Kaisers zu verlassen, dem ich die Sache morgen beim Früh-Rapport melden werde."

Mein wackerer B..... läßt sich das nicht zwei Mal sagen, er eilt nach Hause und tritt freudig seinen Stubenarrest an, zu dem vorläufig auch J.....ff verurtheilt wird.

Als die Sache unserem Kaiser zur Entscheidung

vorgelegt wurde, ließ er J.....ff volle Verzeihung
anbieten, wenn er das Duell, so wie die ganze Streit=
sache vergessen, auf sich beruhen lassen und sein Ehren=
wort darauf geben wolle; er selbst, sein Kaiser, werde
ihm Satisfaction verschaffen.

Auf dieses gnädige Anerbieten antwortete J....ff
tollkühn: Der Kaiser sei sein Herr und sein Schick=
sal liege in dessen Hand, wenn ihn aber Sr. Maje=
stät zehn Jahre nach Sibirien schicke und er werde im
elften frei, so würde sein Erstes sein, den Oberst B...
zu fordern. Auch könne der Streit nur mit dem Leben
des Einen oder des Andern enden: Darauf nur könne
er sein Ehrenwort geben!

Binnen vierundzwanzig Stunden kam folgende
Entscheidung Sr. Majestät an J.....ff:

Der Oberst B. sei in Folge seiner Brutalität und
Feigheit verurtheilt, als gemeiner Soldat nach dem
Kaukasus zu gehen, mit einem Gemeinen könne sich
J.....ff natürlich nicht schlagen, und somit sei die
Sache beendigt. Da J.....ff jedoch durch die Her=
ausforderung sich gegen die Gesetze vergangen, so habe
er Strafe verdient, und deshalb sei er auf drei Jahre
aus seinem Vaterlande verbannt, und die Behörden
hätten bereits Befehl, ihm seinen Paß nach Paris aus=
zufertigen.

„Das Urtheil ist bereits vollzogen," schloß der Fürst
seine Erzählung. „Der Oberst B. ist auf dem Wege

nach dem Kaukasus und unser Freund J.....ff auf
der Reise nach Frankreich."

„Und nun, meine Herrn, die Gläser zur Hand,
lassen Sie dieselben anklingen auf das Wohl Sr. Majestät! Möge er uns und Ihnen noch lange erhalten
bleiben und viele solche salomonische Urtheile fällen!"

Während die Gläser stürmisch anklangen und der
größte Theil der Gesellschaft den Toast laut nach=
rief, flüsterten zwei Ausländer, am untern Ende der
Tafel sitzend, einander folgende Bemerkung zu. Der
Eine, ein deutscher Architekt, der zur Erbauung eines
Krongebäudes vom Rhein hierher berufen war, sagte
zu seinem Nachbar, einem lebenslustigen französischen
Schauspieler:

„Kannst Du Dir eine tragi=komischere Figur denken,
als diesen armen Millionenbesitzer mit seiner vergeb=
lichen Sehnsucht nach Paris, dem gelobten Lande der
Tollköpfe? Der eiserne Wille „des Herrn" hält den
Armen in seinem goldenen Käfig fest, während er
selbst wieder tausend Leibeigene sein nennt, die vor
einem Wink seiner Brauen zittern."

„Und der Wille," fuhr der Andere ergänzend fort,
„der Wille des Gewaltigen verweiset ihn dann an das
Ziel seiner Wünsche, während er ihn eben so gut nach
Sibirien hätte führen können." „Auf der ganzen
Welt," fuhr der Fürst in seinem Enthusiasmus fort,
„lebt kein gerechterer und gütigerer Monarch, daher

erfreuen wir Russen uns einer gesegneten Ruhe, wäh=
rend das ganze übrige Europa noch immer gährt und
braust und wankt."

„Die vergangene Woche war große Revue auf dem
Marsfelde, ein Schauspiel, welches man in solchem
Glanze in keinem Lande wiederfindet. Auf dem Wege
dahin ritt Se. Majestät, wie gewöhnlich, mit ritter=
licher Galanterie neben dem Wagen der Kaiserin. In
dem Augenblicke, als dieser hält, springt „der Herr"
vom Pferde, um die Dame herauszuheben, allein der
Kammerkosak war zu gleicher Zeit vom Tritte herab=
geeilt, um den Kutschenschlag zu öffnen, und beide —
der Kaiser und der arme Kosak — stoßen so empfind=
lich aneinander, daß „der Herr" im ersten Zorn dem
Letztern einen kräftigen Schlag giebt, der ihn in den
Graben schleudert. Doch wie erstaunen die unzähligen
Zuschauer, als der Kaiser in demselben Moment den
Diener vor allen Zeugen aufhebt, ihn küßt und mit
den Worten: „Bruder, vergieb, mein heißes Blut riß
mich zur Ungerechtigkeit hin," um Vergebung bittet*)."

„Da war aber auch die Menge nicht mehr zu hal=
ten. Ein tausendstimmiges, vom Herzen kommendes
Hurrah erschütterte die Luft, und mit Freudenthränen
in den Augen sah man die Veteranen die Hüte schwen=
ken. „Was sagen Sie, meine Herren? Würde Ihr

---

*) Faktisch.

Kaiser," setzte er gegen den jungen Franzosen gewendet hinzu, „auch so gegen einem armen Teufel handeln?"

Phlegmatisch antwortete dieser: „Allerdings nicht, aber er würde den armen Teufel bei ähnlicher Gelegenheit auch nicht in den Graben geworfen haben."

Nach einer Pause nahm der Hauswirth R..... das Wort: „Ich begegnete dem Herrn nach dem Leichenbegängniß des Großfürsten Michael. Sie glauben nicht, wie mich der Anblick erschütterte. Seine hohe, imposante Gestalt hing zusammengekauert auf dem Pferde, dessen Zügel er schlaff in der Hand hielt; sein schönes, männliches, ausdrucksvolles Gesicht erschien mir eingefallen und welk; der Tod seines Bruders hat ihn über Nacht um ein Jahrzehnd älter gemacht. Ich vermag es nicht, Ihnen zu schildern, wie mir der Anblick das Herz zerriß."

„Kein Wunder," sprach der Fürst, „daß ihm der Tod des Bruders tief ans Herz greift. Der Verblichene war sein treuester Freund, sein Rathgeber, seine festeste Stütze. Von vielen Hofleuten gefürchtet ob seines derben, rücksichtslosen Freimuths, war er der Abgott der Soldaten und manche ergötzliche Anekdote circulirt in dieser Beziehung über ihn. So wissen Sie z. B. Alle, daß der Soldat im Dienste das Recht hat, jede Fähre über die Newa unentgeldlich zu benutzen, während er sonst fünf Kopeken zu bezahlen hat. — Nun geht der Großfürst eines Tages am Quai in der Nähe des Marmorpalastes umher und bemerkt

einen Schiffer, einen kräftigen, jungen Mann, im Streit
mit einem Soldaten, dem er den Mantel von den
Schultern zerren will. Auf die Frage, was es gäbe,
meldete der Soldat, daß der Schiffer, obgleich er die
Dienstmarke vorgewiesen, für die Ueberfahrt bezahlt
sein und sich mit seinem Mantel gewaltsam pfänden
wolle. „Was willst Du mit dem alten Mantel
machen? Du siehst ja, er ist schon sehr schlecht;
komm' mit mir, ich will Dir einen neuen geben," sagte
Se. kaiserliche Hoheit mit gutmüthig jovialem Tone.
Der Schiffer muß ihm in die nächste Kaserne folgen,
wo er als Soldat eingekleidet wird und auf diese
Weise freilich zu einem neuen Militairmantel kommt."

„Merkwürdig genug," fuhr der Fürst fort, „war der
Großfürst sonst so heiter undg uter Laune, in der letzten Zeit
trübe, ernst, verschlossen, von düstern Ahnungenge quält."

„Glauben Sie an Ahnungen?" warf Nestor Wasi=
liwitsch dazwischen.

„Eigentlich sollte mir als Soldat jeder Aberglaube
unzugänglich sein, allein ich habe durch ein Glied
meiner eigenen Familie den Beweis erhalten, daß es
Dinge zwischen Himmel und Erde giebt, von denen
sich keine Schulweisheit träumen läßt."

In der lebhaften Aufmerksamkeit der Anwesenden
las der Sprecher die Bitte um Erzählung der geheimniß=
vollen Begebenheit, auf welche er soeben angespielt, und die=
sem stummen Wunsche nachgebend, erzählte er uns folgende

Geistergeschichte.

„Ein Theil von Ihnen, meine Herren und Damen, hat meinen Bruder Andrä=Andräwitsch genau gekannt; die Uebrigen werden es daher nicht für Prahlerei hal= ten, wenn ich versichere, daß derselbe einer der tapfer= sten und muthigsten Soldaten war, welche die russische Armee zählt, die doch, bei Gott! an verwegenen, be= rufstreuen Männern keinen Mangel leidet. Kühn bis zur Tollheit, ritterlich galant gegen Damen, bildhübsch, jung, reich und verschwenderisch, was Wunder, daß der Herr Rittmeister der Liebling seiner Kameraden, der Abgott der Frauen war. Mit heiterer Lebenslust ar= rangirte er alle in seinem Kreise vorkommenden Feste, und nie sah man eine Wolke der Traurigkeit auf seiner Stirne lagern.

Stellen solch' seltene Eigenschaften ihren Träger überall hoch, um wie viel mehr mußte dies der Fall bei meinem Bruder in dessen Garnisonsort sein? Sie kennen die Bauerndörfer, wohin unsere Kavallerie oft zum Schrecken ihrer Offiziere vertheilt wird. Stunden= lang müssen diese reiten, um zu einem, wenn das Glück wohl will, zu mehreren Kameraden zu gelangen und in Trinkgelagen und beim Hazardspiel die Langeweile um einige Stunden zu betrügen; wem dies nicht ge= nügt, der darf oft eine Tagereise nicht scheuen, will er das Glück gebildeter Gesellschaft bei einem der um=

wohnenden Gutsbesitzer oder in einem Städtchen ge=
nießen. Der nächste größere Ort, welcher der Ver=
gnügungsluft meines Andrä = Andräwitsch zugänglich
war, hieß Reschilitowka, ein ungeheuerer Marktflecken
mit 11,000 Einwohnern in Klein=Rußland. Wer die
Städte im Innern unseres Vaterlandes kennt, der
macht sich leicht eine Vorstellung von diesen Markt=
flecken, welche oft die Größe einer mittleren Residenz=
stadt erreichen, sich jedoch in keiner Beziehung über
den Schmutz des elendesten Bauerndorfes erheben.
Eine Annehmlichkeit hatte jedoch Reschitilowka vor
anderen Ortschaften gleichen Ranges voraus: ein sehr
schönes Casino, von den benachbarten Edelleuten ge=
gründet und erhalten. Die weitläufigen Räume des
schönen Gebäudes wurden zu periodisch wiederkehrenden,
für jene Gegend ziemlich großartigen Festen benutzt,
deren Seele, wie gesagt, stets mein Bruder war. Mo=
nate lang wurde ein solches Fest verschoben, wenn
Dienstpflicht oder andere Ursachen denselben abhielten,
der Unterhaltung beizuwohnen und dieselbe mit seiner
stets heiteren Laune zu erhöhen.

Um so mehr mußte es auffallen, daß Andrä=Andrä=
witsch zu einem Ballfeste, für welches er selbst seit
Wochen die anstrengendsten Vorbereitungen getroffen,
nicht nur sehr verspätet, sondern sichtlich verstimmt,
zerstreut, ja, man könnte sagen, verstört erschien. Er,
sonst der leidenschaftlichste, eleganteste Tänzer, blieb

14

ruhig auf einem Polsterstuhle sitzen, während ein wah=
rer Blumenflor der schönsten Mädchen den Saal durch=
schwebte. Vergebens waren alle Aufforderungen der
Freunde, sich der Lust, der Freude hinzugeben. Auf
alle Fragen der Ursache seines auffallenden Benehmens
gab er ausweichende, nichtssagende Antworten, leere
Ausflüchte.

Erst spät bei Tische lösten einige rasch hinabge=
stürzte Gläser Champagner und das theilnehmende,
herzliche Andringen der Anwesenden seine Zunge, und
mit schneidend scharfem Tone warf er plötzlich die un=
erwartete Frage hin:

„Ist Jemand unter Ihnen, meine Herren, der mich
für feige hält? der mir im Leben eine Handlung nach=
weisen kann, welche den geringsten Mangel an Muth
beurkundet?"

Auf die einstimmige Versicherung, wie überflüssig
eine solche Frage in Bezug auf seine so oft erprobte
Tapferkeit in der Schlacht und im Duell sei, fuhr
mein Bruder in sichtlicher Aufregung fort:

„Und dennoch, meine Verehrten, habe ich mich vor
wenig Stunden gefürchtet, wie nur je ein Kind sich
vor Knecht Ruprecht fürchten kann, ja, ich habe ge=
zittert, daß ich mich kaum im Sattel erhalten konnte.
Damit Sie aber nicht glauben mögen, das, was ich
Ihnen jetzt erzählen werde, sei ein Bild meiner Phan=
tasie, so gebe ich Ihnen mein Ehrenwort, daß außer

den paar Gläsern Wein, die ich eben getrunken, seit
14 Stunden kein Tropfen geistigen Getränkes über
meine Lippen gekommen, daß ich nicht die geringste
Unannehmlichkeit, nicht den mindesten Verdruß gehabt,
sondern mit vollkommener Gemüthsruhe und gewohn=
ter Heiterkeit von Hause wegritt, überzeugt, daß ich
einer frohen Nacht entgegeneile. — Als ein geübter
Reiter lege ich gewöhnlich die tüchtige Strecke von
mir bis Reschitilowka in drei Stunden zurück; ich
schwang mich daher um 7 Uhr auf mein Pferd, wel=
ches auch rasch genug ausgriff. Der helle Mond=
schein, welcher sein volles Licht auf die Schneefläche
vor uns hinwarf, verbreitete Tageshelle rings umher;
nicht der kleinste Gegenstand hätte meiner Aufmerksam=
keit entgehen können. So ritt ich munter den mir
bekannten Waldpfad entlang, bis ich auf die breite
Landstraße gelangte, die hierher führt. Um mir die
Langeweile des Weges etwas zu verkürzen, pfiff ich
vor mich hin, was mir an Opernmelodien und
Volksgesängen eben durch den Sinn fuhr. Plötzlich
sehe ich, wie aus dem Boden gewachsen, einen Schat=
ten neben mir auf dem Schneelicht gleiten, der, der
Form nach zu urtheilen, einem hinter mir galopirenden
Reiter gehören muß. Ich halte meinen Braunen an,
in der sichern Voraussetzung, der mich Einholende sei
gleich mir ein verspäteter Ballgast, den das Bedürfniß
nach Unterhaltung treibe, in meine Nähe zu kommen.

14*

Mit zwei Schritten ist der nächtliche Reiter neben
mir; das volle Licht des Mondes fällt auf sein Gesicht;
er starrt mich, sein Pferd am Zügel, lautlos an, und
denken Sie sich mein Entsetzen — ich bin's! Bis
auf die geringste Kleinigkeit in Kleidung, Haltung,
bis auf den kleinsten Zug meines Gesichts starrt mein
gespenstiges Ich mir ins erschrockene Antlitz.

Ja, selbst das Pferd, auf dem das Phantom in
gleichem Schritt neben dem meinigen reitet, ist ein
treuer Doppelgänger meines eigenen Thieres. Ich
muß Ihnen gestehen, daß bei diesem Anblick das Blut
in meinen Adern zu Eis erstarrt; obwohl aber von
kaltem Schweiß übergossen, hatte ich doch noch Geistes=
gegenwart genug, mein Roß am Zügel festzuhalten
und, so stehen bleibend, meinen unheimlichen Reisege=
fährten näher zu betrachten. Ich war's! Kein Zwei=
fel möglich! Kein Betrug denkbar!

Er hat ebenfalls seinen Braunen angehalten, steht
mit demselben kaum zehn Schritte von mir, vom Mond=
licht grell beleuchtet, und starrt stumm auf mich, wie
ich auf ihn! Um alle Schätze der Welt wäre es mir
in diesem entsetzlichen Augenblicke nicht möglich gewe=
sen, auch nur einen armen Laut aus meiner Kehle
hervorzuwürgen.

Nach kurzer Pause fasse ich, rasch entschlossen, mein
Pferd am Zügel, drücke ihm die Sporen in die Weichen,

daß es, sich hoch bäumend, vorwärts fliegt, — mein
Ebenbild ebenso!

Wer uns so lautlos über die weite Schneefläche
hin galoppiren gesehen hatte, der wäre ungewiß ge=
wesen, wer von beiden dahinrasenden Gestalten der
Lebende sei, wer das Gespenst. Endlich nach einem
Ritte, der mir endlos lang vorkam, gelangen wir an
den Kreuzweg, wo der Wegweiser mit der Aufschrift
„Nach Reschitilowka" steht, dessen Inschrift mir wie
ein Fingerzeig zum Paradiese erschien. Noch sehe ich
meinen furchtbaren Begleiter, der aber im nächsten
Augenblicke, wie von der Erde verschlungen, verschwindet,
eben als ich in die Allee einbiege, welche zum Marktflecken
führt. Spurlos, wie es hinter mir aufgetaucht, war
das Phantom vor meinen Augen zerstoben, und Sie
werden jetzt leicht die Stimmung begreifen können,
in welcher ich in Ihre Mitte trat.

Nochmals gebe ich Ihnen mein Ehrenwort, daß
nicht das geringste vorhergegangene Ereigniß mich be=
rechtigt, diese Erscheinung für eine Geburt meiner
Phantasie zu halten!"

Als mein Bruder schwieg, herrschte im Saale eine
lautlose Stille. Vergebens suchten später einige jün=
gere Kameraden ihm die Geschichte als Schwank, als
Vollmondsspuk darzustellen und natürlich auszulegen,
weder bei ihm, noch bei den Anderen wollte die fröh=
liche Stimmung mehr einkehren, wie sehr man sich

dazu aufzuſtacheln ſuchte, und nach einer halben Stunde
war mein Andrä-Andräwitſch ſans adieu aufgebrochen
und nach Hauſe geritten. Als beim erſten Tagesgrauen
ein Theil der Ballgäſte denſelben Weg einſchlug, fanden ſie mit Entſetzen am Kreuzwege mit gebrochenem
Genick die Leiche meines armes Bruders, der vom
Pferde geſtürzt war, genau an derſelben Stelle, an
welcher, nach ſeiner Ausſage, das Geſpenſt ver-
ſchwunden ſein ſollte."

Als der Fürſt die Mittheilungen dieſer geheimnißvollen Begebenheit geendet hatte, entſtand eine lange
Pauſe. Der Erzähler, ſichtlich ergriffen, ſchwieg, in
tiefes Nachdenken verſunken, welches die Anweſenden
nicht zu unterbrechen wagten.

Endlich bekam R . . . . . k das Wort.

„Wer wollte leugnen," begann er, daß es ein Etwas
in der Natur giebt, deſſen Daſein alle Vernunftſchlüſſe
vergebens abzuſtreiten ſuchen. Der Schriftſteller Kaan,
den Sie wohl größtentheils Alle kennen, wurde einſt
von einer Ahnung überfallen — ich gebrauche wiſſent-
lich den Ausdruck „überfallen", — deren Reſultat zu
den wunderbarſten Erlebniſſen meines vielbewegten
Lebens gehört.

Eine Ahnung.

Unſer Freund Bulgarin hatte, als er die „Nor-
diſche Biene" redigirte, eine Menge junger Talente in

die ruffifche Lefewelt eingeführt, denen es außerdem
fchwer, wo nicht unmöglich geworden wäre, dem Pu=
blifum bekannt zu werden. Die weite Verbreitung
des Bulgarin'fchen Journals machte es demfelben mög=
lich, ein Honorar zu bewilligen, welches dem bezahlten
Schriftfteller die dornenvolle Anfängerzeit ebnet und
ihm anftändig zu exiftiren erlaubt.

So hatte der geniale Verfaffer des ruffifchen Gil
Blas den armen Kaan, der bald zu den beliebteften
Mitarbeitern der Biene gehörte, Schritt für Schritt
bis zu feinen jetzigen Erfolgen geleitet und unterftützt,
fo daß der junge Mann fich in feinen Verhältniffen
in Petersburg mit Recht ganz behaglich fühlte.

Er hatte in Dorpat ftudirt und war dann, um
unangenehmen häuslichen Verhältniffen dafelbft zu ent=
gehen, nach der Czaarenftadt geeilt, wo er, wie gefagt,
rafch eine zukunftreiche Carriere gemacht. Seine Mutter,
eine gebildete Offizierwittwe, hatte einen Beamten ge=
ehelicht, deffen Charafter fie leider erft nach der Hoch=
zeit kennen lernte. Dem Trunke und der Verfchwendung
ergeben, brachte er in kurzer Zeit das Vermögen der
armen Frau durch, und wurde der Zankapfel zwifchen
ihr und den bereits erwachfenen, verftändigen Kindern,
welche fobald als möglich dem väterlichen Haufe, jetzt
für fie eine Hölle, zu entfliehen fuchten. Still duldend
trug die Wittwe K . . . . die Folgen ihrer Uebereilung
und die rohen Ausbrüche des Trunkenen, ja die häufi=

gen Briefe, die sie mit ihrem Sohne wechselte, ließen
diesen glauben, daß sein Stiefvater seine Fehler größ=
tentheils abgelegt habe und sie mit ihrem Geschicke
leidlich zufrieden sei.

Denken Sie sich daher das Erstaunen Bulgarin's,
als Kaan eines Abends bleich und zerstört zu ihm
kommt und ihn beschwört, ihm Geld zu geben, da er
in dieser Nacht noch nach Hause müsse. Auf die Frage
Bulgarin's, ob denn die Reise unaufschiebbar sei, ob
er nicht wenigstens noch eine früher angefangene wich=
tige literarische Arbeit vollenden wolle, beschwört ihn
dieser mit Angst erfüllter Stimme, Bulgarin möge ihn
nicht zurückhalten, eine nicht zu beschreibende Bangig=
keit treibe ihn ruhelos umher, seit zwei Stunden habe
ihn die Ahnung befallen, wenn er nicht augenblicklich
nach Hause reise, so geschehe dort ein namenloses Un=
glück. Er könne sich über dieses unaussprechlich peini=
gende Gefühl keine Rechenschaft geben, jedoch sei es
nicht zu überwinden und treibe ihn mit gewaltiger
Macht an, zu seiner Mutter zu eilen.

Heiße Thränenströme verkündeten lauter als alle
Worte die Wahrheit des Gesagten; tief erschüttert gab
Bulgarin die erbetene Summe her und eine Stunde
später schon flog Kaan auf rascher Telege mit Extra=
post die Straße nach Dorpat entlang.

Die Windeseile der schnaubenden Rosse dünkt seiner
schmerzlichen Ungeduld noch immer nicht schnell genug

und am nächsten Abend sieht er mit Entzücken die
Lichter der Vaterstadt durch das Dunkel der Nacht
flimmern. Aus dem Gefährte springend, rennt er,
kaum im Posthause angekommen, mit raschen Schritten
dem elterlichen Hause zu. Die Treppe hinaufstürmend
tritt er in die große Stube — sie ist leer und finster.
In's Schlafzimmer der Mutter! — Ein schwerer,
hinter der Thür befindlicher Gegenstand hindert ihn,
in dasselbe einzudringen. Vergebens ist sein Rufen.
Die Wohnung scheint ausgestorben.

Mit vieler Mühe gelingt es ihm, den Beleuchtungs-
apparat zu finden, endlich hat er Licht, er dringt in die
Kammer — o Entsetzen! — der hindernde Gegenstand
ist der Körper seiner Mutter, die sich an der Thür
aufgehängt hatte, um einem qualvollen Leben ein Ende
zu machen. Noch ist Lebenswärme in ihr und mit
rascher Besonnenheit gelingt es dem Sohne, den fast
erloschenen Funken wieder anzufachen, der in schauerlicher Einsamkeit die Mutter wieder ins Dasein ruft.
Eine Viertelstunde länger und es wäre zu spät gewesen!

Wer wollte hier das geheimnißvolle Walten der
Vorsehung verkennen, die das eigene Kind zum Werk-
zeug erfor, die Verzweifelnde vor zeitlichem und ewigen
Verderben zu retten?

Die folgende Scene möge sich jedes fühlende Herz
selbst ausmalen. Schon der nächste Tag fand die

Mutter, entrissen den Klauen des wüsten Trunken=
boldes, mit dem theuren Sohne auf dem Wege nach
Petersburg, wo sie seit der Zeit ein freundliches Asyl
gefunden. Aus ihrem eigenen Munde habe ich die
eben erzählte Begebenheit."

Ein junger kleinrussischer Kaufmann nahm jetzt das
Wort, indem er die Möglichkeit solcher Erscheinungen
bestritt, für welche sich keine natürliche Ursache auffin=
den lasse, dagegen aber die Existenz des Wunderbaren
nicht in Abrede stellte; aber nach seiner Behauptung
lasse sich für jedes noch so räthselhafte Erlebniß ein
natürlicher Schlüssel finden. Zum Beweise für seine
Meinung gab er folgende Geschichte zum Besten.

Ein unbekanntes Thier.

„Ich bin in Krementschug, einem Städtchen am
Dniepr, geboren, welches unter Anderen auch ein kleines
naturhistorisches Museum besitzt, d. h. einige Wölfe
von seltener Größe, versteht sich ausgestopfte, ein Elen=
thier, einige Mamuthsknochen, einheimische Vögel, ein
paar Zobel und einige Erzstufen. Hinter den halb
verblichenen Scheiben eines Wandschrankes bewundert
man in einem Glasgefäße ein scorpionartiges, in Spi=
ritus gesetztes Thier von ungewöhnlicher Größe, dessen
Hintertheil stachelartig zuläuft; auf dem Glase liest
man die Aufschrift: ein unbekanntes Thier! Auf meine

neugierige Frage, wie dieses Thier hierherkomme, er=
zählte mir der Führer Folgendes:

Auf dem alten Rittersitze, welcher dort auf der An=
höhe am Dniepr liegt und jetzt herrenlos in Ruinen
zerfällt, lebte vor langer, langer Frist ein ebenso liebens=
würdiger als gastfreier Edelmann.

Die weiten Räume seines Herrenschlosses reichten
nicht hin zur Aufnahme Derer, die der Ruf der Gut=
müthigkeit seines Eigenthümers herbeilockt.

Da geschah es, daß eines Tages, nach einer durch=
schwärmten Nacht, beim Frühstück einer der Gäste
fehlte. Da dies sehr häufig sich ereignete, so zog die
Gesellschaft, um den vermeinten Langschläfer nicht zu
stören, ohne diesen zur Jagd hinaus. Als der Feh=
lende aber auch bei der Mittagstafel nicht erschien, da
zogen die lustigen Kumpane, die Humpen in den Hän=
den, vor dessen Kammerthüre, um den Säumigen,
sonst der Fröhlichsten Einer, zu wecken mit heiterem
Trinkspruche. Doch vergebens war alles Pochen, alles
Lärmen, die Thüre blieb verschlossen und als man die=
selbe erbrach, da lag der gestern noch heitere Gast —
todt im Bette. Das bleiche Antlitz, verzerrt vom
furchtbaren Todeskampfe, gab Zeugniß, daß der Tod,
wenngleich unerwartet, doch nicht schmerzlos über ihn
gekommen. Wie begreiflich, störte dies traurige Ereigniß
die Lust der Geladenen und nachdem dem plötzlich
Dahingeschiedenen die letzte Ehre erwiesen war, trennte

man sich vor dem eigentlichen Schlusse des Festes.
Monate waren verflossen, wieder waren Gäste aus dem
weitesten Umkreise auf dem gastlichen Schlosse ange=
langt, dessen Besitzer die Vermählung seiner ältesten
Tochter mit einem benachbarten Gutsbesitzer auf das
Glänzendste zu feiern beschlossen hatte.

Das Zimmer, in welchem vor längerer Zeit der
junge Gast so unglücklich vom Leben abgerufen wurde,
war seit jenem Tage nicht wieder bewohnt gewesen.
Jetzt, da jeder Winkel des geräumigen Hauses benutzt
werden mußte, erhielt dasselbe ein junger Offizier.

Man denke sich den ahnungsvollen Schreck des
Hauswirthes, als derselbe am andern Morgen nicht
beim Frühstück erschien und das grauenvolle Ereigniß
sich in's kleinste Detail wiederholte, wie damals.

Die genaueste Durchsuchung des Gemachs, von
welchem sogar die Tapeten abgerissen wurden, führte
jedoch eben so wenig zu einem Resultate, als die sorg=
fältigste Durchforschung der Leiche des Unglücklichen.

Nicht die leiseste Spur deutete auf irgend eine Ge=
waltthat hin, die Thüre, der einzige Eingang in das
Gemach, hatte man von Innen verschlossen und ver=
riegelt gefunden, und die Fenster waren mit starken
eisernen Gittern versehen. So sehr sich die Vernunft
gegen diese Auslegung sträubte, so mußte man doch
annehmen, daß beide Todeskandidaten über Nacht vom
Schlage gerührt worden waren. — Ein volles Jahr

stand die verhängnißvolle Stube wieder unbewohnt. Das unglückliche Ereigniß war beinahe, wenn auch nicht vergessen, doch aus der Erinnerung gekommen.

Da kehrte der einzige Sohn des Hausherrn heim von St. Petersburg, wo er im kaiserlichen Pagenhofe eine glänzende Erziehung genossen hatte, um die Seinigen zu begrüßen, die er seit seinen Kinderjahren nicht gesehen.

Nichts war vergleichbar mit der Freude des Vaters, der sich nicht satt sehen konnte an dem stattlichen wohlgebildeten Jüngling, in dessen ganzem Wesen sich jede ritterliche Tugend auf's Deutlichste aussprach. Unter den hunderten von Mittheilungen, die man sich im Laufe des Tages zu machen hatte, kam die Reihe auch auf die geheimnißvolle Begebenheit mit den damit verbundenen plötzlichen Todesfällen, welche auf den jungen Wasilj einen gewaltigen Eindruck machte.

Er selbst durchsuchte auf's Sorgfältigste die Stube; allein eben so wenig wie die früheren Nachforschungen hatte die seine irgend einen Erfolg.

Als sich die Familienmitglieder spät Abends nach einem fröhlichen Mahle getrennt hatten und der alte Herr bereits in süßem Schlummer lag, begab sich Wasilj, statt in die für ihn bereiteten Gemächer, in das Unheil bringende Zimmer. Dem Haushofmeister, als dem einzigen Mitwissenden, war das strengste Schweigen zur Pflicht gemacht worden; für Iwan, den

erprobten treuen Diener des jungen Herrn, wurde eine
Lagerstätte im Lehnstuhle bereitet, während sich Wasilj
angekleidet auf's Bett warf. Vor demselben lagen auf
einem kleinen Tischchen zwei gute, scharf geladene
Pistolen.

Ein markerschütternd, gellender Schrei weckte gegen
Mitternacht die Bewohner des Hauses. Der Haushof=
meister stürzte in die verhängnißvolle Kammer, und
fand den treuen Iwan schreckerstarrt am Bette seines
Herrn, der sich in Todeszuckungen auf demselben wand.

Das Licht, weit herabgebrannt, beleuchtete unsicher
die grauenvolle Scene. Während der Zeit waren der
Vater und die übrigen Angehörigen des Sterbenden
herbeigeeilt, der vor ihren Augen, krampfhaft ringend
verschied. Aus den Aussagen des Dieners ergab sich,
daß Beide, nachdem sie sich möglichst lange gegen den
Schlaf gewehrt hatten, endlich einem leisen unruhigen
Schlummer sich hingegeben hatten, als plötzlich der furcht=
bare Schrei Iwan erweckte, und dieser seinen treuen
Herrn schon besinnungslos im letzten Kampfe fand.

Als der herbeigerufene Arzt die Leiche untersucht
hatte und es endlich gelungen war, die wie mit Schrau=
ben am Kopfe fest eingekrampften Hände zu lösen, da
entdeckte man unter denselben, halb zerquetscht, jenes
unbekannte Thier, welches seinen Stachel in die Näthe
des Hirnschädels eingebohrt und den jungen Mann

eben so rasch getödtet hatte, wie die beiden Vorgänger desselben."

„Wir sind da auf ein Thema gekommen, welches uns eigentlich von dem Felde der Erheiterung abgeführt hat," sprach Bülow, der Bruder des berühmten Ma=lers, der als kaiserlicher Architekt in St. Petersburg lebt, „alle Erzählungen der letzten Stunde haben eine düstere, unheimliche Färbung angenommen, welche uns fast gemahnen an Hoffmann's Serapionsbrüder — schauerlichen Inhalts; ich will Ihnen also in raschem Umschwung eine Anekdote erzählen, die, wenn selbe gleich hier passirt ist — ich kann Ihnen für die Wahr=heit in jeder Beziehung einstehen — doch in weiteren Kreisen nie bekannt geworden ist:

Unser Kaiser sandte vor einigen Jahren einen Spiegel von seltener Größe und Schönheit mit einer Gesandtschaft als Geschenk an den Kaiser von China.

Der Spiegel mußte die ganze unermeßliche Strecke von St. Petersburg bis Peking von Menschenhänden getragen werden.*)

Nur wer die Straßen und Wege im Inneren Ruß=lands kennt, der kann die unglaublichen Schwierigkeiten eines solchen Unternehmens begreifen. Der Herr aber wollte es, und der Spiegel kam unbeschädigt in China an.

---

*) Faktisch.

In der Zwischenzeit waren Mißhelligkeiten zwischen dem russischen Hofe und dem des Reiches der Sonne ausgebrochen; der Kaiser von China nahm weder die Gesandtschaft noch deren Geschenke an, und ein Courier, der diese Ereignisse im Vogelflug nach Petersburg meldete, frug sogleich, was mit dem Spiegel zu geschehen habe?

Auf demselben Wege und die nämliche Weise, lautete der Befehl, sollte der Spiegel zurückgebracht werden.

Der Großfürst Michael, welcher gerade zugegen war, schlug dem Kaiser lächelnd eine Wette vor, daß derselbe nicht unzerbrochen zurückkomme. Der Kaiser ging darauf ein, und der Courier erhielt noch die Weisung, dem Führer des Transportes bei Verlust der kaiserlichen Gnade und strenger Strafe die größte Vorsicht zur Pflicht zu machen, dagegen ihm anzuzeigen, daß er im Falle der glücklichen Rückkehr eine große Belohnung zu erwarten habe.

Mit namenloser Vorsicht ward das ungeheure Werk ausgeführt, der Spiegel, von vierzig Menschen getragen, kommt glücklich und unverletzt auf dem Isaaksplatz in Petersburg an, wo der Kaiser mit seinem Bruder am Fenster steht, und über die gewonnene Wette lacht. Auf der Treppe des Winterpalais stolpert indeß einer der Träger, fällt, reißt seinen Nebenmann mit zu Bo-

den, dieser den nächsten — und der kostbare Spiegel
liegt in tausend Trümmer zerschmettert am Boden.

Der Großfürst hatte die Wette gewonnen! Hin und
zurück war das zerbrechliche Ding ungefährdet tausende
von Meilen getragen worden, um im Hafen zu zer=
schellen!"

„Ah!" rief der junge französische Schauspieler, „die
Hauptsache ist, daß die heute Abend erzählten Ereig=
nisse uns die Zeit mit Blitzesschnelle verjagt haben,
und wenn nicht die Zeiger auf der Pendule weit über
die Mitternachtstunde hinauswiesen, wenn nicht unsere
gute wirthliche Maria Iwanna schon ganz kleine schlaf=
begierige Augen machte, so glaubte ich auf Ehre und
Seligkeit, wir säßen kaum eine Stunde beisammen.

Doch jetzt, meine Herren, lassen Sie uns aufbrechen,
und die Nachsicht unseres Freundes Nestor Wasilitsch
nicht zu sehr in Anspruch nehmen."

„Hoho!" rief dieser, „seit wann ist es Sitte bei
mir, aufzubrechen, ohne einen Bissen Warmes, einen
Trunk Wein zu sich zu nehmen?"

„Bei Gott," rief Maria Iwanna, „über unserer
interessanten Unterhaltung habe ich vergessen, den Tisch
decken zu lassen. Sie werden die Hausfrau entschul=
digen, meine Herren, ob des Complimentes, welches
Sie dadurch Ihrer geselligen Gabe gemacht."

„Auf Wiedersehen in einer Viertelstunde im Speise=

15

saale. Entschuldigen Sie, daß wir es nicht besser geben können."*)

Mit einem graziösen Lächeln verschwand die liebenswürdige Russin.

Nach kurzer Pause rief Kukolnik: „Wie schlagen wir aber die erwartungsvolle Viertelstunde todt? Da wir einmal im Erzählen sind, und die Viertelstunden der Hauswirthinnen gewöhnlich doppeltes Maaß haben, so möge noch Jemand irgend eine recht pikante Geschichte zum Besten geben, am zweckmäßigsten ein Erlebniß. Damit aber Keiner vorgezogen oder vernachlässiget werde, so schlage ich vor, daß das Loos entscheide. Alle Anwesenden sollen ihren Namen auf einen Streifen Papier schreiben; diese werden in einen Hut geworfen, und der, dessen Autograph gezogen wird, muß dem heutigen Abend die Krone aufsetzen."

Der heitere Vorschlag wurde mit Jubel aufgenommen und aus der Schicksalsurne von Filz traf das Loos einen jungen Arzt, dessen scharfgezeichnete bleichgelbe Physiognomie unverkennbar orientalische Abkunft dokumentirte.

Nach kurzer Pause begann Dr. L.... sich zu entschuldigen, daß er so durchaus unvorbereitet nichts zu erzählen wisse als eine einfache Geschichte, die sich vor beinahe einem Menschenalter in seinem Geburtsorte

---

*) Russische stehende Redensart vor und nach jedem, auch nach dem reichsten Mahle.

zugetragen, für deren buchstäbliche Wahrheit er aber vollständig einstehe. Die Neugierde der Anwesenden wurde durch diese beinahe mit feierlichem Tone ausgesprochene Einleitung doppelt rege; der Kreis rückte, den Theetisch verlassend, enger um den Kamin zusammen und der junge Doktor begann seine

Einfache Geschichte.

„Stupika ist ein kleines Städtchen in der Nähe der Bukowina, in der Art, wie sie uns heute Abend schon mehrfach geschildert wurden, und wie man sie in ganz Rußland so häufig findet. Unreinlichkeit in und außer den Wohnungen, auf den Straßen, im Vorhofe, in den Zimmern, spielt die Hauptrolle.

Zu den vollständigsten Ausnahmen aber gehörte das Haus des Rabbiners der Gemeinde. Dieser, ein Greis, mit den starrsten Grundsätzen an den uralten Satzungen seines Glaubens hängend, lebte nur dem Dienste der Religion und seiner Familie, an der er mit grenzenloser Liebe hing. Zwei kräftige Söhne und eine blühende Tochter, letztere bereits verlobt mit dem Sohne des Stadt-Arztes, rechtfertigten vollständig diese wechselseitige Anhänglichkeit. Der eine der Söhne hatte sich, nach dem Wunsche des Alten, dem Studium der Arzneikunde gewidmet und der jüngere sollte dem Vater im Amte folgen. Auf einer kleinen Anhöhe lag das überaus nette Wohnhaus des Rabbi mit einem

hübschen, wohlgepflegten Garten, in dessen niedlichem
Pavillon der ältere der Söhne, wir wollen ihn Jakob
nennen, sein Domicil aufgeschlagen hatte.

Der einzig mögliche Umgang beschränkte sich auf
einige wenige gebildete Familien, worunter die des
Krämers, oder, wie er sich lieber nennen hörte, des
christlichen Kaufmanns von Stupika, zu den ange=
nehmsten gehörte.

Wer aber vermag es, den furchtbaren Schreck des
orthodoxen Juden zu schildern, als ihm der älteste Sohn
entdeckte, daß er die Tochter des Kaufmanns
Sascha Meyer über allen Ausdruck liebe und ohne
dieselbe nicht leben könne. Vergebens bot der Alte
Alles auf, was ihm Vaterliebe und Fanatismus ein=
gab, um sein theures Kind von der ihm unheilvoll
scheinenden Verbindung abzumahnen, dieser erklärte
seinen festen, unabänderlichen Entschluß, Christ zu
werden und die junge Meyer heirathen zu wollen, ein
Entschluß, von welchem ihn nicht einmal die An=
drohung des Vaterfluches abbringen konnte.

Natürlich führte dieses Ereigniß einen unheilbaren
Bruch zwischen Vater und Sohn herbei. Der Letztere
bewohnte einsam und still das abgelegene Gartenhaus
und trieb eifrig die Vorbereitungen zu seinem Glau=
bensübertritt und zur Vermählung, zu welcher der auf=
geklärte, ruhige Sascha Meyer seine Einwilligung ge=
geben hatte, da er dem Glücke seines einzigen Kindes,

welches die Liebe des jungen Arztes ebenso leiden=
schaftlich erwiederte, nicht hindernd in den Weg treten
wollte, und der Starrsinn des alten Rabbi ihm kein
vernünftiger Grund schien, die Zustimmung zur Heirath
des selbstständigen jungen Mannes zu verweigern.

Wie natürlich, machte das Gerücht von dem bevor=
stehenden Glaubenswechsel des Letzteren im Orte selbst
die ungeheuerste Sensation. Die Bevölkerung, größ=
tentheils aus Juden bestehend, schleuderte Fluch und
Verdammniß auf das Haupt des Renegaten, der still
und unbeirrt seinen Weg ging und nur hin und wieder
seinen Vorsatz aussprach, mit seiner jungen Frau nach
der Hochzeit nach Odessa zu übersiedeln.

Der Vorabend des gefürchteten und ersehnten Tages
war herangekommen. Der alte Rabbiner, der die
ganze Zeit über unter furchtbaren Qualen gelebt und
allen Trost seiner andern Kinder abgewiesen hatte, ver=
brachte den Tag in der entsetzlichsten Aufregung und
im sichtlichsten Kampfe mit sich selbst.

Als der Sabbath eintrat — es war eben Freitag
— ließ er den verlornen Sohn zu einer Unterredung
zu sich entbieten.

Noch einmal bot er alle Kraft auf, um sein Kind
zum Wanken zu bringen. Bitten und Drohungen
waren jedoch vergebens. Endlich warf er sich ihm zu
Füßen, beschwor ihn, sein graues Haupt unbeschimpft

zur Grube fahren und ihn mit Segen für all' die Seinen sterben zu lassen.

Tief erschüttert stellte ihm der Sohn vor, wie er zwar im Stande wäre, dem theuren Vater das eigene Lebensglück zum Opfer zu bringen, daß er aber kein Recht habe, das seiner Braut zu zertrümmern, und daß er, wenn ihm der Vater den heiß erflehten Segen verweigere, mit gebrochenem Herzen, ohne denselben zum Traualtar gehen müßte.

„Nun, so sei verflucht, verdammter Goi, bis in alle Ewigkeit!" schrie mit schaumbedeckten Lippen der Alte, und stürzte zerschmettert zusammen.

Trotzdem, daß alle Vorzeichen das Herannahen eines heftigen Fiebers verkündeten, erlaubte er keinem der Seinigen, die Nacht wachend bei ihm zuzubringen. „Er selber wolle allein wachen und beten, damit er nicht in Versuchung falle." Mit diesen ernsten Worten befahl er, ihn ungestört zu lassen, und riegelte sich in seinem Zimmer ein, welches im Erdgeschoß des Wohnhauses lag.

Mit dem nächsten Frühroth begab sich mit einiger Ostentation der Christenpriester und sein Gefolge zum Gartenhause, um seinen Proselyten zur Kirche abzuholen. Noch waren Thüre und Jalousieen der Wohnung fest verschlossen. Als nach vergeblichem Klopfen keine Entgegnung erfolgte, der Gesuchte auch im Garten und in der Wohnung nicht zu finden war,

überkam die bangenden Geschwister die Ahnung irgend
eines unheilvollen Ereignisses. Der Eingang wurde
erbrochen und — entsetzlicher Anblick — da lag der
junge Bräutigam blutbedeckt — ermordet, ein Messer
in der Brust! Aufgerissene Schränke, die fehlende Uhr,
Ringe, Börse, Alles deutete mit schauerlicher Bestimmt-
heit darauf hin, daß ein Räuber die einsame Lage des
Gartenhauses benützt, den Unvorbereiteten im Schlafe
überrascht und so sein schändliches Verbrechen ausgeführt habe.

Die sorgfältigsten Nachforschungen blieben fruchtlos, weder die ängstlichen Recherchen der Polizei, noch
die genaue Beschreibung der entwendeten Pretiosen
führte zu einem Resultate; der Mörder war und blieb
unentdeckt und verschwunden.

Man hatte dem Alten, dessen kräftige Natur einer
heftigen Nervenkrisis unterlegen war, die Schreckens-
nachricht verheimlicht, bis lange nach seiner Genesung,
die spät genug erfolgte. In wilden Fieberphantasieen
bat er, die fleischlosen Hände ringend, unter strömen-
den Thränen seinem Sohn um Vergebung, er nahm den
Fluch zurück und flehte den reichsten Segen herab, vom
Gott der Väter auf das Haupt des theuren Kindes. —
Nach Monaten erst siegte die zähe Körperkraft des
Alten über den Tod, welcher sein Opfer fest genug
umklammert hielt. Weit ruhiger, als man erwarten
konnte, nahm er die Nachricht auf, von dem schrecklichen

Ende des Sohnes. „Der Herr hat's gewollt," lautete sein ergebungsvoller Spruch, als er die Trauerbotschaft erfuhr.

Zehn Jahre lang lebte der Greis noch eine marter= volle Existenz. Finster und verschlossen, jeder Tröstung unzugänglich, verbrachte er seine Tage im düstern Schweigen. Selten nur erlaubte er seiner Tochter, ihn mit blühenden Enkeln zu besuchen, und auch dann vermochten die ängstlichen Liebkosungen der unschuldigen Kleinen nicht, ihn zu erheitern.

So kam endlich, herbeigesehnt, der Tod, der den 80jährigen Mann vergessen zu haben schien. An der Schwelle des Grabes ließ der Sterbende die Seinigen kommen und entdeckte ihnen mit bebenden Lippen: „er sei der Mörder seines Sohnes gewesen; um dessen Seele zu retten, habe er den Leib vernichten müssen, wie schmerzlich ihm dies dem Gotte der Väter gebrachte Opfer auch geworden sei! — Die Pretiosen habe er mitgenommen und im Garten vergraben. Da er seinen andern Kindern zu Liebe sich nicht, wie er Anfangs gewollt, dem Arm der weltlichen Gerechtigkeit habe übergeben wollen, so habe er mit Willen durch die Entwendung der Kostbarkeiten dem Verdachte eines Raubmordes Raum gegeben. — Der Gott Israels, vor dem er bald erscheinen würde, werde ihn prüfen und milde richten; mit dieser Ueberzeugung gehe er hinüber."

Kaum hatte sich dies furchtbare Geständniß der röchelnden Brust entwunden, so starb der fanatische Greis.

Die Seinigen wanderten aus nach Odessa und Petersburg. Ich kann Ihnen, schloß der jüdische Arzt, für die volle Wahrheit meiner Geschichte einstehen. — denn der Mörder war — mein Großvater!"

Schmerzlich und beinahe tonlos hatte er die letzten Worte ausgesprochen. — Die Gesellschaft war tief erschüttert. Weder die treffliche Küche der gastlichen Maria Iwanna, noch die feurigen Weine des Hauswirthes konnten mehr eine fröhliche Stimmung unter den Anwesenden herbeizaubern. Der junge Doktor war schon vor der Abendtafel sans adieu verschwunden.

Ein ungelöstes Räthsel.

Croatien war vor 25 Jahren ein Land, welches dem gebildeten Publikum unbekannter war, als fremde Erdtheile; ja theilweise ist es noch so, selbst von der croatischen Hauptstadt „Agram" liest man nur selten dürftige Correspondenzen in deutschen Blättern. Meinen Einzug hielt ich dort vor vielen Jahren

unter den trübseligsten Umständen, die ich bei einer
anderen Gelegenheit meinen freundlichen Lesern bereits
mitgetheilt habe.*) Von Räubern mißhandelt, entklei=
det und aus einer tiefen Kopfwunde blutend, fand mich
ein bürgerlicher Samaritaner besinnungslos auf der
Landstraße, und gewährte mir in seinem gastlichen
Hause Pflege und Heilung.

Damals herrschten in Agram noch die absonderlich=
sten geselligen Zustände, und die öffentliche Sicherheit stand
unter Null. Die Nähe der türkischen Grenze sicherte
dem flinken Einbrecher, Dieb oder Räuber ein schnelles
und strafloses Entkommen, und gewaltsame Anfälle
auf das Eigenthum, ja das Leben der Einwohner ge=
hörten, selbst in den belebtesten Straßen und am hel=
len Tage, keineswegs zu den seltenen Ereignissen. Wurde
die Geschichte zu arg, nahm die Frechheit der Strolche
zu sehr überhand, so wurde von Seiten der Behörden
„Standrecht" publicirt, d. h. die Verbrecher, die auf
frischer That ergriffen wurden, sofort verurtheilt und
hingerichtet; freilich kam dabei ein alter Spruch nur
zu oft in Anwendung, denn auch die Agramer hingen,
gleich den Nürnbergern, Niemand auf, ehe sie ihn hat=
ten. Unter Trommelschlag wurde dann durch öffentliche
Ausrufer publicirt, daß das Gericht, um den wieder=
holten Räubereien zu steuern, jedem Einwohner das

---

*) Siehe die Erzählung: „der arme Josy."

Recht zuspreche, auf einen Fremden, der nach einge=
brochener Dunkelheit in seine Wohnung eindringe und
auf dreimaligen Anruf nicht antworte, zu schießen; ein
Recht, von welchem ein dortiger Büchsenmacher sofort
Gebrauch machte, indem er einen Gauner, der in näch=
licher Stunde durch ein Fenster seines Hauses steigen
wollte, mitten durch die Brust schoß. Allein nicht nur
mit den als vogelfrei erklärten Banditen standen die
Behörden in offenem Kampfe, auch die Bürger mach=
ten nicht selten von dem Rechte des Stärkeren Ge=
brauch und sprachen dem Gesetze Hohn. Ich erinnere
mich noch, welch' enormes Aufsehen der Vorfall
machte, als ein reicher Kaufmann, der zugleich Edel=
mann war, den Zollbeamten, welchem er mit Recht der
Schmuggelei im großartigsten Maßstab verdächtig war,
sein Haus verschloß und eine vollständige Belagerung
desselben mit bewaffneter Hand abwehrte, indem er
Jedem zu erschießen drohte, der ohne seine Erlaubniß die
Schwelle überschreite. So lag er mit seinem Personal mit
Feuerwaffen an den Fenstern seines, inmitten der Stadt ge=
legenen Hauses, im Anschlag, während die Douaniers
vor demselben campirten, aber wohl auf ihrer Hut,
diesem näher zu kommen, als der Anstand forderte.
Während der Zeit wurden die geschmuggelten Waaren
von den im Hofe stehenden Wagen abgeladen und Nachts
auf Hinterwegen bei Seite geschafft. Ich weiß mich
nicht mehr zu erinnern, wie die Sache endete, und ob

selbe Folgen hatte, nur ist mir noch gut im Gedächt=
niß, wie oft, nach der Hand, der Kaufmann die höheren
Zollbeamten in Gegenwart von Zeugen hänselte wegen
seines gelungenen Handstreiches, und wie diese den
Hohn und den guten Wein des reichen Mannes gedul=
dig hinabschluckten.

Ein pittoreskeres Bild, als den alljährlich abgehal=
tenen Agramer „Viehmarkt," zugleich das größte croa=
tische Volksfest, konnte keine Phantasie ersinnen.
Auf einem ungeheuren Wiesenplan unfern der Stadt
wurde es abgehalten und dauerte mehrere Tage und
Nächte lang. Gerade die Nacht mit ihrem bunten
Treiben hätte einem Breughel den prächtigsten Vor=
wurf für seinen genialen Pinsel geliefert. Zwischen
den zahllosen, zum Verkauf herbeigebrachten Thieren
und ihren Begleitern promenirten, von den vielen Zelt=
feuern und dem Lichte des Vollmondes malerisch beleuch=
tet, der Edelmann und seine Dame im reichen Natio=
nalcostüm; halbnackte Zigeunerhorden tummelten sich
daneben um ein halbgebratenes Lamm, welches an
einem improvisirten Spieß über einem riesigen Feuer
schmorte; der kecke Csikos, die braune Bauerdirne trie=
ben sich in der bunten, in alle Volkstrachten Ungarns,
Serbiens und Croatiens gekleideten Menge umher; mäch=
tige Weinfässer, von der Großmuth des Edelmanns
gespendet, labten mit ihrem duftigen Inhalt Tausende
von durstigen Kehlen und stimmten sie zu begeistertem

Jubelrufe; die gut geschulten Militairmusiker zogen
den Kürzeren im Wettkampf mit den elektrisirenden
Klängen der Zigeunermusikbanden. Dazu ein Geheul
in allen Menschensprachen, in allen Thierlauten; das
Schmerzgebrüll des ertappten und sofort abgestraften
Diebes mischte sich mit dem Jauchzen des Trinkers,
der mit seiner Vernunft und seinem Gelde am Rande
war; kurz, ein Leben, wie es so betäubend, fast sinn=
verwirrend wohl kaum zum zweiten Mal zu finden
sein dürfte!

Auf der sogenannten Harmitzen, einer kleinen, aus
wenigen Häusern bestehenden Vorstadt Agrams, wohnte
ich zusammen mit einem gewissen Lieser, der ein treff=
licher Sänger, ein leidenschaftlicher Jäger und auch
sonst ein ganz gebildeter umgänglicher Mensch war.
In traulichem Gespräch streiften wir oft, Lieser stets
mit der Flinte auf den Rücken, in Feld und Wald
umher, wo mir mein Freund, ein geborner Schweizer
aus gutem Hause, durch seine Schilderungen der Wun=
der seines Heimathlandes oft die Sehnsucht nach der An=
schauung desselben recht lebhaft rege machte.

Agram liegt auf einer namhaften Anhöhe, das
von uns bewohnte Haus in der oben erwähnten Har=
mitzen tief im Thale. Es war dies ein alterthümliches,
der Gräfin M. gehöriges Gebäude, welches eine Masse
kleiner umliegender, größtentheils von Seilern bewohn=
ter Häuschen weit überragte. Diese standen auf der

anderen Seite unseres Wohngebäudes, durch kleine
mühjelig erhaltene Gärtchen getrennt, während wir
im Umkreis von 2—300 Schritten keinen Nachbar
hatten. Die Gräfin selbst, eine höchst gebildete, liebenswürdige, alte Dame, gehörte einer ansehnlichen, aber
verarmten Familie an, und hatte nur noch einen Sohn,
der als Offizier bei den Grenzern diente. Die tiefe
Einsamkeit, in welcher die Gräfin jetzt lebte, die ihre
Jugendzeit in glänzenden Verhältnissen in Wien und
Paris zugebracht hatte, ließ es ihr wünschenswerth
erscheinen, daß zwei junge, lebenslustige Bursche sich
in ein paar leerstehende Stuben des unheimlichen
Gebäudes einmietheten und durch Geplauder an berufs-
freien Abenden ihr die Zeit vertreiben halfen. Die
Miethe, die wir zahlten, war kaum der Rede werth
und wurde uns in Punsch und anderer dem jungen
Magen hochwillkommener Naturalverpflegung reichlich
zurückerstattet an unseren Gesellschaftsabenden, denen
sich ab und zu einige junge zur Bekanntschaft ihres
Sohnes gehörige Lieutenants anschlossen. Die Dame
hatte viel erlebt, wußte ihre Erfahrungen anmuthig
zum Besten zu geben, dazu ihr hoher Stand, die
Würde, mit der sie alle Entbehrungen ertrug, und
die Güte, mit welcher sie denen, die noch minder glücklich gestellt waren, als sie selbst, ihre kleinen Erspar-
nisse zu Gute kommen ließ: war's Wunder, daß wir

die alte Frau wie ein Wesen höherer Gattung anstaunten
und verehrten?

Außer der Eigenthümerin, die den Vordertheil des
Gebäudes einnahm, und uns, die wir zwei nach dem
ungeheueren Hof zugehende, neben einander liegende
Zimmer inne hatten, waren keine Bewohner der gro=
ßen Räume vorhanden, denn das gräflich M.'sche Haus
stand in dem Rufe ein „Spukhaus" zu sein. Gerade
dies war unser Hauptgrund, warum mein Freund Lieser
mich beredet hatte, mit ihm dort einzuziehen! er hätte
gar zu gerne ein Abenteuer mit Gespenstern bestanden.

Auf unser mehrmaliges Andringen, uns den Grund
oder Ungrund der über ihr Haus herrschenden bösen
Gerüchte mitzutheilen, gab uns die Gräfin zuerst aus=
weichende Antworten, später versicherte sie uns in vollem
Ernst, daß es dort wirklich jedes Jahr einmal im
Hause spuke, und zwar in der Mitternachtsstunde vor
dem Christtage. Der Spuk äußere sich jedes Jahr
anders, meist aber in unheimlichen, aus dem Hofe
und in den Gängen schallenden Tönen. Das Gebäude
sei früher ein Kloster gewesen, und in den langen,
um das ganze Haus laufenden Corridoren sah man
auf einer Seite Nischen und gegen den Hof zu arca=
denartige Durchbrüche, in welche hohe, gothischen Fen=
stern ähnliche Oeffnungen ausgebrochen waren. In
diesen Nischen soll in früheren finsteren Zeiten, einer
alten Sage nach, mancher widerspenstig oder sonst

gegen die strenge Clausur sich verfehlende Mönch, nach
dem damaligen Klosterzwange zum Einmauern verur=
theilt, sein Leben geendet haben. Mit dieser Sage
brachte man die Spukgeschichten des Hauses in Ver=
bindung. Die Gräfin behauptete, sie selber sei von
dem Vorhandensein unheimlicher Mächte in demselben
überzeugt, nie aber habe sie die Lust verspürt, dem
Treiben der Geisterwelt nachzuforschen, sondern mit
dem Beginn des verhängnißvollen Abends schließe sich
Alles, was zu ihrem Hause gehöre, ein, und suche die
winselnden, ächzenden Töne, die hörbar durch alle Räume
schallen, an sich vorübergehen zu lassen, bis die Glocke
ein Uhr schlage und die Bewohner wieder ein Jahr
in Ruhe und Frieden leben könnten. Nie habe der
Spuk irgend Jemand ein Leid zugefügt, nie aber habe
auch, ihres Wissens, ein Frevler dort die Mitternachts=
stunde der Christnacht, außer seiner Stube verlebt.

Dem Andringen Lieser's, ihm zu erlauben, daß er
der Erste sei, der dem Treiben unerklärlicher Mächte
in's Antlitz schaue, gab die Gräfin erst nach, als sie
sah, daß alle Versuche, ihn davon abzubringen, frucht=
los waren. Auch ich willigte, auf dessen Aufforderung,
das Abenteuer mit ihm in Gesellschaft zu bestehen,
erst nach langem Zögern ein, und zwar, wie ich ehrlich
gestehe, nur darum, weil ich mich schämte, meinem
Freunde eine abschlägige Antwort zu geben.

Die verhängnißvolle Nacht rückte heran, von uns

Beiden, jedoch mit ganz verschiedenen Empfindungen, wenn auch in gleich fieberhafter Spannung erwartet. Lieser tollkühn, voll frischen Muthes, seine Pistolen in Stand setzend, genau untersuchend, ich mich ernstlich prüfend, ob ich der Geisterwelt Stand halten und im entscheidenden Momente nicht das Hasenpanier ergreifen würde. Mein Gewissen ließ die Frage unentschieden, und so sah ich nicht ohne Besorgniß die Stunden bis zur mitternächtlichen Frist immer rascher enteilen.

Die Gräfin hatte sich mit den Dienstleuten, nachdem nochmalige Warnungen an dem dicken Schweizerschädel Lieser's abprallten, in ihre Gemächer zurückgezogen, und die lautlose Stille des Hauses wurde nur durch die dröhnenden Schläge der Kirchenuhr unterbrochen, die in meiner Brust ein Echo zu finden schienen. Vergebens suchte mich mein Kamerad aufzuheitern; je mehr er mir das gänzlich Gefahrlose unsers Unternehmens vorzustellen suchte, desto wortkarger wurde ich, desto ungemüthlicher stellte mir meine Phantasie den wohlbekannten, langen Gang mit den niedrigen Brüstungen und den in den finsteren leeren Hofraum starrenden hohen Bogenöffnungen vor. Eine kleine Bowle trefflichen Punsches trug Lieser auf eine dieser Brüstungen, setzte zwei Stühle hinter dieselbe, die Pistolen scharf geladen, eine gewaltige Laterne mit brennendem Licht nebst Feuerzeug vor sich hin, und so

begannen wir mit dem Schlag halb zwölf unsere Beob=
achtungsposten einzunehmen.

Von der Dehnbarkeit der Minuten, von der End=
losigkeit einer solchen Stunde kann sich nur der einen
Begriff machen, der in ähnlicher Situation ein folgen=
schweres, ungeheures Ereigniß erwartet, ohne sich vor=
her einen Begriff machen zu können, von woher und
in welcher Gestalt es eintreten werde. Selbst mein
Wagehals wurde stiller und stiller, die selteneren Mit=
theilungen zwischen uns flüsterten wir uns leise zu,
von Zeit zu Zeit scheue Blicke um uns werfend. Das
dampfende Getränk lud uns vergebens mit süßen Düf=
ten zum Genusse ein, die Gläser blieben leer, und die
Sehnerven suchten vergebens das tiefe Dunkel des
Hofraums zu durchdringen, welches eine zweite von
Lieser vorsorglich aufgehängte Laterne nur mit noch
unheimlicheren Schlagschatten umgab.

Mitternacht schien heute ausbleiben zu wollen.
Endlich dröhnte der erste Schlag der erwarteten Stunde,
sein mächtiger Schall zuckte mir durch alle Nerven.
Auch Lieser war todtenbleich geworden, selbst bei dem
matten Licht der Laterne konnte ich dies bemerken.
Mechanisch legte er die Hand auf die Pistole, eine
zweite hatte ich mit gespanntem Hahn neben mir lie=
gen, und fast tonlos hauchte er mir die Worte zu:
„Wenn sich Jemand einen schlechten Spaß mit uns
macht, so soll es ihm schlecht bekommen.“

Während ich die Schauer dieser Stunde zu schil=
dern suche, wird mancher Leser, der diese Blätter
in seiner sonnenbeschienenen heiteren Stube durch=
liest, lächeln über unsere unnöthige Angst, und
keiner wird glauben, daß er in unserer Lage genau
dasselbe Grauen empfunden haben würde.

Die Uhr hatte ihre zwölf Schläge verhallen lassen.
Lautlose Stille rings umher. Lieser hatte sich erhoben,
und sah in großer Erregung in den Hof hinab, über
welchem sich in ruhiger Klarheit der gestirnte Himmel
wölbte, an dem der Mond hervortrat, der sein zweifel=
haftes Licht in die düstern Räume ergoß. Ich rückte
meinen Stuhl fest an einen Pfeiler, der mir Schutz
versprach, und stierte athemlos in den, im tiefen Schat=
ten liegenden, endlosen Gang hinab. So verstrich lang=
sam, ach wie langsam! eine endlose halbe Stunde.
Bleischwer senkte sich ein verwirrender unruhiger Halb=
schlummer auf die übermüdeten Augenlider. Wie lange
derselbe gedauert, wußte ich nicht zu berechnen, ich
wurde, als die Glocke eben Eins schlug, von starken
Schlägen, die mit gewaltiger Wucht an dem großen
Außenthor dröhnten, erweckt und fuhr entsetzt empor.
Lieser stand, die Pistole im Anschlag, bereits aufrecht
und winkte mir die Laterne zu nehmen. Wir schritten
die Treppe hinab; das Pochen dauerte in kurzen un=
regelmäßigen Pausen fort. Lieser voran, ich mit ge=
hobener Laterne hinter ihm. Wie gern wäre ich in

der Mitte gegangen! Am Thore angelangt, donnerten uns die Schläge mit erneuerter Kraft entgegen.

„Wer ist da?" rief Lieser.

„Bitte", scholl von außen eine ängstliche Stimme, „öffnen Sie, um Gottes Willen!"

„Wer sind Sie?"

„Die Seiler aus der Nachbarschaft. Oeffnen Sie nur."

Ich steckte den Schlüssel an, den ich in Verwah= rung hatte, Lieser stieß das Thor mit Heftigkeit auf. Vor demselben stand, vom Mondlicht bestrahlt, eine Anzahl Männer in halben Nachtkleidern, Schreck und Angst stand leserlich in ihren bleichen Zügen. Auf die Frage, was geschehen sei, erzählten sie, daß seit längerer Zeit aus dem offenen ungedeckten Hofe unseres Hauses die entsetzlichsten Töne erschollen seien, wimmernd, schreiend und wehklagend, als ob hundert Menschen unter den fürchterlichsten Martern gefoltert würden; da hätten sie sich endlich ein Herz gefaßt und hätten, nachdem sie lange von außen zugehört, an's Thor ge= klopft, weil sie ein Unglück gefürchtet.

Wir sahen uns betroffen in die bleichen Gesichter. Wir, innerhalb der Mauern des Hauses, aus welchem die gräßlichen Laute erschollen sein sollten, hatten keinen Laut, keinen Ton gehört! Die unheimlichste Stille hatte uns eine Stunde lang auf die Folter ge= spannt! — Ein absichtlicher Betrug war wohl kaum

denkbar. Die armen Seiler, rohe ungebildete Halb=
bauern, waren nicht im Stande, Schreck und Angst
so vortrefflich zu heucheln, daß zwei junge Schauspieler
dadurch vollständig getäuscht werden konnten, selbst an=
genommen, daß die Gräfin zu einer solchen Täuschung
ihre Hand geboten hätte, was gar nicht mit ihrer Würde
und ihrem Charakter vereinbar war.

Genug, das Räthsel wurde uns nie gelöst, und bis
zur Stunde weiß ich noch nicht, ob die geheimniß=
vollen Töne in der Einbildung der Nachbarn existirt
haben, oder ob durch irgend eine geheimnißvolle Ein=
wirkung die äußern Eindrücke nur für uns verloren
gingen. Weder ich, noch Lieser wußte sich klar zu
machen, was wir von halb ein Uhr bis Eins gethan
oder beobachtet hatten, ehe uns die Schläge an dem
Thorflügel der Außenwelt zurückgaben. Gerade in
der Einfachheit der Mittheilung jener schlichten Leute
lag für uns eine erschütterndere Wirkung als die selt=
samsten Phantome hätten hervorbringen können.

Wir verließen bald darauf die Wohnung und ich
die Stadt, ohne je wieder etwas von der Gräfin M.
und ihrem Spukhause gehört zu haben.*)

---

*) Es wäre dem Schreiber dieses ein Leichtes gewesen, einen
befriedigenderen Schluß zu erfinden, da er die Ueberzeugung in
sich trägt, daß eine natürliche Lösung des Räthsels vorhanden sein
muß. Da ich aber dieselbe nicht gefunden, so ziehe ich es vor,
dieses Erlebniß wahrheitsgetreu zu schildern, ohne Zusatz, ohne
Ausschmückung, als ein Geheimniß, zu dessen Aufhellung ich we=
nigstens keinen Schlüssel entdeckt habe.   Anmerk. d. Verf.

Kotzebue in Reval.

Vor vielen Jahren machte ich, damals noch Mit=
glied des Kaiserlichen Hoftheaters in St. Petersburg
mit einigen meiner Collegen einen kleinen Kunstaus=
flug von dort nach Reval. Wer nun denkt, daß eine
Reise von 360 Werst bei mehr als zwanzig Grad
Kälte und 3 Tagen und 3 Nächten unterweges zu den
Annehmlichkeiten des Lebens gehört, der irrt gewaltig.
Gegen mich nun vollends hatte sich das Geschick ver=
schworen, alle nur denkbaren Unannehmlichkeiten auf
mein armes Haupt auszuschütten. Durch die Saum=
seligkeit meines Schlittencompagnons war ich einige
Stunden hinter der übrigen Gesellschaft zurückgeblie=
ben, fand, der Landessprache unkundig, auf allen Sta=
tionen endlosen Aufenthalt, alle genießbaren Vorräthe
aufgezehrt von den vor mir herfliegenden collegialen
Wehrwölfen; der aus kluger Vorsicht mitgenommene
Fleisch= Brod= und Wein = Proviant zeigte sich beim
Auspacken in Gestalt von steinfesten Eisklumpen vor,
kurz es war ein „Partiechen", an welches ich all' mein
Lebtage mit Wonneschauer denken werde bei der Er=
innerung, dasselbe nie mehr wiederholen zu dürfen.

In Narva endlich war der Faden meiner Geduld,
der ohnehin nie aus Ankertauen bestand, in tausend
Stücke gerissen; die disponiblen Postpferde waren ver=

griffen, wir hatten die tröstliche Aussicht, fünf Stun=
den der besten Tageszeit müßig zu liegen, um dann
in der fürchterlichen Kälte, die mit Einbruch der Nacht
sicher zu erwarten stand, in die unabsehbare Schnee=
fläche hinaus zu fliegen, in welcher eine nähere Be=
kanntschaft unseres einsamen Gefährtes mit den Wöl=
fen dieser Gegend nicht zu den unwahrscheinlichsten
Dingen gehörte. Reizende Aussicht! Dazu Hunger
und nichts zu essen, Durst und in starres Eis ver=
wandelter Rothwein, eine überheizte Stube, welche
das Verweilen in ihr, mit bis aufs Mark durchge=
frorenen Gliedern, höchst gefährlich machte, Grund genug,
daß ich zweien vor mir angekommenen Leidensbrüdern,
die ebenfalls auf frische Pferde warteten, meine Fahrt
und alle damit verknüpften Unannehmlichkeiten mit dem
Humor der Verzweiflung zum Besten gab.

Meine Zuhörer waren zwei junge Männer, von
eleganten Manieren und sehr gewinnendem Aeußeren.
Sie suchten mich soviel als möglich zu trösten, und
einer der Reisenden schloß seine Condolenzrede mit den
Worten:

„Unser Vater, wenn er lebte, hätte Ihre Reise=
abenteuer sicher als Lustspielstoff benützt.“

Der Vater zweier, junger Revalenser — als solche
hatten sie sich mir früher bekannt gegeben — welcher
das nächste beste Ereigniß zu einem Lustspiel verar=
beitet, kann wohl nur Kotzebue gewesen sein, dachte

ich mir, und sie um ihre Namen fragend, erfuhr ich zu meiner Freude, daß meine Vermuthung ganz richtig gewesen sei.

In diesem Augenblick fiel mir die bekannte Anekdote von ein paar Trunkenbolden ein, die im Rausche zusammen in eine Grube gefallen waren und sich dort um ihre Namen fragten, worauf der eine dem anderen im Graben liegend seinen Empfehlungsbrief übergab.

Ich öffnete meine Brieftafel, und langte ein Schreiben mit der Frage heraus, welcher von den beiden Herren, Alexander v. Kotzebue heiße, für diesen seien diese Zeilen bestimmt. Unter dem fröhlichsten Gelächter wurde der Empfehlungsbrief empfangen und gelesen, und in wenig Minuten waren wir alte Bekannte. Schon wiegte ich mich mit der frohen Hoffnung ein, wie schnell mir hier die vier in Aussicht stehenden Wartestunden verschwinden würden, als der eintretende Postschreiber mit der Meldung, daß die Pferde für die zuerst angekommenen Passagiere bereit stünden, diese mit einem Male wieder zerstörte. Kaum blieb uns noch Zeit, unsere Adressen zu wechseln, und mit der Hoffnung auf baldiges frohes Wiedersehen und einem herzlichen Händedrucke schieden wir.

Die ersten Tage meiner Ankunft in dem freundlichlangweiligen Reval verflogen im Trubel der Geschäfte, einige Male hatte ich meine neuen Freunde

und sie mich ebenfalls nicht zu Hause getroffen, und
als wir uns endlich fanden, war der eine der Brüder
im Begriff eine Reise nach dem Kaukasus anzutreten,
und der andere wollte in acht Tagen nach Paris ge=
hen. — Nach ächter Touristenart bemühte ich mich
nun aus der Epoche der Theaterdirektionszeit Kotzebue's
in Reval von dessen Sohne Alexander so viel als mög=
lich zu erfahren, da eben aus jener für die deutsche
Theatergeschichte so wichtigen Epoche nur sehr Weni=
ges öffentlich bekannt wurde; allein meine Bemühun=
gen wurden nur sehr theilweise von einem glücklichen
Erfolge gekrönt, da der junge Kotzebue zur Zeit, als
der Scepter seines Vaters die Scheinwelt auf den
Brettern der Hauptstadt Esthlands beherrschte, noch
in den Windeln lag. Noch besitzt derselbe als Erbe
des fruchtbarsten Lustspiel=Dichters einen Schatz, den
leider kein Sterblicher zu heben berufen ist. Kotzebue
hat nämlich ein paar fertige Stücke und mehrere Ent=
würfe und Pläne hinterlassen, welche in den Händen
Alexanders sich befinden, allein die Schrift ist so
unleserlich, theils auch die Worte so eigenthümlich ab=
gekürzt, und durch einzelne Buchstaben ersetzt, daß trotz
aller vielfältig angewandten Versuche eine Entzifferung
bis jetzt noch zu den Dingen der absolutesten Unmög=
lichkeit gehörte.

Das Wenige was ich also in Reval theils von
dem Sohne Kotzebue's, theils von noch lebenden Augen=

zeugen über die damalige Theaterepoche erfahren konnte, möge hier in diesen Blättern die geeignetste Stelle finden.

Das Theater in Reval war damals durch ambu= lante Truppen, die von Tilsit, Dorpat ꝛc. von Zeit zu Zeit hingewandert, auf jene Stufe herabgesunken, die es auch später wieder einnahm, und auf der es in der Regel heutigen Tages sich noch befindet, wo ein finsteres schmutziges Lokal als Ruine der ehemaligen Herrlichkeit traurig und größtentheils verlassen dasteht, denn die enormen Abgaben, die der frühere jetzt banque= rotte Eigenthümer des Hauses für sich in Anspruch nahm, sicherten jedem Direktor, der sich längere Zeit in Reval aufhalten wollte, um so gewisser den unaus= bleiblichen Ruin, da die wenigsten dieser Entrepre= neure, „dem Vernehmen nach," mit Schätzen beladen hingekommen waren. Außer Schulden hat aber bis jetzt noch Keiner „etwas von Werth" von dort fortgenommen. — —

In dem kleinen Städtchen Reval hatte man sich einst in den Kopf gesetzt, ein gutes stehendes Theater zu haben, und die Gefälligkeit Kotzebue's, der die un= umschränkte Direktion übernahm, gab dieser Chimäre, was sonst mit den größten Geldopfern nicht möglich gewesen wäre, Gestalt und Leben. Das Theater in Reval hatte damals ein Ensemble, wie keine deutsche Bühne, und einzelne Mitglieder z. B. Zimmermann, von dem wir unten mehr sprechen werden, Herr und

Frau Ohmann*) ꝛc. um deren Acquisition manche ge=
priesene Hofbühne sich vergebens bemühte. Der Adel
und die Kaufmannschaft hatten die Verpflichtung auf
sich, etwaige Ausfälle in der Kasse zu decken, und der
berühmte Lustspieldichter führte die Leitung der Anstalt
ohne Anspruch auf irgend- eine Vergütung, ja selbst die
contraktlich ihm als Honorar für seine eigenen Stücke
bewilligten Benefize überließ er großmüthig seinen
Mitgliedern als Gagezulage. Der Chef eines dortigen
Handlungshauses, ein Schwager Kotzebue's, übernahm
persönlich die Regie, und soll dieselbe so herzlich schlecht
geführt haben, daß er sich auf den Rath seines Direk=
tors in kurzer Zeit von den Bühnenangelegenheiten an
seinen Comtoirtisch zurückzog. Kotzebue gab sich
mit dem Einstudiren und Probiren der Stücke die
unsäglichste Mühe, den Talentvollsten seiner Schau=
spieler ging er mit freundschaftlichem Rath an die
Seite; wo er guten Willen bei minderer Befähigung
sah, da paukte er die Partieen mechanisch mit der größ=
ten Geduld ein, und den Starrköpfigen und Eigen=
sinnigen setzte er sein eisernes: „So muß die Rolle
gespielt werden" entgegen.

Einer aber aus der Gesellschaft nahm seine Nach=
sicht vor allem in Anspruch, ein Mann, dessen Wirken
in Reval in jeder Beziehung so traditionell geworden,
wie das des Schauspielers Reitzenberg in Oestreich.

---

*) Alle todt.

Die größte Genialität und die größte Lüderlichkeit, ein
ungemeines Talent, welches nur von dem unbesieg=
barsten Hang zum „Soff" parallelisirt wurde, stellten
diesen Reitzenberg mit Zimmermann — so hieß
der Revalenser Schauspieler, auf gleiche Stufe. Man
erzählt sich in Reval hundert Anekdoten von diesem
Zimmermann, einige derselben giebt Wilhelm Mül=
ler in einem ungemein frisch geschriebenen Aufsatz
zum Besten, der in Adami's 1844 erschienenen und
leider nicht mehr fortgesetzten trefflichen Taschenbuche:
„Vor und hinter den Coulissen" abgedruckt steht.
Wenn Zimmermann eine bedeutende Rolle zu spielen
hatte, so mußte er immer einen Tag vorher einge=
sperrt werden, um die Aufführung möglich zu machen.
Allein die eine Stunde, in welcher der Tiger zur Vor=
bereitung losgelassen werden mußte, war genug, um
ihn in einen unbrauchbaren Mann zu verwandeln,
und den Vernunftberaubten nicht nur zur Lösung
seiner Aufgabe unfähig zu machen, sondern der Trun=
kenbold erlaubte sich in diesem Zustande die tollsten
Possen und dem Publikum gegenüber selbst die größte
Frechheit.*)

---

*) Bei dieser Gelegenheit entsinne ich mich einer ergötzlichen
Anekdote von dem oben erwähnten Reitzenberg. Derselbe gastirte
einmal in sehr seligem Zustande in dem kleinen mährischen
Städtchen Znaim in Calderons „Leben ein Traum." Berühmt
als Künstler, berüchtigt als Mensch, hatte sein Name auf der
Affiche alle Räume des Hauses mit Schaulustigen überfüllt. Die

Es bedurfte aber nur wieder am nächsten Abend einer seiner meisterhaften Darstellungen, um das verzogene und verwöhnte Schooßkind Gnade vor seinen Richtern finden zu lassen. Für diesen Zimmermann schrieb Kotzebue mehrere seiner besten Stücke, unter andern Lorenz Kindlein, der von Z. mit unübertroffener Meisterschaft gespielt worden sein soll.

Der zärtlichste Vater kann für sein geliebtestes Kind nicht ängstlichere Sorge tragen, als Kotzebue für Zimmermann, dessen Besserung er sich zur ernstesten, leider vergeblichen Aufgabe gemacht hatte. Kotzebue führte ein großes Haus, Zimmermann wurde nicht nur jedes Mal, wenn Gäste anwesend waren, mit zur Tafel gezogen, sondern, um seinen Ehrgeiz zu stacheln, in die ersten Gesellschaften geladen; man nahm auf die Bitten

---

Rolle des Königs war einem alten Mimen zugefallen, der das Lernen derselben für eine sehr überflüssige Sache hielt. In der Scene mit Roderich erregte sein oftmaliges Steckenbleiben und das ängstliche Hinabschielen auf den Souffleur beim Publikum eine ungeheure Heiterkeit, die sich auch durch Reitzenbergs Einfallen nicht beschwichtigen lassen wollte. Plötzlich schweigt mein Roderich, fixirt einen der lautesten Lacher im Parterre und haranguirt diesen, bis an die Lampen vortretend, und mit dem Finger auf ihn zeigend mit folgenden Worten: „Er, dummer Junge, „ — ja, ja, ihn meine ich, warum lacht er? Ich kann meine „Rolle, das sieht er, daß mein König ein Esel ist, ist nicht „meine Schuld.“ — Fünf Jahre später starb dieser Reitzenberg als Mitglied einer ambulanten Truppe niedrigsten Ranges auf einem Misthaufen — im strengsten Sinne des Worts — in Schwechat, einem Dorfe an der ungarischen Grenze.

Kotzebue's dessen oft unausstehlich übermüthiges Be=
nehmen mit Geduld und Nachsicht hin. — Umsonst,
aus dem elegantesten Cirkel weg lief der Bacchusdiener
in die finsterste, schmutzigste Kneipe, und opferte dort
seinem Götzen so lange, bis er sinnberaubt am Altar
desselben niedersank.

Nachdem alle Mittel vergebens versucht waren, kam
einst Kotzebue mit dem noch in Reval lebenden Pastor
M., einem Antipoden von Allem, was Theater heißt,
in Gesellschaft zusammen.

Der orthodoxe Prediger vergab nur mit größter
Ueberwindung dem Herrn Etatsrath, daß er Ko=
mödien schriebe, und sich mit der Schauspielerbande
befasse. Mit hinreißender Beredsamkeit suchte Kotze=
bue dem fanatischen Priester klar zu machen, wie sehr
eine veredelte Bühne Gutes wirken könne, welch' eine
Aufgabe der Dichter und der dramatische Künstler dem
Volke gegenüber habe, und schloß endlich mit der herz=
lichen Bitte, sich doch des armen verirrten Zimmer=
mann anzunehmen und zu versuchen, ob er nicht durch
seine, des Pastors, Bemühungen und die Lehren der
Religion auf den rechten Weg zu bringen wäre.

Wie von der Tarantel gestochen, sprang M. wüthend
auf, und entfernte sich, empört über die beispiellos
freche Zumuthung, er solle einen Komödianten bessern
helfen, augenblicklich aus der Gesellschaft. Nie wür=
digte er Kotzebue später mehr eines Wortes, eines

Blickes, und nie vergab der Diener unserer Religion der Duldung die vermeinte zugefügte Beleidigung. —

Durch seine sarkastische Laune und seinen Witz, der jede Thorheit, die ihm auffiel, unnachsichtlich geißelte, hatte sich Kotzebue auch in Reval eine Menge Feinde erworben, die er nur um so eifriger mit der Lauge seines Spottes überschüttete. So z. B. enthält der Titel seines Lustspiels: Don Ranudo di Colibrados, in seinen Buchstaben den Namen eines damals dort lebenden Mannes, den er in dem genannten Stücke parodirte, und die Worte: O du Narr! —

Als Gesellschafter hatte Kotzebue ungewöhnliche Aehnlichkeit mit Saphir. Im Freundeskreise sprudelnd von den schlagendsten Witzen und dem unerschöpflichsten Humor, konnte ihn eine plötzlich hinzugekommene, ihm unangenehme Persönlichkeit augenblicklich verstummen machen. Gleich Saphir war auch Kotzebue der zärtlichste, aufmerksamste Gatte und Familienvater und am glücklichsten im stillen Kreise der Seinigen.

Vor den Assisen.

Den 4. Juni 1836 bot der Assisensaal in Paris ein merkwürdiges Schauspiel dar. In den überfüllten Räumen saßen auf den ersten Bänken, lange vor Be-

ginn der Verhandlungen, sämmtliche Lieblinge der
Theaterfreunde. Die frivole Déjazet neben dem ernsten Ligier, der sinnige Bouffé und sein ebenbürtiger
Rival Frederik Lemaitre, die wunderschöne Plessy neben
den genialen Volny's (Leontine Fay), kurz alle die
ersten Repräsentanten der Scheinwelt waren hier in
banger Erwartung versammelt, um Zeuge von dem
Geschicke eines Kollegen zu werden, den die ernste
Wirklichkeit vor diese düsteren Schranken gestellt. Debureau, der unvergleichliche Pierrot der Pantomime,
der „stumme Witzbold," wie ihn Jules Janin nannte,
der ihn zu seinen Lieblingen zählte, Debureau, das
Schooßkind des Pöbels und der Liebling des ersten Ranges, dessen Erscheinen auf der Bühne stets ein maßloses
Gelächter hervorrief; derselbe Debureau stand heute
vor den Assisen, angeklagt des — Todschlags!

Jene beiden weiblichen Gestalten in tiefer Trauer
neben der Bank des Angeklagten sind des Unglücklichen
Frau und Tochter, das edle bleiche Antlitz der letztern
ist verhüllt, um die heißen Thränen zu verbergen, die
unaufhaltsam den großen blauen Augen entquellen.
In dem jungen schlanken Mann in schwarzer Amts-
kleidung, welcher die Damen zu trösten versucht, erkennen wir den künftigen Schwiegersohn Debureau's, einen
talentvollen Advokaten, der die Vertheidigung des Be-
schuldigten übernommen und mit dieser seine öffentliche

Laufbahn beginnt. Von dem Erfolg seiner heutigen
Aufgabe hängt zugleich sein eigenes Schicksal ab.

Die Glocke des Präsidenten gebietet Stillschweigen
im Namen des Gesetzes.

Alle Blicke richten sich nach der Bank der Ange=
klagten, auf welche sich Debureau ernst und schweigend
niederläßt. Seine einfache, nichts weniger als mo=
derne Kleidung, das schlicht zurückgekämmte ergrauende
Haar, das volle, gutmüthige Antlitz auf der gedrun=
genen Gestalt geben ihm das Ansehen eines wohlha=
benden Spießbürgers. Nur die dunklen Augenbraunen,
in der Mitte beinahe zusammengewachsen, zeugen von
einem heftigen Temperamente. Aus den gewöhnlichen
Fragen über Stand, Vaterland, Alter ꝛc erfahren wir,
daß Debureau am 4. Juni 1781 geboren sei.

Heute ist sein Geburtstag!!

In Böhmen geboren, haben ihn 40 Jahre, die er
in Paris zugebracht, vollständig zum Franzosen umge=
wandelt. Sein Vater, ebenfalls französischer Bürger,
war im Jahre 1780 nach Neu=Collin ausgewandert,
die Mutter aber nach dem Tode desselben mit dem
zwölfjährigen Knaben nach Frankreich zurückgekehrt.

Nach dem Zeugenverhör beginnt der Staatsanwalt
den Thatbestand auseinander zu setzen: Den 26. Mai
machte der Angeklagte mit seiner Familie eine Pro=
menade im Boulogner Wäldchen. Plötzlich treten ihm

mehrere junge Leute in den Weg, wovon ihn der Eine,
François Dubois, in etwas angetrunkenem Zustande
mit dem unaufhörlichem Geschrei: Ach, Monsieur
Pierrot: Bajazzo der Boulevards! Monsieur Bajazzo!
2c. verfolgt. Debureau wirft den übermüthigen Jüng=
lingen einen verachtenden Blick zu, entfernt sich durch
einen andern Laubengang, durch welchen ihm der
Schwarm, Dubois an der Spitze, wieder mit tollen
Grimassen und höhnischen Beiworten den Weg ab=
schneidet. Nochmals weicht ihnen der gereizte Künst=
ler aus, obgleich ihm die Zornesröthe das Gesicht
färbt und die Stirnadern schwellen, zögernd führt ihn
der Fuß zurück auf den kaum verlassenen Pfad,
auf welchem die Seinigen bange und ängstlich fol=
gen. Kaum hat Debureau, rasch voraneilend, einige
hundert Schritte gemacht, als um die Ecke Fran=
çois mit der unnachahmlichen Grimasse der Pariser
Gamins ihm das weinseelige Antlitz zuwendet mit
den Worten: Bon jour, Papa Bajazzo! Da
erhebt der Verhöhnte, seiner nicht mehr mächtig,
das metallbeschlagene Ende seines spanischen Rohres
und läßt es, ehe Frau und Tochter dazwischen zu
stürzen, im Stande sind mit gewaltiger Wucht auf
das Haupt des Beleidigers fallen, der in demselben
Moment, ohne einen Laut von sich zu geben —
todt zusammen stürzt. — Dies ist das einfache Faktum.
Debureau hatte sich sogleich nach dem unheilvollen

Ereigniß selbst dem Gericht übergeben, gefaßt sein Schicksal erwartend. Der Staatsanwalt trug wegen mildernder Umstände auf das Minimum der für Tod=schlag bestimmten Strafe an.

Jetzt tritt der junge Vertheidiger vor, nachdem er vorher der geliebten Braut mit einem innigen Hände=druck, der theuren Mutter mit einem tröstenden Blick Hoffnung und Vertrauen eingeflößt. — Seine Stimme, die Anfangs bebt vor innerer Erregung, gewinnt nach und nach Festigkeit, seine Augen flammen, man sieht, daß seine Rede der Erguß innerster Ueberzeugung ist, daß er Alles an Alles setzt.

Die lebhafteste Theilnahme der Versammelten, die lautloseste Aufmerksamkeit der Anwesenden begleitet seine Worte:

„Verzeihen Sie", beginnt er gegen die Jury ge=wendet, „verzeihen Sie dem ungeübten Diener der Ge=rechtigkeit, wenn seine Stimme zittert, wenn die Töne derselben vielleicht verwirrt und unverständlich an Ihr Ohr schlagen. Es ist nicht die Angst vor dem Erfolg des heutigen Tages — o nein! diese gewaltige Auf=regung ist die Frucht der sichersten Ueberzeugung, der Gewißheit, daß Ihr Gerechtigkeits = Gefühl binnen we=nig Minuten dem Mann einen Triumph bereiten wird, der schuldlos Ihr Urtheil erwartet, dem Mann, den Sie hier in banger Erwartung seinem Geschick ent=gegengehen sehen, begleitet von der innigsten Theil=

nahme der Anwesenden, dem Mann, der mir am näch=
sten, und im Begriffe steht, mir in wenig Tagen sein
kostbarstes Gut anzuvertrauen. Nie habe ich die hei=
lige Bedeutung meines segensreichen Amtes tiefer und
inniger empfunden, als eben heute, und, das schwöre ich
in diesem feierlichen Augenblicke, mein ganzes künfti=
ges Leben soll dem Schutze, der Vertheidigung der
Unschuld gewidmet sein! —

Ich kann mich kurz fassen. —

Sie haben einen Mann vor sich, den die über=
strenge gesetzliche Ordnung anklagt, das Blut eines
Nebenmenschen vergossen zu haben, und ich frage Sie
auf Ehre und Gewissen — ist Einer unter den tausend
Anwesenden, ist Einer, frage ich, der sich von ihm mit
Abscheu und Verachtung wendet?! Bei einer That,
die unter andern Umständen auf das Haupt des Be=
schuldigten den Fluch der Mitwelt herabruft, fühlen
wir in dem gegenwärtigen Fall für denselben nur das
tiefste Mitleid; von jeder gehässigen Empfindung fern,
ist nicht Einer unter Ihnen, in dem sich nicht der in=
nige Wunsch ausspricht, der Gequälte möge gereinigt
von jener fürchterlichen Anklage, frei und schuldlos er=
klärt, diesen Ort verlassen dürfen! Dieses göttlich=
schöne, erhebende Schauspiel ist Ihnen vorbehalten,
ehe eine Stunde sich gewendet! Und doch kennen Sie
nur die äußern nackten Umstände der That, deren Ge=
wicht ihn zerschmettern soll, Sie kennen den Mann

nur durch sein künstlerisches Streben auf der Bühne,
von der herab er Tausende erheitert. Ihre Theilnahme
würde, wo möglich, noch erhöht, wenn Sie das Wir=
ken dieses Biedermanns in seinem häuslichen Kreise,
das patriarchalische Stillleben seiner einfachen Familie,
so wie ich als Zeuge tausend Mal zu beurtheilen Ge=
legenheit gehabt hätten. So innig ist meine tief be=
gründete Hochachtung und Verehrung für diesen Mann,
daß, geschähe das Unmögliche, und müßte er di=
rekt von hier auf die Galeeren wandern, wir Alle un=
gesäumt nach Toulon aufbrechen würden, und jeder
Morgen würde dort das Schauspiel begrüßen, uns die
theuren, kettenbelasteten Hände öffentlich küssen zu sehen!
Das schwöre ich Ihnen. Eine solche Theilnahme
kann kein Verbrecher einflößen! — Ein Vierteljahr=
hundert ist der Künstler Debureau den Parisern be=
kannt. Die bedeutendsten Schriftsteller Frankreichs stell=
ten ihn den ersten Artisten Europas ebenbürtig an die
Seite. Fünf und zwanzig Jahre seines unbescholtenen
Lebens sind der Erheiterung seiner Mitbürger nach
schweren Berufsgeschäften geweiht! — Und dieses ehren=
werthe Streben soll einem rohen Burschen das Recht
geben, einen tadellosen Bürger im Angesicht seiner
Familie beschimpfen und zu erniedrigen? — Nicht ge=
nug, daß Jeder für wenig Sous das schmähliche Recht
hat, an dem Schauspieler im Theater sein Müthchen
zu kühlen, sollen auch die Erholungsstunden desselben

befleckt und befudelt werden, durch die schamlose Frech=
heit eines Trunkenboldes!? Nachdem der Künstler
diesem zwei Mal mit der besonnensten Mäßigung aus=
weicht, rennt er, wie ein Toller, zum dritten Mal
seinem Geschick in den Weg! Wer kann es dem auf's
höchste Gereizten, auf's bitterste Gekränkten verdenken,
daß er die Waffe, die er in den Händen fühlt, benützt,
um den Beleidiger zurecht zu weisen? Ein Schlag
auf den Rücken soll den Schimpf vergelten: der be=
trunkene Feigling sucht, die drohende Bewegung ge=
wahrend, auszuweichen, stolpert vorwärts, der kräftige
Schlag schmettert, sein Ziel verfehlend, auf das Haupt
des Rasenden herab, seinem Leben ein Ende machend!

Das Entsetzen des armen Künstlers zu schildern,
vermag kein Laut der menschlichen Sprache. Freudig
hätte er den Tausch mit dem vor ihm liegenden Opfer
eingegangen. Und doch ist er ehrenwerth genug, sich
auf keine Weise dem Spruch der Gerechtigkeit entziehen
zu wollen. Nicht die heißen Thränen des theuren
Kindes, ja nicht die stürmische Beredsamkeit der über
Alles geliebten Gattin vermögen ihn zur Flucht zu
drängen. Mit Ergebung erwartet er sein Schicksal,
welches in Ihren Händen liegt. Versetzen Sie sich
mit ganzer Seele in seine Lage und sprechen Sie das
„Schuldig" aus, wenn Sie es vermögen!""

Die Geschworenen sprechen auf die Frage des An=
walt: Ob der Angeklagte des Todschlags an François

Dubois schuldig sei, einstimmig ihr: „Nichtschuldig"
aus. Ich schweige von dem Glück der Familie, von
dem tollen Treiben des Publikums, welches die Würde
des Ortes vergessend, den Befreiten mit lautem Jubel
auf den Händen aus dem Saale trug und erwähne
nur noch, daß der wackere Vertheidiger vier Wochen
darauf seine Hochzeit mit der reizenden Jenny feierte
und noch jetzt als einer der geachtetsten Advokaten in
Paris lebt. Deburau starb im April 1847, geliebt
von Jung und Alt und tief betrauert von den Seinigen. Ein einfacher Stein auf Père la chaise be-
zeichnet seine Ruhestätte! —

Gefangennehmung des Räubers Bergam. Eine Zigeunerstadt.

Skizzen aus dem südlichen Theil von Ungarn.   Im Sommer 1863.

Die Sehnsucht, einen Bruder nach dreißigjähriger
Trennung zu umarmen, eine glücklich verheirathete
Schwester in ihrer stillen Häuslichkeit zu besuchen,
führte den Verfasser dieser Federzeichnungen mit den
Seinigen in das Innere eines Landes, dessen Cultur-
zustände selbst dem gebildetsten Deutschen unbekannter
sind, als die der Südseeinseln, und welches, trotz der

reichsten Naturschätze, dem Vergnügungsreisenden ver=
schlossen liegt, wie das Buch mit sieben Siegeln. Bis
Pesth reichen dem deutschen Touristen noch heimische
Bildung und behaglicher Comfort die Hand, von dort
aber „laß'," wie beim Eintritt in Dante's Hölle, „alle
Hoffnung hinter Dir."

Mit dem frischesten Eindruck, den das großartige
Turnfest in Leipzig auf uns hervorgebracht, überwäl=
tigt von den bezaubernden Schönheiten der Alpennatur,
vollständig befriedigt von der Sauberkeit und Ord=
nung auf dem Linzer Dampfboote, und entzückt von
dem reichen Panorama der Donaufahrt, betraten wir
in Wien das nach Mohacs führende Schiff, welches
uns in das Herz von Ungarn tragen sollte.

Nie konnte ich die Abneigung des gemüthlichen,
umgänglichen und sonst so billig denkenden Wiener Vol=
kes begreifen, welche sich fast der ganzen Bevölkerung,
seit dem Jahre 1848, gegen die Ungarn bemäch=
tigt hatte. In eine völlige Wuth sprechen sich die be=
häbigen Oesterreicher hinein, wenn von ihren magyari=
schen Nachbarn die Rede ist, und keiner macht ein
Hehl aus seiner Idiosynkrasie gegen dieselben. Nur
politische Gründe konnten da wohl nicht obwalten, es
mußten noch andere Motive mitwirken. Diese sollten
mir beim Eintritt in das Land klar werden. Es
existirt dort unter dem Namen „ungarischer Edel=
mann" eine allgemeine Calamität, der sich weder ein

Fremder noch der bürgerliche Einheimische entziehen
kann. Der ungarische Edelmann*) hält sich für eine
ganz besondere Menschengattung, vom lieben Gott in
die Welt gesetzt, um demselben in möglichster Abwechs=
lung seine Tage abzustehlen, die minder bevorzugte
Majorität seiner Landsleute zu quälen und zu mal=
traitiren, wo es angeht, dieser das Leben so sauer zu
machen, als es thunlich ist, und alle Gesetze souverain
zu verachten.

Auf den Dampfbooten, die mit Ausnahme der
Reinlichkeit, die sich eben auf einem ungarischen
Fahrzeug nicht herstellen läßt, vortrefflich eingerichtet
sind, ist in ungarischer und deutscher Sprache ein
Rauchverbot für die Speisesalons und die Schlafkajüten
angeschlagen, welches nie gehalten wird. Der unga=
rische Edelmann wälzt sich mit seiner mit stinkendem
Knaster gefüllten Tabakspfeife in allen Räumen herum,
nur nicht in den Rauchcabinets, er speit rechts und
links seinen ekelhaften Auswurf vor sich hin, und zwingt
deutsche Damen — die ungarischen sind daran gewöhnt

---

*) Selbstverständlich kommt es mir nicht in den Sinn, unter
der geschilderten Gattung nicht auch die seltenen Ausnahmen zu
erwähnen, und der Träger der Namen Eötvös, Szechenyi, Bat=
thyanyi 2c. 2c. achtungsvoll zu gedenken, die sich durch Bildung,
Humanität und jede Bürgertugend um ihr Vaterland so hoch ver=
dient gemacht; ich zeichne den arroganten, an seiner Scholle kle=
benden unwissenden kleinen Edelmann, „den Besitzer von sieben
Zwetschkenbäumen und einem Misthaufen", wie der Oesterreicher mit
bitterem Hohn diese Landplage benennt.

— sich auch beim schlechtesten Wetter vor dieser Roh=
heit in's Freie zu flüchten, da selbe auch in der Nacht
in der Damenkajüte nicht sicher sind, einen oder den
anderen dieser haarbuschigen Gesellen in unanständig=
stem Costüm eindringen zu sehen. Wehe dem Reisen=
den, der stromaufwärts auf einem solchen Fahrzeug
übernachten muß! Ich will nicht von der Unzahl Wan=
zen sprechen, mit welchen jede Ruhestätte der Dampf=
boote bevölkert ist, dies gehört als selbstverständlich zur
Sache, aber es wird mir der Moment unvergeßlich
bleiben, wo mein vierzehnjähriger Knabe, wahrschein=
lich in Folge der furchtbaren Hitze, einen Anfall von
Ohnmacht bekam, und ich an die Humanität der Mit=
reisenden mit der artigen Bitte appellirte, in der
Schlafkajüte das furchtbare Qualmen einzustellen.
Wenn ich verlangt hätte, jeder Einzelne solle mir noch
in der Nacht den Mond und alle Sternbilder vom
Himmel herab holen, so hätte das brüllende Hohnge=
lächter der rohen Horde nicht ausgelassener sein können.
Man fand meine Forderung, welche durch das Rauch=
verbot vollständig gesetzlich unterstützt war, so überaus
komisch, daß auch die Wenigen, die bis dahin nicht
geraucht hatten, unter den plumpsten Stichelreden ihre
Glimmstengel und Pfeifen in Brand setzten. Weder
der Capitain, noch der Controleur, noch einer der Die=
nerschaft getraut sich gegen derlei Unfug einzuschreiten,
und nicht ein Mensch besaß Bildung und Anstands=

gefühl genug, um seine Landsleute auf die Rohheit ihres Betragens aufmerksam zu machen. „Ich darf nichts sagen, es sind Edelleute," entgegnete mir der Stewart auf meine Aufforderung, das Einstänkern der Schlafstellen zu verbieten. Der Capitain wies mich mit meiner Beschwerde an den Controleur, dieser, selbst ein Vollblut-Ungar — ob Edelmann, weiß ich nicht — wieder an den Stewart, dieser zuletzt an die Dampf-schifffahrts-Direction in Wien. „Gott ist hoch, und der Czar ist weit," heißt es da. Da, ohne alle Controlle, die ganze Nacht Leute aller Art auf den zahllosen Stationen aus- und einsteigen, sind Diebstähle des Handgepäckes gewöhnliche Ereignisse, und selbst meinem Sohn wurde, als ihn die oben erwähnte Uebelkeit übermannte, ein sehr schönes, kunstreich mit Silber eingelegtes Messer gestohlen, welches er kurz vorher auf den Tisch gelegt hatte, um ein Buch aufzuschneiden. Das Buch ließ der Dieb natürlich liegen. Ein un-garischer Priester fragte mich, ob und wo mein Sohn studire? Ich antwortete ihm, er besuche das Gymna-sium in Arnstadt, natürlich forschte er weiter, wo Arn-stadt liege, und auf meine Antwort: in Thüringen, frug der Mann Gottes ganz naiv, ob Thüringen zu Deutschland gehöre? Ueber Wien, höchstens Prag hinaus, hört die Landkarte für die ungarische Bil-dung auf.

Man glaube nicht, daß ich übertreibe, ich male

mit milden und sehr gedämpften Farben, auch erkenne
ich gerne an, daß ich unter dem ungarischen Bürger=
stand — von welchem ich freilich nur einen deutsch=
ungarischen Theil kennen gelernt habe — die gebildet=
sten, liebenswürdigsten Menschen fand, weit gereist und
vielerfahren, allein selbst diese hatten nur ein bedauern=
des Achselzucken, wenn die Rede auf die Selbstüber=
hebung und rohe Anmaßung des kleineren ungarischen
Adels kam, der da glaubt, die übrige Menschheit sei
nur da, um von ihm mit Füßen getreten zu werden
„Bei uns ist das Land der wahren Freiheit"
äußerte sich ein Ungar zu einem befreundeten Wiener,
„sehen Sie, ich bin Edelmann, kommen Sie zu mir
auf mein Gut, ich lasse Sie auf die Bank niederlegen,
und Ihnen fünfundzwanzig Stockprügel herabhauen;
kein Hahn kräht darnach." Das verstehen diese Leute
unter „wahrer Freiheit"!

Die Conversation auf dem Schiffe, insofern eine
solche in der Gesellschaft zu ermöglichen ist, drehte
sich fast lediglich um die neuesten Räubereien, von
welchen in jenen Gegenden als etwas Selbstverständ=
lichem und Unvermeidlichem gesprochen wird, wie bei
uns von den Wahlen oder anderen Tagesereignissen.
Wie in Deutschland ein Ministerwechsel zu langen
Kannegießereien Anlaß giebt, so dort die Frage, ob
der Räuber Bergam im Baranyer=Comitat, oder der
Banditenhauptmann Patko am Plattensee größer sei,

ob letzterer im Kampf mit den Panduren wirklich getödtet oder nur versprengt worden sei, ob Bergam
wirklich in Bogdasa erschossen wurde? Da wir dem
Schauplatze dieser Dramen entgegen eilten, so werde
ich später Gelegenheit haben, die Scenen aus dem
Wirken der Hauptacteurs, größtentheils nach Berichten
von Augenzeugen, meinen freundlichen Lesern vorzu-
führen.

Vor der Hand sind wir auf dem Dampfboote und
besehen uns die trostlos öden Ufer der unteren Donau
mit ihren einförmigen Staffagen, in welchen nur ab
und zu eine lagernde Büffelheerde, oder ein Kanasz
(Schweinehirt) mit seinen zahllosen Pflegebefohlenen,
die nicht, wie unsere, sich träge im Schlamm wälzen,
sondern spielen und lebhaft umher laufen, einigen Wechsel in die monotone Scene bringen. Auch unter den
Viehhirten herrscht in Ungarn eine strenge Sonderung
der Elemente: der Csikos, als Pferdehirt, sieht mit
Stolz auf den Gulyase, den Rinderwächter, herab, der
seinerseits den Kanasz mit Verachtung behandelt und
nicht als seines Gleichen betrachtet, wie sich denn
wirklich diese zahlreichen Klassen der ungarischen Bevölkerung in Kleidertracht, Sitten und Lebensweise
auf's Strengste scheiden.

Wir athmen hoch auf, als wir vernehmen, daß die
nächste Station das Endziel unserer Wasserreise bilden
soll. Von Mohacs bis eine halbe Stunde vor Fünf-

kirchen nimmt uns die Eisenbahn auf, welche dort von
der Direction der Donau-Dampfschifffahrt zur Beför=
derung des immensen Materials aus ihren großartigen
Kohlenbergwerken in's Leben gerufen worden ist. Der
ganze Landungsplatz bei Mohacs ist mit aufgehäuften
Kohlenhügeln bedeckt, der Boden, die Wege, die Luft
damit geschwängert. Auf beiden Seiten lagern Rai=
zinnen in ihrer pittoresken Landestracht, mit geschmink=
ten Gesichtern, die den Ankommenden die köstliche
Frucht der nahen Byllianer Berge*), die süßeste aller
Trauben, für wenige Kreuzer in Massen zum Verkauf
anbieten. Von der beispiellosen Billigkeit des Weines
in diesen Gegenden kann man sich kaum eine Idee
machen; das Gefäß, in dem das edle Naß aufbewahrt
wird, sei es auch noch so einfach, kömmt viel höher
zu stehen, als der Wein selbst; die untere Volksklasse
trinkt daher seltener aus Glasgefäßen ihren täglichen
Bedarf, sondern füllt damit flaschenähnliche Kürbisse,
welche große Aehnlichkeit mit den amerikanischen Cale=
bassen haben. Die Strecke, welche wir jetzt auf dem
Schienenwege mit dem Gefühl persönlicher Sicherheit
durchfliegen, war vor nicht langer Zeit noch der
Schlupfwinkel der gefährlichsten Räuberhorden, welche
dem Reisenden auflauerten und, wenn nicht sein Leben,
doch sicher seine Habe als Tribut für die Schonung
des Ersteren einforderten. Nur wohlbewaffnet und

---

*) Im Baranya-Comitat: Baranya: Die Mutter des Weines.

karawanenweise zogen die Bürger und Kaufleute von Fünfkirchen nach der ungarischen Hauptstadt diesen Weg entlang.

In den letzten Monaten erst haben energische Streif= züge den Heldenthaten der letzten Anführer der Szegén legény*), den berüchtigten Strolchen Bergam und Patko ein Ende gemacht, obgleich noch eine dunkle Sage geht, daß in dem Gefechte, welches der Laufbahn des Letzteren ein Ziel gesetzt, nicht er, sondern sein Adjutant getödtet worden sei, er selbst habe sich bis auf günstigere Zeiten „in's Privatleben zurückgezogen". Aehnliches passirte mit dem bekannten Rosza Sandor, welcher sich während der ungarischen Revolution mit seinen „armen Jungen" der Kossuth'schen Regierung zur Verfügung gestellt hatte, und durch das Wegneh= men der Ochsenheerden, welche der österreichischen Armee zugeführt werden sollten, dieser unermeßlichen Schaden zufügte. Der kluge Bursche ließ das Portrait seines Adjutanten — ohne einen solchen ist ein unga= rischer Räuber von einigem Ruf nie — lithographiren, und das wohlgetroffene Bild desselben mit der Unter= schrift „Rosza Sandor" versehen, worauf das Original nicht wenig stolz war. Freilich brachte ihm diese Eitel= keit den Strick um den Hals zum Lohne ein. Denn Rosza Sandor hatte mit schlauer List Sorge getragen,

*) Szegén legény: arme Jungen, nennt der Ungar die Buschklepper seines Vaterlandes.

daß eine große Anzahl der Conterfey's seines Stell=
vertreters, in effigie den Weg in das österreichische
Lager fanden, wo bei einem Ueberfall, zum Jubel der
Machthaber, das Original eingefangen, und trotz aller
Protestation, „er sei nicht der Rechte" sofort standrecht=
lich gehängt wurde. Während alle österreichischen
Blätter die Nachricht brachten, daß den berüchtigten
Räuber sein Schicksal ereilt habe, trieb dieser mit seiner
Bande, die auf mehr als 300 Mann angewachsen war,
autorisirt von seiner Behörde, in der Gegend von
Szegedin nach wie vor die kaiserlichen Ochsen zu Hun=
derten und Tausenden fort, trug Briefe und Depeschen
von der größten Wichtigkeit mitten durch das feindliche
Lager von Komorn nach Debretzin, ohne daß irgend
Jemand eine Ahnung hatte, daß der gebildete,*) edel=
männisch aussehende, mit den besten Pässen versehene
Pesther Kaufmann der berühmte Parteigänger sei.

Sein in viel größerem Ansehen stehender Kollege
Bergam war kurz vor meinem Eintreffen in Fünf=
kirchen, in dem Dorf Bogdasa von dem Panduren=
Korporal Babarzi Janos erschossen. Aus dessen Munde
habe ich die folgenden Mittheilungen, welche er mir
auf mein Ersuchen, und durch klingende Bevorwortung
unterstützt, in ungarischer Sprache niederschrieb, und
zwar in Form und Ausdruck gewandter, als man es

---

*) Rosza Sandor hatte das Gymnasium zu Szegedin absol=
virt und war einer der besten Schüler daselbst.

von einem deutschen Polizisten untergeordneten Ran=
ges erwarten dürfte. Auf dem Amte in Sziklos wer=
den noch mit Stolz die Kleider des Bergam gezeigt,
bestehend in einem prachtvollen Schnürrock mit reicher
Pelzverbrämung, rundem ungarischem Hut, engen Bein=
kleidern, Stiefeln mit schweren Quasten, Stock mit
reichem Silberbeschlag. Den schönen Rock hat freilich
die Kugel, die ihm der gute Janos auf den Pelz ge=
brannt, gar arg beschädigt.

Wir wollen der Erzählung des wackeren Babarzi
folgen und die wichtigsten Details daraus den Lesern
mittheilen. Der Schauplatz der Schandthaten des
Bergam war früher die slavonische Grenze, dort ver=
übte er viele Grausamkeiten. In Esagyavicz brach er
mit seinen Gefährten am hellen Tage in's Dorf ein,
und plünderte dasselbe, wobei drei Menschen erschossen
und acht schwer verwundet wurden; dem Wirth Franz
Wejelsky, welcher den Ort nicht nennen wollte, wo er
sein Geld versteckt hatte, wurden die Nägel von den
Fingern gelöst. In Marianczán hielten die Räuber
dem Pfarrer das Cruzifix vor, worauf er einen Eid
ablegen mußte, daß er wirklich nicht mehr Vermögen
habe, als er den „armen Jungen“ abgeliefert. In
Feliczány wurde der Notar erschossen und die ganze
Umgegend in Angst und Schrecken versetzt, bis endlich
die ganze Bevölkerung gegen die Geißel aufstand und
Bergam mit seiner Schaar über die ungarische Grenze

gedrängt wurde. Hier begann er das alte Unwesen
sofort wieder. Schon der Name Bergam reichte hin,
um eine panische Furcht hervorzurufen. Derselbe hatte
die Frechheit sich in Sellye, einem fürstlich batthyany'schen
Marktflecken mit 4000 Einwohnern, 4 Stunden von
Fünfkirchen, dem Rentmeister Szatoretz, in Gegen=
wart des Hofrichters und acht anwesender Gäste am
hellen Tage vorzustellen und sich den Inhalt der herr=
schaftlichen Kasse auszubitten, der ihm auch, aus Furcht
vor den Spießgesellen des Räubers, ohne allen Wi=
derstand ausgeliefert wurde*). Bei dem Güterdirektor
Hozzi Falu bei Somogy lud er sich brieflich mit
zehn seiner Gefährten zu einem Frühstück ein, und
knüpfte die Bitte daran, einen der Amtsschreiber, wel=
cher durch eine sehr schöne Stimme bekannt war, zu
bewegen, die Gesellschaft gegen eine gute Belohnung
durch seine Vorträge zu erfreuen. Man würde Allen
weiter nicht das Geringste anhaben und nach dem
Mahle ruhig des Weges ziehen. Dies geschah, die
„armen Jungen" fanden bei ihrer Ankunft in einer
Veranda eine reichgedeckte Tafel vor, an der sie sich
bescheiden niederließen und den gut zubereiteten Spei=
sen, sowie den feinen Weinen des königlichen Schloß=

---

*) Unter den in der Kasse befindlichen Summen befanden sich
auch 100 Dukaten, welche Eigenthum des Rentmeisters waren.
Von diesen nahm Bergam nur zwei Stück zum Trinkgeld für die
Dienerschaft, das Uebrige gab er dem Beamten zurück.

kellers eben so viel Gerechtigkeit widerfahren ließen,
als dem kunstvollen Liedervortrage des musikalischen
Schreibers. Als der Letztere seinen Schatz erschöpft
hatte und auf das lebhafte Andringen der Anwesenden
noch etwas Neues bringen sollte, erklärte er, er wisse
wohl noch ein schönes Lied, dies würde ihnen aber
nicht gefallen, es sei, meinte der Sänger verlegen, es
sei — eben „ein Räuberlied". Das thäte nichts zur
Sache, er solle es nur singen. Nun begann der Schrei=
ber eines der wild=romantischen Lieder vorzutragen,
worin die Vorzüge des freien Wald= und Räuberlebens
gepriesen werden, jede Strophe endete indeß mit dem
unbehaglichen Refrain: „Denn das End' ist doch der
Galgen!" Immer gedämpfter wurde während dieses
Gesanges die laute Fröhlichkeit der Spitzbuben, man=
ches trotzige Auge wurde feucht, manch' schwerer Kopf
sank auf die unterschlagenen Arme herab.

Mit artigen Dankesworten an den Güterdirektor,
sonst aber lautlos, entfernte sich die Bande, nachdem
Bergam dem Sänger noch zehn, und der Diener=
schaft zwei Dukaten eingehändigt hatte. In Keszthely
überraschte der Räuberhauptmann eine Gesellschaft
Whistspieler, wovon er den einen aufforderte, sofort
nach Hause zu reiten und die fünftausend Gulden zu
holen, die er an demselben Tage eingenommen habe,
er — Bergam — werde während der zwei Stunden,
bis er zurück sein könne, für ihn im Whist eintreten.

So entsetzlich war die Furcht vor den Folgen einer Weigerung und der Verwegenheit Bergam's, daß der Aufgeforderte schleunigst das Geld zur Stelle schaffte, während die Zurückgebliebenen mit dem unheimlichen Partner ihre Spielpartie fortsetzten. Derlei Bravouren umgaben den Banditen, namentlich in den Augen der Bauern, deren Eigenthum er nie verletzte, im Gegentheil, als Gast derselben, Gold mit vollen Händen ausstreute, mit einem Nimbus, welcher ihm Thür und Thor öffnete, wo er immer anklopfte. Man wußte, daß er nur die Reichen plündere, und jeden Verrath schwer strafe.

In Peterd, 2½ Stunden von Fünfkirchen entfernt, ließ er, in Gegenwart des hierzu herbei geholten Richters und der Dorfältesten einen Bauer öffentlich erschießen, weil er den Versuch gemacht hatte den Preis, der auf des Räubers Kopf gesetzt war, durch Verrath zu verdienen. — Das strenge überwachte Waffenverbot, welches seit dem Jahre 1849 in ganz Ungarn herrscht, gab ihm seine Opfer fast wehrlos in die Hände.

Da erbot sich der Lehrer Ducz in Bogdaja, welcher mit Bergam in Verkehr stand und, wie das Gerücht behauptet, bei der Gelegenheit zum doppelten Verräther wurde, den gefürchteten Mann in die Hände der Gerechtigkeit zu liefern, wenn ihm dafür eine Anstellung an einem fernen Orte und der ausgesetzte Preis von achthundert Gulden garantirt würde. Ber=

gam pflegte mit einem Theil seiner Bande von Zeit zu Zeit bei Ducz einzukehren und kleine Festgelage zu veranstalten. In Folge der Denunciation des Ducz wurden die Panduren Glatz Istvan, Antal, Kovats Pál, Erdö Josef, Bognar György, Berbély Janos und Gyura Andras unter Anführung ihres Korporals Babarzi Janos nach Bogdasa kommandirt und in nächtlicher Stille im Hause des Lehrers auf den Heuboden versteckt. Unter einem riesigen Haufen Kukkerutz*) mußten sich die armen Teufel acht Tage lang verborgen halten, „was sehr unangenehm und mit vielen Leiden verbunden war," wie sich Babarzi in seiner naiven Schilderung ausdrückt. In der neunten Nacht gegen zwei Uhr Morgens kam Bergam mit zehn seiner Gesellen an, wo sie sich bis sieben Uhr Abends lärmend unterhielten, trotzdem, daß der Lehrer dem Wein einen Schlaftrunk beigemischt hatte, welcher sich aber nicht als wirksam genug erwies, denn beim Ueberfall wehrten sich die Banditen noch wie Verzweifelte. Bergam erhielt von Babarzi einen Schuß durch die Brust, auch der Seb Ferenz, einer seiner Kameraden, wurde tödtlich verwundet und starb während des Transportes, Radicz, der gefangen wurde, zierte den Galgen von Sziklos, die Uebrigen entsprangen.

So weit das Drama, welches nicht ohne blutiges Nachspiel enden sollte.

---

*) Türkischer Mais.

Acht Tage nach dem Ueberfall der Räuber erschienen mehrere Cameraden derselben in Bogdaſa. Da ſie den Lehrer Ducz nicht mehr in ſeiner Behauſung fanden — derſelbe hatte eine Anſtellung als Aufſichtsbeamter gegen die Banditen bei der Sicherheitsbehörde in Sziklos erhalten — ſo zerrten ſie deſſen greiſen Schwiegervater und ſeinen Schwager aus ihren Woh= nungen; vergebens war alles Flehen der Ortsbewohner, den ſchuldloſen alten Mann und deſſen Sohn zu ſchonen, die ſonſt ſo ſtillen Mauern des Dorfes hallten wieder von dem Schreckensgeſchrei der Unglücklichen und ihrer Mitbürger, auf offenem Markte und im An= geſicht der ganzen Bevölkerung wurden die Aermſten von den Banditen erſchoſſen.

Solche Zuſtände finden ſich in Ungarn, ohne daß die Behörden dem Unweſen ein Ende machen können — oder wollen. Der Pandurencorporal Babarzi er= hielt übrigens als Belohnung dafür, daß er den be= rüchtigten Räuber Bergam „geſtellt‟ hat, die Summe von neunzig Gulden öſterreichiſcher Währung als Prämie ausbezahlt. Wer wird ſich in Zukunft dazu drängen, um dieſen Preis ſein Leben zehnfach auf's Spiel zu ſetzen! —

Seitdem ſind die Strolche eingeſchüchtert, und man hört, wenigſtens im Baranya=Comitat nichts von neuen Gräuelthaten, wie lange aber der Landfrieden dauern wird, dürfte eine Frage ohne Löſung ſein! —

Prachtvoll liegt das Schloß auf der Anhöhe der Stadt Sziklos, die Gegend beherrschend, jetzt freilich nur als Gerichtsgebäude und Gefängniß benutzt. Früher Eigenthum des unglücklichen Grafen Batthyanyi, konnte dieser, auf den Zinnen seiner stolzen Burg stehend, sein trunknes Auge nach allen Seiten in die weitesten Fernen schweifen lassen und mit Schiller ausrufen: „Dies Alles ist mir unterthänig!" Jetzt sind die Mauern halb verfallen, die prächtigen Gemächer, in deren glanzumstrahlten Räumen die seidenen perlengestickten Gewänder der schönen Edelfrau dahin rauschten, die goldenen Pokale kreisten, bewohnen jetzt der Gerichtsbeamte, der Pandur und einige eingefangene Spitzbuben, welche auf dem schmutzigen, ach! ehemals so blanken, Estrich, verdrossen sich herumwälzend, ihrem Schicksal entgegen sehen.

Der untere Theil von Sziklos ist im strengsten Sinn des Wortes eine Zigeunerstadt, vielleicht die einzige in ihrer Art in Europa. Der Güte des dortigen Notars, in dessen Begleitung wir die originelle Stadt durchstrichen, verdanken wir es, daß uns keine Thür derselben verschlossen blieb. Wer sich in altherkömmlichem Vorurtheil unter einem Ort, der nur, aber am „allernureſten" wie der Kladderadatsch sagen würde, von Zigeunern bewohnt wird, ein Conglomerat von Schmutz und Unrath denkt, der hat sich einen sehr falschen Begriff von Sziklos gemacht. Selbst in Hol-

land habe ich unter den unteren Volksklassen keine
größere Sauberkeit und Accuratesse gefunden, als hier
in den Straßen, den reinlichen Wohnungen und der
Kleidung dieser eigenthümlichen Colonie herrscht. Die
spiegelblanken Möbel glänzen wie Metall, die Häuschen
sind so nett gehalten, die Bewohner derselben mit den
charakteristischen braunen Köpfen lächeln dem Fremd=
ling so freundlich entgegen und zeigen dabei einen
Mund voll so prächtiger Perlenzähne, daß der Neid
der Damen unserer Begleitung nicht ohne Grund rege
wurde. Die Leute treiben Handel mit Vieh und
Wein, die Weiber waschen die Hemden der „Herren"
in der oberen Stadt, erhalten das Hauswesen, und eine
gewisse Wohlhabenheit spricht sich behaglich in Allem
aus, was da in die Augen fällt. Am Ende der langen
Straße versprach uns unser freundlicher Begleiter die
Bekanntschaft eines Virtuosen, der seines Gleichen
wohl nicht in der gebildeten Welt habe. Unsere Neu=
gier war durch diese geheimnißvolle Einleitung auf das
Höchste gespannt, als Herr v. K. nach verschiedenen
Seiten hin leise Aufträge ertheilte, und wir, am letzten
Hause angelangt, vier so braune und prächtige Bur=
schen vorfanden, wie selbe von Lenau nur je geschildert
worden sind. Die tiefschwarzen Haare, wie Raben=
gefieder an der Seite der scharf gezeichneten dunklen
Gesichter herabfallend, die schwimmenden großen
Mandelaugen, schwermüthig vor sich hinstarrend, das

originelle Costüm mit den schweren silbernen Kugel=
knöpfen, die schlanken und doch so kräftigen Gestalten
zierend, als Staffage rings herum aus allen Häusern
neugierige Weibergestalten schüchtern hervor tretend,
und sich gruppenweise um den für uns reservirten
und mit Stühlen besetzten Platz im Freien aufstellend
— Eva's Töchter hatten sich währenddem mit Blitzes=
schnelle in ihren Sonntagsstaat geworfen — die Männer
an Thüren und Fenstern lehnend, kauernd und in er=
wartungsvollem Schweigen harrend, im Hintergrunde
amphitheatralisch auf Hügeln gebaut die obere Stadt
Sziklos mit ihrem Mönchskloster, und an der Spitze
des Berges das prachtvolle Grafenschloß; dazu wir, in
unserer, diesen Naturkindern gegenüber unkleidsamen
modernen Tracht, die Damen in der unvermeidlichen
Crinoline; Alles zusammen bildete ein Genrebild,
würdig von einem tüchtigen Maler oder einer ge=
wandteren Feder, als die meine, festgehalten zu werden.

Da brachte eine alte Zigeunerfrau, pitoresk aus=
sehend, wie sie nur je in irgend einem Romane ge=
schildert worden, drei Instrumente, von welchen wir
nicht wußten, was daraus zu machen sei. Der Form
nach, roh gearbeitete Mandolinen in der primitivsten
Gestalt und von verschiedenster Größe, so zwar, daß
der Kasten der kleinsten mit der Fläche einer Kinder=
hand, der größte mit dem Handteller eines Mannes
zu bedecken wäre. Ein Mann bemächtigte sich einer

bereit gehaltenen Guitarre, die übrigen drei ergriffen
die oben geschilderten Instrumente,*) und nun begann
ein Concert, welches auf uns verwöhnte Großstädter
einen kaum zu schildernden Eindruck hervorbrachte.

Wie beim echten Eskimos Mann und Roß nur ein
Geschöpf zu sein scheint, so deuchten uns die vier
Männer mit ihrem simplen Instrumente nur eine be=
lebende Seele zu haben. Töne von so ergreifender,
weicher und doch voller Art wußten die Kinder der
Haide ihren einfachen Werkzeugen zu entlocken, ein
Zusammenspiel so feuriger und eigenthümlicher Art
entwickelten dieselben, daß wir Alle entzückt und erstaunt
der wunderbaren Production zuhorchten. Nicht satt
konnten wir uns hören an dem eigenthümlichen Con=
cert, besonders der erste der Spieler entwickelte auf
der kleinsten Tambura eine Kunstfertigkeit, ein Talent
der Improvisation, dem die Uebrigen, blitzschnell folgend,
secundirten, daß die Zeit, die wir, der märchenhaften
Production horchend, zubrachten, Flügel zu haben schien.
Und das ist nur in und für Sziklos berühmt, selbst in
dem nahen Fünfkirchen sind die dunkelhäutigen Tam=
buraspieler unbekannte Größen, die kaum je über die
Grenzen ihrer winzigen Welt hinaus kommen dürften! —

Keiner von unserer Reisegesellschaft, wohlhabende,

---

*) Das Instrument heißt Tambura, und soll nach der Be=
hauptung des sehr unterrichteten Herrn v. K. aus Spanien stam=
men, gegenwärtig aber nur von wenig Zigeunern, von diesen aber
mit unvergleichlicher Virtuosität gespielt werden.

gebildete Bewohner von Fünfkirchen, war früher in der Zigeunerstadt gewesen, obgleich sie Alle das obere Sziklos oft besucht hatten, keiner kannte die Kunst= fertigkeit des Tamburaquartetts, ein neugieriger Ber= liner Tourist mußte hinkommen, um die guten Leute mit dem bekannt zu machen, was vor ihrer Thüre zu finden ist.

Ueberhaupt spielt die Zigeunermusik in Ungarn eine große Rolle, und kein Fest in irgend einem Kreise ist ohne eine solche zu denken. Unvergeßlich wird mir ein Abend, oder vielmehr eine Nacht sein, die wir in dem Weinberge eines gastfreundlichen Ungars, Herrn Bedö, in der Nähe von Fünfkirchen zubrachten. Diese Wein= gärten, mit ihren kleinen, dazu gehörigen Häuschen, eben eingerichtet, um eine fröhliche Gesellschaft fröhlich zu empfangen und zu bewirthen, bilden das Tusculum des wohlhabenden Bürgerstandes im Baranya=Comitat. In reichem Kranze umgeben sie die Hauptstadt des Kreises, hoch und malerisch aufsteigend und ausge= schmückt mit bequemen Landhäusern, je nach Vermögen, Laune und Geschmack des Besitzers. Letztere Vorzüge waren bei unserem Wirth in glücklichster Weise ver= treten. Der Nachmittag, den wir lesend, wenn auch nicht in einem gedruckten, sondern in dem reichen Buche der Natur, zugebracht, war rasch dahin geeilt, um der schnell einbrechenden Dämmerung Platz zu machen, und der aufsteigende Vollmond beleuchtete eine fröh=

liche, harmlose Gesellschaft, welche den guten Dingen,
die Herr Bedö in ununterbrochener Reihenfolge auf=
tischte, eben so viel Ehre anthat, als dem unverfälsch=
ten Traubensaft des Besitzers. Da ertönten die Klänge
einer Zigeunerbande durch die laute Nachtluft, jauchzend
empfangen von den Anwesenden! Im Nu ein Ball im
Freien improvisirt; der Lieblingstanz der Magyaren,
der Csardos ausgeführt, mit seinen graziösen Figuren,
die dem spanischen Fandango ähneln. Der Mond goß
sein klarstes Licht auf den riesigen Saal, an dessen ge=
waltiger Kuppel bereits die Sterne angezündet wurden,
wilder und wilder das Tempo der Musikanten, das
Feuer der Tanzenden, bis die letzteren endlich ermattet
in's hohe Gras hinsanken. Pause — horch, was er=
klingt da oben hoch auf dem Berge, wie Sphären=
musik? Der auch in weiteren Kreisen wohlbekannte,
am Dom angestellte Violinvirtuose Herr Rusky, der
sich unter den Gästen befand, hatte sich unbemerkt von
diesen entfernt, und sandte seine Zauberklänge leise
durch die Nacht in's Thal herab. Die Wirkung war
fabelhaft, die Zigeuner, von der Macht der Kunst er=
griffen, starrten mit verklärten Gesichtern hinauf, wäh=
rend am Schluß der improvisirten Phantasie ein laut
jubelndes Bravo die freundliche Absicht des Virtuosen
lohnte.

„Dem Mann möchte ich die Hand küssen," sagte
der erste Zigeuner=Violinist zu Bedö, „den schätze ich

höher, als den Erzbischof." Einen größeren Grad
der Werthschätzung als den Erzbischof weiß kein Zi=
geuner mehr aufzufinden, es war dies der Superlativ
der Hochachtung für Rusky.

Wieder begann die Bande ihre Nationalweisen,
deren Wechsel ihnen von den Anwesenden zugerufen
wurde: „Klapkamarsch", „Das Vaterland", „Hunyady
Laszlo", „Ragoczy", „Kossuthmarsch!" Sobald das
Stichwort fiel, setzten die sämmtlichen Musiker, von
denen keiner auch nur eine Note kennt, augenblicklich
mit richtigem Tempo mit der verlangten Melodie ein,
bis die Fütterung begann. Riesige Schüsseln mit ge=
bratenen Hühnern, mächtige Krüge und Calebassen mit
Wein wurden den wackeren Fiedlern vorgesetzt, der
Inhalt verschwand mit fabelhafter Schnelle. Speisen
und Getränke vertilgten die braunen Burschen in
Massen, ausreichend, um in meiner Heimath alle Gäste
eines Geheimrathsballes mit den eingeladenen Lieute=
nants und Referendarien satt zu machen.

Auf den Bergen wurde indeß ein Feuerwerk im=
provisirt, die Raketen flogen mit den „Eljen's" um die
Wette in die Luft, wieder begann Musik und Tanz,
bis die Morgenstunde zum Aufbruch mahnte. Aber
auch da verstummte die erstere nicht, die unermüdlichen
Zigeuner spielten ihre Weisen fort und fort, nicht der
holprige Weg, nicht der schwere Wein in den Köpfen
hinderte sie an der Ausübung ihres Berufes. Die

stillen Straßen der Stadt riefen sie wach mit ihren
Tönen, Ständchen wurden hier und dort improvisirt,
bis man das letzte Haus der Heimkehrenden erreichte,
und die Unermüdlichen reich beschenkt, mit „Eljen" ent=
lassen wurden. So lebt der Zigeuner=Musiker in Un=
garn, täglich angestrengt, aber mit reichem Lohn, besser
als mancher vielbezahlte Concertist in Deutschland, ein
unentbehrliches Möbel in jeder frohen Gesellschaft.

Ich aber werde des frohen Abends eingedenk sein,
als eines Lichtpunktes auf meiner Fahrt in Ungarn,
und bei der Erinnerung an denselben stets leise rufen:
„Eljen Bedö, Eljen Rusky!"

———

Druck von Eduard Weinberg in Berlin.

Dieser Roman des berühmten Verfassers schildert eine der merk=
würdigsten Begebenheiten des 18. Jahrhunderts: die Aufhebung der
Jesuiten. Ein Papst vernichtete diesen der Freiheit und der Auf=
klärung gefährlichsten Orden. Bis auf den heutigen Tag haben die
wunderlichsten und seltsamsten Sagen sich über dies Ereigniß und
die Person Ganganelli's erhalten. In Frenzel's Roman tritt uns
nun, in einer ebenso spannenden wie poetischen Romanfabel, diese
Thatsache und die edle Gestalt des Papstes, eines echten Priesters
und Vorkämpfers geistiger Freiheit, in ihrer Wahrheit entgegen. Der
Hintergrund des großartigen Gemäldes, das sich in diesen Büchern
entrollt, beruht auf strengen und eingehenden Studien: die Intriguen
des Ordens, die Bemühungen ihrer Gegner, die römische Gesellschaft
jener Zeit, werden trefflich charakterisirt. Vor allem verdient hier
die Schilderung der Jesuiten Beachtung. — Aus unscheinbaren An=
fängen erhob sich Lorenzo Ganganelli, ein armer Franziskanermönch,
durch Tugend und Gelehrsamkeit zur höchsten Stellung in der
Christenheit. Auf dem Stuhl des heiligen Petrus bewahrte er die
Sittenstrenge, die Menschenfreundlichkeit und Milde, die ihn schon
im Kloster und später als Cardinal ausgezeichnet. Aus ganz Europa
strömten die Menschen zusammen, ihn zu bewundern. Er hatte etwas
von der Frömmigkeit und der Güte der Apostel; seinem Jahrhundert
war er das Ideal eines Priesters. — Das anziehende und glänzende
Bild, das Frenzel uns von ihm giebt, wird alle Leser mit Bewun=
derung und Theilnahme für diesen seltenen und guten Mann erfüllen.
Wohl kann man Ganganelli mit Recht zu den „Männern des Volkes"
rechnen. Ein Hauptvorzug dieses Romans dürfte es sein, daß er die
historischen Thatsachen harmonisch mit den Erfindungen der Phantasie
verschmilzt und dem Leser niemals statt einer gebildeten Unterhaltung
und poetischen Anregung eine trockene Abhandlung über Zustände und
Menschen bietet. Alles ist hier im Gegentheil frisches und farbiges
Leben, mag uns nun das erste Auftreten Ganganelli's, ein Volks=
aufstand oder ein römisches Gartenfest geschildert werden. Was die
Kritik einstimmig als den Vorzug Frenzel's hervorgehoben hat:
eine meisterhafte Entwickelung seelischer Zustände und Conflicte und
eine stets lebendige und im sprachlichen Ausdrucke musterhafte Dar=
stellung zeichnet auch dies Werk in hohem Grade aus.

Im demselben Verlage sind nachstehende neue interessante belletristische Werke erschienen:

Bölte, Amely, Moderne Charakterköpfe. 3 Bde. Eleg. geh. Preis 2 Thlr. 20 Sgr.

Bucher, Lothar, Bilder aus der Fremde. Für die Heimath gezeichnet. Zweiter Band: Die Londoner Industrie-Ausstellung 1862. Eleg. geh. Preis 2 Thlr.

Frenzel, Dr. Karl, Papst Ganganelli. Historischer Roman. 3 Bde. Eleg. geh. 1864. Preis 4 Thlr. 20 Sgr.

Hesekiel, George, Frau Schatz Regine. Historischer Roman. 2 Bde. Eleg. geh. 1864. Preis 3 Thlr.

Retcliffe, Sir John, Zehn Jahre! Zweiter Abschnitt von Villafranca. Historisch-politischer Roman. 4 Bde. Preis 8 Thlr.

Winterfeld, A. von, Die Wohnungssucher. Komischer Roman. 2 Bde. Eleg. geh. mit illustrirtem Umschlag. 1864. Preis 2 Thlr. 10 Sgr.

— — Geheimnisse einer kleinen Stadt. Komischer Roman. 2 Bände. Eleg. geh. mit illustirtem Umschlag. Preis 2 Thlr. 10 Sgr.

— — Der Lieutenant Falstaff und wie es ihm bei den Damen erging. Soldaten-Humoreske. Mit illustrirtem Umschlag. Eleg. geh. Preis 15 Sgr.

— — Das Käthchen aus der Kirchgasse. Militair-Humoreske. Mit illustrirtem Umschlag. Eleg. geh. Preis 15 Sgr.

———

Druck von Eduard Weinberg in Berlin.